臺灣歷史與文化 研究輯刊

八 編

第 4 冊

黨外女性的他者敘述與自我敘述：
民主與性別的歧義分析（上）

李 淑 君 著

花木蘭文化出版社

國家圖書館出版品預行編目資料

黨外女性的他者敘述與自我敘述：民主與性別的歧義分析（上）／李淑君 著 -- 初版 -- 新北市：花木蘭文化出版社，2015〔民104〕

目 6+200 面；19×26 公分

（臺灣歷史與文化研究輯刊 八編；第 4 冊）

ISBN 978-986-404-430-6（精裝）

1. 臺灣政治 2. 政治運動 3. 女性

733.08　　　　　　　　　　　　　　104015132

ISBN- 978-986-404-430-6

臺灣歷史與文化研究輯刊

八 編 第四冊　　　　　　ISBN：978-986-404-430-6

黨外女性的他者敘述與自我敘述：
民主與性別的歧義分析（上）

作　　者　李淑君
總 編 輯　杜潔祥
副總編輯　楊嘉樂
編　　輯　許郁翎
出　　版　花木蘭文化出版社
社　　長　高小娟
聯絡地址　235 新北市中和區中安街七二號十三樓
　　　　　電話：02-2923-1455 ／傳眞：02-2923-1452
網　　址　http://www.huamulan.tw 信箱 hml 810518@gmail.com
印　　刷　普羅文化出版廣告事業
初　　版　2015 年 9 月
全書字數　384277 字
定　　價　八編 29 冊（精裝）台幣 58,000 元

黨外女性的他者敘述與自我敘述：
民主與性別的歧義分析（上）

李淑君　著

作者簡介

　　李淑君，現任高雄醫學大學性別研究所助理教授。曾任中國汕頭大學婦女研究中心專任教師、國科會人文社會科學研究中心／台灣大學博士後研究員、成功大學台灣文學研究所博士。曾發表〈性別民主與認同轉向——從兩本女性自傳談起〉、〈女人作為一種隱喻：黨外雜誌中政治女性的民主隱喻〉、〈液態之愛：《Ｔ婆工廠》中全球生產鏈下的愛情階級化〉、〈歷史、殖民與性別——論江文瑜的殖民地女性書寫〉、〈資本主義及現代性下的女工——論楊青矗小說中的女工主體與處境〉等論文。

提　　要

　　本文以黨外運動的民主歷程為觀察，探討黨外運動的女性在他者敘述與自我敘述背後所呈現的民主與性別發展與歧義。本文從橫向對照、縱向觀照與歷史召喚看自我敘述與他者敘述的互文性，及文本對民主義涵的認同、衝突、嘲諷等不同層次的回應。

　　在民主進程的發展下，民主現代性並非是單一的過程與結果，而是多層次、複數且充滿了矛盾和對抗，在此矛盾與對抗中會產生政治民主化與性別民主化的民主歧義。在複數的意識型態與複數的威權的歷史情境中，文本會有反威權、擬威權、無威權的不同角度，甚至會有反某一威權又擬某一威權的矛盾與曖昧。在民主／性別兩者的角力中，「民主」概念在不同時空下會產生衍異與分歧，也使得黨外女性他者再現與自我再現出現不同層次的論述，再現論述中又產生不同的性別／民主意涵。本文以 1975 年到 2000 年的黨外雜誌、《婦女新知》雜誌、黨外女性自傳為分析對象，探討不同的歷史條件下，「民主」一詞的多重意義。其中 1975 年到 1986 年的黨外雜誌論述以政治民主、民主現代性、反國民黨威權為文化霸權，目標為去除國民黨的魅影與傳統，黨外女性被放置在民主論述的意涵。黨外女性的論述出現陰柔／陽剛、反性別常規／符合性別常規、「戰士型」與「受難型」兩大類型。其中陽剛／陰柔；上／下；民主受挫／民主重振；連名帶姓的某人／某太太都具有上／下位階兩大類型的黨外女性論述，是相互指涉、相互隱喻的。這兩種對照所進行的是一種民主反叛、受挫與再生的表述，可以看見凡是出現陽剛特質的隱喻，都指向民主力量的出現與復興；而當出現柔性、淚水與悲情等待，都是指向台灣民主運動的受挫。女性成為黨外雜誌中政治女性的民主隱喻，成為「台灣苦難的象徵」與「台灣民主的象徵」，其「女性描述」深層的意義其實是一種「民主闡述」。

戰後性別民主也是民主運動的一環,《婦女新知》(Awakening,1982 ～ 1995)以性別民主、性別現代性、第二波女性主義、性別意識覺醒作為性別現代性啟蒙的追求。強調從過往父權體制步入現代化的性別覺醒與啟蒙的重要。第二波女性主義觀點強調女性政治主體並以性別現代性觀點批判「代夫出征」、「後勤女工」、「保障名額」等女性參政現象,這一波婦運論述反駁、修訂、重新論述黨外論述民主意識型態。其再現政治女性時,也在這樣的核心觀念下生產再現論述生產。批判「代夫出征」、「後勤女工」、「從夫」、「從父」的政治附屬角色與其階段性貢獻／過渡民主／象徵意義。企圖重新定義「民主」,以性別意識概念化「民主」的內涵。1990年代,過往優先／次要民主議題的邊界鬆動,黨外女性政治自傳重新檢視以及重新詮釋政治女性的性別／民主身份的視角,她們在面對歷史的召喚過程時,自傳會承襲、反駁、協商等不同角度來回應過往的歷史論述與意識型態。在反國民黨威權論述時,亦有其對複數威權(黨外民主威權、傳統父權)的承襲、抗辯、反駁、矛盾之處。九〇年代自傳出現幾種敘述方式,一種為在顛覆國民黨威權時,又繼承陽剛政治民主與性別傳統價值的擬威權狀態;亦可能出現顛覆國民黨威權又反陽剛政治民主的雙重批判文本。其中在反國民黨威權並承襲黨外論述的自傳中,產生以母性主義或獻身於家國論述來定義自身。相對的,顛覆國民黨威權又反陽剛政治民主的雙重批判文本中,則闡述了黨外女性面臨國民黨威權／黨外父權／丈夫威權／傳統父權等多重秩序下的複雜身分。在雙重批判文本中,多重秩序中「昨日之我」成為格格不入的局外人,自傳則批判「陽剛民主」中「後勤女工」現象,以及批判黨外運動的前台／後台成為被性別化的場域。此類論述同時批判父權體制／國民黨威權雙重大敘述。從黨外女性自傳的述說,可以看到群體認同的差異與「民主」意義的歧義與非普遍性。本文看到 1970 年代與 1980 年代的時空下,較為可說的論述是政治民主,但到 1990 年代性別民主成為可說,也看到性別與民主不同層次的交錯義涵,也從 1975 年到 2000 年之間不同的民主文本看到共時性與歷時性的歷史對話。

本論文獲 2012 年台灣教授協會
台灣研究優良博碩士論文獎助

本論文獲國立中央圖書館台灣分館
台灣學博碩士論文研究獎助

本文獲鄭福田文教基金會
博士論文獎助

謝　誌

　　這份論文的產出，我想若有些微的貢獻或是創新之處，其成果是大家的，其完成則感謝許多人的未藏私。文中的不足與疏漏，是個人的力有未逮與不夠努力所致。一路走來，許多人全勤不缺席地陪伴在我趕路的路途上，腦海裡浮現無限延長的名單，交織成我五年多的回憶錄。我有些擔心「謝誌」會寫成一本「點名冊」，只能化繁爲簡，聊表謝意。

　　首先，謝謝這本論文最大的貢獻者，就是一路陪跑我三次論文口試的五位考試委員。謝謝我的指導老師秀梅，妳是我見過最寬容、最包容、最溫暖的老師，讓我親身見到某種以他人爲己任；以社會爲職志；以付出爲志業的一種典範。在這份師生關係中，我一切的任性而爲都被包容了。然後，謝謝我的好友、口委、老師、以及一起做研究時的老闆，暱稱米蘭達的右君老師，妳常說我們一碰面總有聊不完的話，那畫不上句點的聊學術與聊生活；那可以無所顧忌的說話時刻是我最坦率的一面。這些年常讓妳「情感勞動」地爲我排憂解惑，那一直在的關心、牽掛與鼓勵；還有無數次幫我看論文提供建議，讓我覺得再次回成大讀博士能認識這樣的良師益友是最幸運的事。還有謝謝鑑明老師在寒流來襲，風雨無阻地三次南下幫我口試，一次次給我具體建議與正面肯定，從碩士班相識到博士的指導，讓我意識到碩士班走岔出去的路，其實是結下博士班美好果實的種子。還有永遠很有活力的令方老師，在口試中豐富幽默的建議；以及火力全開的批判，讓我看到自己可以進步成長的方向。老師對學術的批判視角，爲人的豪邁幽默，待人溫馨與社會的介入，都以一種振奮人心的典範讓人有跡可尋。還有像是我人生小太陽的開鈴老師，以學術嚴謹、爲人溫合的方式教導我許多年，也在論文口試中提點我

許多細膩建議與邏輯的思考，這些年我更從跨國女性與女性自傳課堂中學到更細膩思索與閱讀，這是我學習中最扎實、最充實、最快樂的時光。

除了口委之外，我要特別謝謝系上最挺學生的阿冠老師，從碩士指導到回來讀博士班，修課期間我成了一路跟課的基本班底，享受課堂中一次幾百頁的閱讀而獲益良多，還有老師明裡暗裡地關心我的成長，我都感切在心。還有乃慈老師與淑芳老師，每一次相遇都給我極大的鼓勵。給我很多能量的外文系的素玲老師，讓我學習到很好的學術方法與師長態度。修課期間李育霖老師、族群與性別課的林津如老師、女學會的師長、發表論文再次相遇的桑梓蘭老師，都讓我學習許多。

還有謝謝成大台文所的所有夥伴，從學術討論、課堂修課、街頭遊行、追隨影展、組讀書會每一種形式的學術與社會參與，都一起揮汗前行、加油打氣，成為我偷來的美好時光。想將你們一一記錄下來，但面對這無限延長的名單，記憶很多；語言卻辭窮，寫成點名冊恐太草率或言語乏味，總之就是那每一次心情好、心情壞都必須碰面、一起排小間、一起追影展、一起寫論文、一起往前走、一起跳舞唱歌、一起運動談心、作人很有義氣、行動力很強、講話很幽默、見到就很開心、即使很遠也會定時來電、我昏睡時刻一語點醒夢中人、可以掏心掏肺的你們。還有謝謝明原，你是我這一年最該說謝謝的人。還有認識五年、十年、十五年的老朋友們。謝謝你們和我交錯而留下的生命印記。

最後，給我的爸媽，我們三十年來誰也不了解誰；彼此也不理解彼此，但回到我們的出發點，會發現我們最初的起點都是一樣的。這份成果若能給你們一絲榮耀或喜悅，那都歸諸於你們。

目次

第一章　緒　論

第一節　研究動機與研究目的

　　在 1990 年代之後的時空，回憶錄與自傳文類的文本大量出版，其中不乏各領域的傳記、口述與訪談，這些傳記、口述與訪談都企圖在官方文字紀錄之外呈現非官方的記載，大量政治傳記回憶錄也在九〇年代出版並產生爭奪歷史論述的意義。其中曾經參與台灣黨外運動的黨外女性，也在 1990 年代的時間點出版政治回憶錄，藉此詮釋、回應自己在黨外運動中的參與與生命經驗。九〇年代的政治回憶錄包含 1992 年楊祖珺《玫瑰盛開：楊祖珺十五年來時路》、1993 年陳菊《黑牢嫁粧：一個台灣女子的愛與戰鬥》、1994 年邱瑞穗《異情歲月：黃順興前妻回憶錄》、1996 年余陳月瑛《余陳月瑛回憶錄》、1995 年陳菊《橄欖的美夢：台灣菊・台灣情》、1996 年曾心儀出版《遊過生命的黑河》、2007 年周清玉出版《與我同行：周清玉的政治路》等等相繼出版。在這些回憶錄中，曾經參與黨外運動的女性是在 1990 年代的時空以詮釋「過去自我」的方式回顧自身參與台灣民主化運動的過程，可以看見自傳書寫在許多不同層次的時間與空間相互交涉、凝視，是以「現在的我」看「過去的我」的紀錄〔註1〕。這種對自我的重新書寫巴特（Barthes）形容為「像一件雜色方格拼湊而成的補綴

〔註1〕　李有成、陳玉玲、羅久蓉等人皆以「現在的我」凝視「過去的我」來詮釋自傳的產生，認為過去其實是現在詮釋的產物。參考李有成，〈論自傳〉，《當代》，第 56～57 期，11～12 月；陳玉玲，《尋找歷史中缺席的女人：女性自傳的主體性研究》，南華管理學院，1998 年 5 月，頁 8；羅久蓉，《近代中國女性自傳書寫中的愛情、婚姻與政治》，近代中國婦女史研究，第 15 期，2007 年 12 月，頁 82。

品（patch-work），由遠處、從現在不斷自我改寫、縫補。」（Barthes, 1975：145）。保羅・德曼（P. de Man）提到自傳的內涵：「自傳創造生命而非生命創造自傳。」〔註2〕，所以傳記是在過往今來的歷史時間中不斷改寫與縫補，自我詮釋的傳記的特殊性是立足在今日的歷史時空與過往自己參與民主歷程的生命經驗對話。筆者發現，這些參與黨外運動的女性的相關傳記與回憶錄，都是在 1990 年代的時空下產生，在 1990 年代之前沒有相關的傳記與回憶錄。這些傳記在 1990 年代的時空產生有什麼樣的意義？形成什麼樣的論述呢？跟什麼樣的歷史進行對話？在傳記未初版之前，這些參與黨外運動的女性又是如何被論述？一連串的問題促使我翻開與追尋關於黨外女性的文本與歷史文獻。

在這些問題的引發之下，我回頭翻閱台灣各種歷史年表中，發現在現有已出版的重要歷史事件辭典中，幾乎全無黨外女性的相關記錄。而編寫重大歷史人物與歷史事件的過程，是一連串篩選、排除與納入的過程，誠如艾瑞克・霍布斯邦（Eric J. Hobsbawm）所說「所有歷史研究都隱含了選擇，一種不為人知的選擇，從過去無限的人類活動中選擇，從影響這些人類活動的事物中選擇。但是在做這樣的選擇時，卻沒有一個大家都能接受的判準，甚至於隨著時間的不同，判準很容易就跟著改變。」〔註3〕，而且「在歷史學裡，『事實』總是由觀察事實的史家來選取、鋪陳，甚至扭曲。」〔註4〕。歷史年表與記事背後的歷史觀念也是如此，在這一連串篩選的過程裡，參與戰後民主化歷程的黨外女性是歷史年表中空缺與遺失的一塊。比如 2001 年出版的《台灣歷史年表》〔註5〕一書，以歷史大事件發生的時間先後做線性的鋪陳，年表中選取了 1979 年康寧祥創辦的黨外雜誌《八十年代》月刊，以及1979 年黃信介創辦《美麗島雜誌》作為代表性的黨外雜誌，然而，黨外運動中蘇慶黎接手《夏潮》、許榮淑創辦《深耕》、周清玉創辦《關懷》、楊祖珺編輯《前進》雜誌，這些女性參與黨外雜誌編輯與創辦的紀錄則不見描述。另外，在厚厚四大冊、近乎鉅細靡遺的台灣史料編輯小組編輯的《台灣歷史

〔註2〕 轉引自莊子秀〈瑪麗・卡迪娜和安妮・艾諾的自傳小說／創作言說〉，《女學學誌：婦女與性別研究》第 22 期，2006 年 12 月，頁 67。

〔註3〕 艾瑞克・霍布斯邦（Eric J. Hobsbawm）著，黃煜文譯，《論歷史》，臺北，麥田出版社，2004 年 2 月 1 日，初版四刷，頁 112。

〔註4〕 艾瑞克・霍布斯邦（Eric J. Hobsbawm）著，黃煜文譯，《論歷史》，臺北，麥田出版社，2004 年 2 月 1 日，初版四刷，頁 312。

〔註5〕 吳密察監修，遠流台灣館編著，《台灣歷史年表》，臺北，遠流出版社，2001年 11 月 30 日二版一刷。

年表》〔註6〕中，也不見「代夫出征」女性的參選記錄。在政治史的歷史書寫中，戴寶村的《台灣政治史》〔註7〕一書，描寫台灣獨立運動的人物時，有黃華、蔡有全到鄭南榕，卻不見同樣具有台獨意識的台建組織創立者陳婉眞的相關敘述。吳密察監修的《台灣史小事典》〔註8〕一書中，戰後女性政治人物，僅僅放入許世賢。在政治事件中，關於「美麗島事件」的描述，僅記錄美麗島大審之後辯護律師尤清、江鵬堅、陳水扁、謝長廷、蘇貞昌等人嶄露頭角，成爲黨外的重要人物，但卻未見於同一時間點走上政治舞臺的受刑人女性家屬許榮淑、周清玉、方素敏、高李麗珍等人「代夫出征」的敘述。在詞條內容也沒有將「代夫出征」視爲一種歷史現象放入相關詞條。〔註9〕在楊碧川編著的《台灣歷史辭典》〔註10〕中，在談到「黨外運動」時，認爲黨外運動在1981年之後，分爲三個派別，爲溫和派（康寧祥）；美麗島事件受刑人家屬及辯護律師（謝長廷、陳水扁、蘇貞昌等）；以及黨外新生代。在政治女性上僅僅提到「新生代支持美麗島系統的方素敏（林義雄之妻）、許榮淑（張俊宏之妻）」這樣的說法，未提到黨外女性的政治參與。楊碧川的《台灣歷史辭典》在政治女性上，也僅僅提到許世賢。在許雪姬總策劃的《台灣歷史辭典》〔註11〕裡，在戰後民主運動的歷史事件中，提到陳文成事件、陳鼓應事件，未有任何參與民主運動女性的記錄。在許雪姬總策劃的《台灣歷史辭典》提到黨外運動時，談到「黨外中央後援會」、「黨外公共政策研

〔註6〕薛化元主編，李永熾監修，《台灣歷史年表：終戰篇Ⅲ（1979～1988）》，臺北，財團法人張榮發基金會國家政策研究中心，1991年7月，頁1～170。

〔註7〕戴寶村，《台灣政治史》，臺北，五南，2006年出版。

〔註8〕吳密察監修，遠流台灣館編著，《台灣史小事典》，臺北市，遠流，2000年9月10日。

〔註9〕在《台灣史小事典》中，「美麗島事件」的詞條內容描述美麗島事件中，遊行群眾被形容爲暴徒，憲警人員是受害者，林義雄、張俊宏、姚嘉文等黨外人士被逮捕，黃信介、施明德、姚嘉文、張俊宏、林義雄、呂秀蓮、陳菊等八人被判刑。美麗島事件的受刑人，在解嚴前後，1990年5月特赦之後，全部出獄，成爲黨外的領導中堅，大審中的辯護律師，包括尤清、江鵬堅、陳水扁、謝長廷、蘇貞昌等人嶄露頭角，成爲黨外的重要人物。見吳密察監修，遠流台灣館編著，《台灣史小事典》，臺北市，遠流，2000年9月10日，頁190。

〔註10〕楊碧川編著，《台灣歷史辭典》，臺北市，前衛出版，1997年，8月初版第一刷。

〔註11〕許雪姬、薛化元、許淑雅等撰文，《台灣歷史辭典》，臺北市，文建會，2004年，5月18日一版一刷。

究會」、「黨外作家編輯聯誼會」三個詞條中，也沒有黨外女性的描述。在歷史年表的編撰中可以看到何者被視爲重大歷史事件，在陳述這些這大歷史事件時，也可以看出史觀、民主概念、歷史發展的視角是一種去性別化的視角。

歷史辭典作爲關鍵詞似的重大記事簿，所編入的歷史事件可以說是反應編寫者認爲首要、重要的歷史關鍵事件爲何。新歷史主義（New-Historicism）的學者海頓・懷特（Hayden White）提到歷史學家編寫歷史時會「精簡」手中的材料，也就是保留一些事件而排斥另一些事件；並且將一些事實「排擠」至邊緣或背景的地位，同時將其餘的移近中心位置；甚至把一些事實看做是原因而其餘的爲結果；聚攏一些事實而拆散其餘的，這在於使歷史學家本人的變形處理顯得可信；並建立「第二手詳述」時，合法化原有的史料。〔註12〕在上述的關鍵詞辭典裡，欠缺的女性身影在歷史撰寫過程中「被精簡化」了，被排擠到邊緣位置，甚至如「代夫出征」的女性參政也僅僅成爲美麗島事件的民主創傷後的結果，不見女性參與民主的意涵。歷史年表的空缺與遺失是因爲黨外女性的政治參與相對稀少？或者相關檔案與論述不足的緣故呢？回頭看臺灣民主運動發展的歷程中，黨外女性的歷史參與足跡有哪些？因此筆者從史料中尋找這些女性參與民主的些微記錄，並企圖勾勒在黨外運動中的女性論述的生產及意義。

從戰後反對運動的歷史來看，1950 年代反對國民黨威權體制主要是以自由主義精神爲旗幟的知識份子，其中主要以雷震的《自由中國》雜誌爲中心，重要的知識份子有雷震、殷海光等人。這一時期的黨外運動（當時亦稱無黨無派）的政治人物便是「五龍一鳳」中的許世賢。而許世賢的政治參與從五〇年代延續到 1980 年代，算是政治生涯很長的政治女性。她在 1957 年的地方選舉，與臺北市郭國基、宜蘭縣郭雨新、台南縣吳三連、雲林縣李萬居、高雄市李源棧等無黨籍人士當選省議員，被稱爲「省議會五虎將」與「五龍一鳳」〔註13〕，1968 年，許世賢當選爲嘉義市市長，成爲首位女性市長。其後又出任立法委員，1980 年再度競選嘉義市長。

〔註12〕 Hayden White, "Historicism, History, and the Figurative Imagimation," in *Tropics of Discourse: Essays in Cultural Criticism*, Baltimore, The Johns Hopkins University Press，1987。譯文引用王建開譯，海頓・懷特著，〈歷史主義、歷史與修辭想像〉，收錄於張京媛主編《新歷史主義與文學批評》，北京大學出版社，1993 年 1 月第一版，頁 192。

〔註13〕 張富忠、邱萬興編著，《綠色年代：台灣民主運動 25 年 1975～2000》，臺北，財團法人綠色旅行文教基金會，2005 年 10 月 12 日出版，頁 20。

　　在 1970 年代，《大學雜誌》成立、中美斷交、台灣退出聯合國、蔣介石過世、黨外雜誌興起，整個社會產生質變。1970 年代中壢事件、橋頭事件發生。蘇慶黎、曾心儀、陳菊等都參與中壢事件、橋頭事件，而且站在遊行的最前端。作家楊青矗描述橋頭事件時，形容陳菊與陳婉眞一人一邊拉著「堅決反對政治迫害」的橫幅布幕走在前面，後面曾心儀與胡萬振舉著竹竿高高豎起「立刻釋放余登發父子」布幕的場景。〔註 14〕而參與其中的陳菊在更早的時候便擔任黨外元老郭雨新秘書，而在 1970 年代初期扮演著黨外的老中青三代的接合劑。在 1977 年、1978 年中，雷震先生、齊世英先生、郭雨新先生，以及新生代黨外的人士都夠過陳菊等人在聯繫〔註 15〕。1975 年之後，大量黨外雜誌出現時，更不乏黨外女性的參與。如蘇慶黎於 1976 年 7 月 1 日，接手的《夏潮》雜誌。1978 年陳婉眞元月從美國採訪回來，辭掉了中國時報記者的工作，創辦《潮流》，美麗島事件後參與台灣建國聯合陣線，並擔任《美麗島週報》執行總編輯。1979 年，《美麗島》雜誌社成立，副社長黃天福和呂秀蓮，編輯委員會成員則蘇慶黎、呂秀蓮、陳菊等。楊祖珺則是《前進》雜誌的重要推手。

　　在參選與政治行動上，陳婉眞與前臺大教授陳鼓應組織聯合競選團隊，參選臺北市立法委員，但選到半途因爲美國和中國建交而中斷，於 1979 年 7 月赴美；因爲《潮流》被禁以及相關人士陳博文、楊裕榮被逮捕。八月陳婉眞在北美事務協調委員會紐約辦事處門口進行絕食抗議，要求政府釋放因涉及印發《潮流》而被逮捕的陳博文、楊裕榮，於海外流亡十年。〔註 16〕同年呂秀蓮與張春男等黨外民意代表候選人在台中遊行，警方以三輛大型遊覽車載滿攜帶鎭暴裝備的員警陪同，並以消防車向聚集群眾噴水。〔註 17〕同年十一月，呂秀蓮、姚嘉文等人舉辦「美麗島之夜」，並爲吳哲朗舉辦坐監惜別會。

〔註 14〕楊青矗，《美麗島進行曲：第一部衝破戒嚴》，臺北，敦理出版社，2009 年 7 月 31 日出版，頁 40。

〔註 15〕薛化元主編，李永熾監修，台灣史料編輯小組編輯，《台灣歷史年表：終戰篇（1979～1988）》，臺北市，國家政策出版，1991 年 7 月，頁 18。

〔註 16〕陳婉眞，〈未竟的選戰〉，《沒有黨名的黨：美麗島政團的發展》，新台灣研究文教基金會美麗島事件口述歷史編輯小組總策劃，臺北，時報文化，1999 年出版，頁 85。

〔註 17〕陳菊，〈選舉假期結束〉，《沒有黨名的黨：美麗島政團的發展》，新台灣研究文教基金會美麗島事件口述歷史編輯小組總策劃，臺北，時報文化，1999 年出版，頁 51。

年底，美麗島事件發生，警備總部以「涉嫌叛亂」逮捕了呂秀蓮、陳菊、蘇慶黎。另外，在美麗島事件與 1980 年 2 月林義雄家中發生林宅血案之後，受刑人家屬「代夫出征」〔註 18〕，周清玉、方素敏、許榮淑、高李麗珍等人出來參選並走上政治之路。其中周清玉與許榮淑美麗島事件後於 1980 年底以全國最高票當選國大與立委。周清玉之後創辦《關懷》雜誌與『關懷中心』，投入政治受刑人及其家屬的關懷工作，〔註 19〕許榮淑創辦《深耕》雜誌，方素敏以回國參選並將林宅改爲義光教會。1980 年代之後，余陳月瑛於 1985 年當選爲高雄縣縣長。1987 年 2 月，楊祖珺因林正杰的司法新廈滋擾案「連續侮辱公署」罪名判刑八個月，宣佈發起「司法改造運動」，並訂於 3 月 12 日成立「司法改造運動全國委員會」〔註 20〕等等。

　　從上述總總，都是目前史料中可以搜尋到的黨外女性參與台灣民主的蛛絲馬跡，從中可以看到黨外女性參與民主的意義。一來她們以女性身份參政打破政治屬於陽剛、男性場域的迷思；二來在國民黨的威權體制下，以黨外民主人士的身份挑戰了一黨獨大的威權體制，反對運動的女性具有民主與性別的雙重身份與意義。但是在歷史辭典的編寫與論述中，可以看見編撰者的歷史觀在進行排除（exclude）與納入（include）；在區分什麼是重要事件；什麼不是重要事件時，已經含有既定的歷史觀點。在上述的歷史編纂中，編入辭典的歷史人物大多爲男性，而詞條的資料來源所引述的多爲男性學者的學術論文，如許雪姬總策劃的《台灣歷史辭典》一書裡關於黨外歷史的論述便是來自李筱峰《台灣民主運動四十年》〔註 21〕一書。那麼台灣黨外女性參與政治的論述，1990 年代的傳記便是很重要的參考點。

　　在過往的政治體制當中，一直沒有將女性權利或是性別平等視爲民主合法性的重點之一，女性歷史性地被排除（historical exclusion）在政治領域之外，

〔註 18〕 在美麗島事件之後，被冠以「代夫出征」名義或政治修辭參選包括周清玉、方素敏、許榮淑、翁金珠、高李麗珍等人。但是本文認爲「代夫出征」不僅僅是一個歷史現象，之後也演變成爲一種政治修辭。比如跟政治犯有關的參政女性，都是代夫或代父出征，如翁金珠、余陳月瑛都在媒體或出版品上如此被呈現。

〔註 19〕 周清玉口述，張炎憲等人訪問，許芳庭整理，〈周清玉女士訪談錄〉，張炎憲主編，《民主崛起：1980's 台灣民主化運動訪談錄 1》，臺北縣新店市，國史館，2008 年 4 月，頁 182。

〔註 20〕 薛化元主編，李永熾監修，《台灣歷史年表：終戰篇Ⅲ（1979～1988）》，臺北，財團法人張榮發基金會國家政策研究中心，1991 年 7 月，頁 262。

〔註 21〕 李筱峰，《台灣民主運動四十年》，臺北，自立晚報，1988 年 5 月。

所以使得女性較少機會參與政治。九○年代的美國出現了「沒有女人，就沒有民主」（without women, there is no democracy）的口號，將女性納入民主議題當中，〔註22〕是將性別民主納入政治民主的的呼聲。除了在實際政治參與上欠缺性別民主，歷史論述也是如此。黨外女性的政治參與沒有被寫入歷史辭典或是事典當中，可以看見她們的政治足跡某一個程度是受到忽視。在既有蛛絲馬跡般的記錄當中，便引起筆者好奇這些女性如何被論述，論述生產的脈絡下呈現什麼性別／民主的意涵。所以除了1990年代出版的傳記中，還有哪些文章論述了黨外女性的政治參與與行動呢？在閱讀過程發現相關歷史論述的缺乏下，開始追尋黨外女性的相關文本與檔案。在1990年代出版的傳記是很重要的參照文本，但在1990年代傳記未初版之前的歷史時空裡，發現一系列的黨外雜誌與《婦女新知》雜誌出現不少關於黨外女性的論述，黨外雜誌與《婦女新知》雜誌可以說是1990年之前黨外女性相關論述的重要場域，那麼這些關於黨外女性論述的生產，在不同的歷史時空下產生不同意義的民主與性別意涵。

　　在1975年到1986年的黨外雜誌裡出現關於黨外女性的論述中，可以發現幾種論述方式反覆出現。其中包含「代夫出征」論述、「四大女寇」論述、「受難者家屬」論述等。比如蘇洪月嬌在1977年五項公職選舉當中，代替被關十五年的政治受難者蘇東啓出來競選被論述為「代夫出征」〔註23〕，1979年美麗島事件之後，周清玉、許榮淑以「受難者家屬」身份參政取得最高票當選增額國代和立委，「代夫出征」的黨外女性論述大量呈現〔註24〕。1980年

〔註22〕 Lisa Baldez, "Political Women in Comparative Democracies: A Primer for Americanists", in *Political Women and American Democracy*, ed by Christina Wolbrecht、Karen Bechwith、Lisa Baldez, New York, Cambridge University Press, 2008, p.171.

〔註23〕 陳翠蓮在〈黨外書籍與台灣民主運動（1973～1991）〉一文，便直接以「代夫出征」形容蘇洪月嬌的參選。見《台灣文獻》第55卷第1期，頁11。

〔註24〕 敘述方素敏的相關文獻中一開始皆以受害者「林太太」的身份出現在政治論述場域中，可參考方素敏編著，《對臺灣的愛：方素敏的抉擇》一書，臺北市，方素敏，1983年11月。另外，周清玉在姚嘉文入獄之後，出來競選國大，選舉海報上以「姚嘉文的妻子」作為標榜，並在政見會上播放〈望你早歸〉這首歌周清玉競選海報檔案，收錄於〈周清玉女士訪談錄〉，張炎憲主編，《民主崛起1980's台灣民主化運動訪談錄1》，2008年4月國史館，頁227。翁金珠也被以「代夫出征參加省議員選舉」來形容，見顏幸如，〈始終未被命運擊垮的彰化媽祖〉，《溫柔的革命：女性政壇明日之星》，臺北市，月旦，1998年4月，頁67。

之後的方素敏、高李麗珍，甚至較晚期進入政治場域的葉菊蘭、吳淑珍等人都被以「代夫出征」的論述方式被反覆再現，而「代夫出征」論述同樣出現在台灣媒體中的其他國家女性。如在第三波民主浪潮上的菲律賓，柯拉蓉‧艾奎諾（Corazon Aquino）在身為反對黨領袖的丈夫遭謀殺後，也被視為以「代夫出征」之姿步入政壇，當台灣在論述黨外女性的「代夫出征」時，柯拉蓉‧艾奎諾（Corazon Aquino）更成為形容台灣政治女性時被引述的政治典範。甚至在世界婦女政治領袖會議中，孟代爾在演說時也將同為政治犯家屬的柯拉蓉與許榮淑相提並論。〔註25〕「代夫出征」被論述為亞洲民主受挫後的歷史接班現象。這些受難者家屬「代夫出征」當選後，又出現「周清玉旋風」、「方素敏旋風」〔註26〕等民主振興的政治論述。

　　黨外女性如呂秀蓮、陳菊、陳婉眞與蘇慶黎更被以「四大女寇」的形象被論述。「四大女寇」原本是國民黨對黨外運動四位女性的汙名，但後來黨外雜誌以及黨外人士，挪用了「四大女寇」來稱呼呂秀蓮、陳菊、陳婉眞與蘇慶黎四人，並將其視為一種反叛國民黨的黨外力量。〔註27〕。此外，「鐵娘子」論述也是在形容黨外女性很常見的論述方式。如許榮淑、余陳月瑛被視為「台灣鐵娘子」，在 1980 年代的黨外雜誌與婦運雜誌論述場域中，柴契爾夫人、印度的甘地夫人不斷被論述為「西方的鐵娘子」，可以說「台灣的鐵娘子」與「西方的鐵娘子」相互輝映。〔註28〕，可以看見介入政治場域的女性，被視為突破陰柔特質才得以闖入具備陽剛特質的政治領域。而許世賢、許榮淑相關敘述也出現母性、慈愛、救贖的「媽祖婆」等稱呼出現在描述黨外女性的

〔註25〕吳自然，〈許榮淑參加世界婦女政治領袖會議〉，《九十年代週刊》，頁 55。

〔註26〕如公孫龍在〈周清玉的痛苦——對政治沒有興趣竟成為「黨外樣版」〉一文，即談到周清玉在民國六十九年增額中央民意代表選舉時，在臺北市造成一股「周清玉旋風」。民國六十九年方素敏參選，也製造了一股「方素敏旋風」。見公孫龍，〈周清玉的痛苦——對政治沒有興趣竟成為「黨外樣版」〉，《深耕雜誌》，第 23 期，1982 年 12 月 10 日，頁 30～31。

〔註27〕如許榮淑在訪談中提到余登發事件時，發生了橋頭示威運動。「當時國民黨稱4 位單身的小姐：陳菊、陳婉眞、蘇慶黎、呂秀蓮為「黨外四大寇」」。張炎憲等人訪談，許芳庭記錄整理，〈許榮淑女士訪談錄〉，《民主崛起：1980's 台灣民主化運動訪談錄 2》，臺北，國史館，2008 年 4 月，頁 14。

〔註28〕許榮淑在黨外雜誌中被反覆以「鐵娘子」形象出現。如 1984 的《台灣廣場》第 10 期〈鐵娘子許榮淑病倒入院〉；1986 年《領先》雜誌的〈鐵娘子大發雌威——許榮淑締造立委最高記錄〉；1986《薪火》週刊〈許榮淑不愧「鐵娘子」——全國最高票的立委當選人〉都以「鐵娘子」的封號形容許榮淑。

文章中，符合社會對女性作爲母性的、照顧者的期待。在撰寫本文的同時，巴西 2010 年 10 月 31 日產生史上首位女性總統蒂瑪‧羅塞夫（Dilma Rousseff），《自由時報》以〈母性訴求，鐵娘子成就總統之路〉爲標題，描述執政工黨不斷爲鐵娘子蒂瑪‧羅塞夫塑造母性的溫柔形象，以「巴西的母親」、「魯拉的女人」來形容羅塞夫如何奠定自己的總統之路，其政治女性論述是一方面強調「強硬鐵娘子」的陽剛特質，一方面提到羅塞夫主打女性參選柔性執政口號，強調母親身分，塑造「柔性風貌」、「以柔克剛」的形象塑造。〔註 29〕，這些論述與台灣長期以來的政治女性論述脈絡有所承襲，一方面以陽剛特質強調其政治能力；另一方面以陰柔強調其母性／女性特質。黨外運動中參與民主運動的女性在黨外雜誌的場域被論述時，可以看見類似的性別意涵以及民主隱喻。其中或以「悲苦的」、「受難的」、「代夫出征」女性來象徵民主之路的苦難；並以「鐵娘子」與「旋風現象」暗示黨外力量的再生；或以「四大女寇」來彰顯民主力量的反對勢力。這些論述形成的原因與黨外雜誌作爲民主論述場域時，「反國民黨威權」是唯一優位性民主議題有關，這一部份將在後文再一一討論。

　　這些黨外女性以及政治女性的眾多論述，可以看到民主意涵下不斷出現的幾種再現政治女性的論述模式。相較於黨外政治論述，1982 年出刊的《婦女新知》雜誌以西方第二波女性主義強調自我意識覺醒、參政女性主體爲意識核心。在強調性別民主化／性別現代化的婦運論述場域中，黨外女性論述則出現從第二波女性主義視角進行批判與政治論述的生產。在 1982 年到 1995 年的《婦女新知》中，以第二波女性主義視角批判「代夫出征」現象，將「代夫出征」視爲一種象徵意義大於實質意義的政治行動；「代夫出征」女性是「代夫」、「代父」而喪失參政主體性。另外，在強調女性參政的現代化訴求中，婦運論述也批判「婦女保障名額」與「後勤女工」現象，認爲「婦女保障名額」是限制女性的政治發展，「後勤女工」現象則是台灣政治民主化下，政治民主成爲優位性民主的問題，性別民主被忽視使得黨外女性在參與民主運動中，妥協了自己的性別身份並成爲黨外男性的幕後推手。如《婦女新知》訪問楊祖珺時，提出黨外女性成爲「後勤女工」的性別與民主兩難的困境（dilemma）。從這些論述中，可以看見在《婦

〔註 29〕謝如欣，〈母性訴求，鐵娘子成就總統之路〉，《自由時報》，2010 年，11 月 2 日，國際新聞版。

女新知》的場域中第二波女性主義觀點佔據此場域中優位性論述的位置，所以出現以第二波女性主義觀點的黨外女性論述，這一部份將在第四章進行仔細的鋪陳、討論與論述。

歷史時空到 1990 年代，大量出版的回憶錄與傳記出版，其意義一方面在政治轉型時藉由政治傳記出版強奪歷史的詮釋權；一方面也在政治傳記大量商品化的環境中去彰顯個人在民主運動中的貢獻。許多參與黨外運動的女性也在這一波傳記書寫中出版並回顧這一段歷史。本文的觀察中發現，1990 年代出版的政治女性回憶錄產生不同於 1975 年到 1986 年間的黨外政治女性論述；卻又時有呼應與互文之處；此外，也出現以正面或是協商的態度回應 1982 年到 1995 年之間第二波女性主義觀點的政治女性再現。可以看見這些回憶錄與傳記中，黨外女性不僅以不同方式詮釋自己，對過去的歷史論述會出現回應、反駁、批判、或協商的論述態度。如余陳月瑛反駁自己被與柴契爾夫人相提並論為「鐵娘子」的說法，而是強調自己極度母性的特質與傳統身份；或如楊祖珺強調自己的性別身份在政治民主／性別民主中的兩難。這些黨外女性在九○年代重新反省與敘述參與黨外運動的歷程，楊祖珺、曾心儀、陳菊、余陳月瑛、邱瑞穗等人的傳記中，可以看見她們在論述中呈現性別與民主路線之間的拉扯，其中有的傳記將自己擺進民主的位置；有的則凸顯性別身份來檢視民主歷程，其中不乏公／私領域、傳統／現代、性別／民主之間力量的拉扯。身為黨外運動中的女性，在面臨既定傳統的家庭角色時，經歷了公共參與以及性別角色的雙層要求，可以看見身為民主運動人士又身為女性的雙重身份強調雙重身份之間的衝突，或者在不同時空下民主身份大於性別身份；性別身份大於民主身份的差異。九○年代的「黨外女性」相關論述中，所要對話的歷史時空為台灣民主的歷程，其性別角色在這些重現自身的論述中扮演了一定程度的重要性，可以看見在九○年代出版的女性文本中，重新去詮釋或闡述自己在黨外運動歷史中的位置，另外回憶錄也對應到過往的民主論述當中，將自己放置在民主或性別的身份當中，第五章將以 1990 年代的歷史時空與政治自傳進行分析。

在這些黨外女性的論述中，可以發現在不同時空、不同場域裡，會有不同的視角詮釋黨外女性。詮釋與論述的生產都脫離不了當下的歷史時空、民主觀念與性別意識，再現論述所呈現的不僅是女性再現形象，也在再現論述

中呈現不同意義的性別與民主意涵。文字記錄的形成便是企圖產生歷史敘述，並藉由歷史敘述介入歷史詮釋與闡述。在這些歷史敘述當中，可以看見論述間彼此衝突、或是協商、或是相輔相成，也看見性別民主與政治民主之間不同的位階與對話關係，本文將在後文進行仔細的分析與討論。

里柯（Paul Ricoeur）在《歷史過去的真實》（*The reality of the historical past*）提到歷史（history）與小說（fiction）的區別是歷史是經過篩選、詮釋等一系列的人為建構過程，歷史論述的建構性仰賴一定的歷史證據，歷史的建構與小說虛構有其建構特質上的差異。歷史學家企圖重構歷史的過去，但是總是在當下重構過去歷史。每一次看歷史都是每一次重新去思考歷史，所以歷史是一種對過去的想像圖像，過去與現在並非割離的，過去會在此時此刻留下蹤跡（trace）；過去也會在我們身上留下蹤跡。〔註30〕在黨外女性政治自傳中，可以看見論述產生是在當下的位置中去重構過去，在現在的歷史時空回溯過去的歷史圖像。這一類的書寫不必然是歷史證據上「真實的」史料，但重點是要如何看女性自我敘述如何詮釋過去的歷史留下的蹤跡。在女性／政治角色參與黨外運動時，政治自傳在檢視自己參與民主運動的過程，呈現了性別身份／政治身份的差異、策略與重新詮釋的角度去回應了台灣民主化的民主與性別意識發展。這些企圖回應民主化運動與自我詮釋的作品，在歷史脈絡中呈現差異的性別意義與民主意涵。本文的研究目的便是想要探究在縱軸線與橫軸線的不同歷史時空下，性別民主化與政治民主化的兩種現代性論述下產生不同的政治女性論述，也呈現不同的樣貌與性別與民主意識，以及性別身份與民主之間產生什麼協商。

從歷史的縱軸線來觀察，1975 年到 1990 年之間，政治民主從「優位性民主」議題逐漸成為需要批判的歷史過往。1975 年到 1986 年一系列的黨外雜誌是承載民主論述的主要場域，也是觀察黨外時期民主論述的重要對象。在黨外雜誌中民主議題幾乎不包括性別議題，呈現一種陽剛的、男性的、普世的「民主」觀點。不但只出現少數談論黨外女性參政以及女性政治角色的文章，討論黨外女性文本也僅將政治女性放置在政治民主的位置上，或者將女性視為政治民主的配角與接班者，1975 年到 1986 年女性參與民主化的論述背後依然放置在陽剛／男性／公領域式的民主下被再現。相

〔註30〕 Paul Ricoeur, *The Reality Of The Historical Past*, Marquette University, 1984, pp.1～11.

近時期的橫軸線上 1982 年到 1995 年出版的《婦女新知》以第二波女性主義的自由主義女性主義爲主流婦運論述，強調政治女性的參政主體，訴求女性參政的現代化，在性別民主化／性別現代化的訴求下黨外女性的詮釋呈現了批判黨外政論雜誌的政治女性論述，也出現不同的性別與政治意涵。1990 年到 2000 年的政治回憶錄回應 1990 年前的歷史論述與歷史時空時，除了回應 1990 年以前黨外女性的再現論述，也回應「民主」與「性別」交錯的雙軸線。本文以民主論述場域、婦運論述場域、政治女性自傳作爲觀察對象，討論女性參與民主化過程中如何被論述，以及論述生產背後性別民主化與政治民主化之間的關係。

　　縱上所述，本文以「黨外女性」作爲撰寫的核心，考察黨外女性論述生產發展中，黨外女性論述生產在黨外論述、婦運論述、政治自傳的再現與再現意涵。在不同時空的論述呈現歧義的民主概念與歷史意義，也呈現性別與民主之間的辯證關係。本文希望重新檢視 1975 年到 1986 年的黨外雜誌；1982 年到 1995 年的《婦女新知》〔註31〕，1990 年到 2000 年黨外女性出版的政治自傳中，不同時期、不同場域的不同詮釋，而不同的詮釋方式牽涉到論述場域中的文化霸權（hegemony）與論述核心如何將黨外女性放置到「民主身份」或者「性別身份」當中。所以本文針對「黨外女性」的相關論述，檢視「黨外女性」論述在不同的時空下，有不同的發展與演變，及其背後什麼論述力量，研究目的企圖在當下黨外歷史研究著重於派系或是意識型態的角度時，以未曾被注意的角度以及被視爲無關緊要的檔案看歷史議題，討論再現論述中「性別民主」與「政治民主」的轉移、角力與位階關係，以及性別身份與政治力量之間的拉扯。在不同的論述場域下，政治女性形成不同樣貌以及不同的民主意涵。

第二節　問題意識

　　本文將以「黨外女性」自我敘述與他者敘述作爲核心的觀察對象，以黨外雜誌、《婦女新知》、政治自傳爲探討文本，看「黨外女性」在不同媒介、

〔註31〕《婦女新知》雜誌在 1996 年 1 月之後以通訊的方式出刊，內容多報告工作室工作與走向爲主，論述文章減少，比較偏重於訊息交流較少論述性文章出現，此外，1995 年之後沒有關於黨外女性的討論與再現文章，因此本文對《婦女新知》的觀察以 1982 年到 1995 年爲主。

不同時空下的歷史檔案與文本呈現的政治圖像，及政治圖像背後呈現的性別與民主意識，又在論述中回應政治民主與性別民主論述。巴特認爲歷史話語本質上是意識形態與想像的產物，[註32] 伯克霍福（Robert F. Berkhofer, Jr）的新歷史主義概念也提到所有的知識和意義都受制於時間與文化，歷史學者是通過過去的文本去推斷賦予這些文本意義的語境，因爲文本作爲歷史的組成部分可以呈現當時代的意識形態。[註33] 所以「黨外女性」論述中，從參與民主化運動的女性論述中，在論述女性參與政治的過程，背後呈現出來的性別意識與民主意識、性別身份與民主運動的協商、性別／民主意義的轉變，便是本文所要探討的核心議題。

在此，本文所要撰寫的黨外女性論述分爲幾個層次。一、黨外雜誌在台灣民主運動發展時期，作爲承載民主論述的主要場域時，在此民主場域的時空與情境下對黨外女性的論述爲何。二、與「政治民主化」同時發展的「性別民主化」論述下，1982 年第一份婦運雜誌《婦女新知》以第二波婦運的「女性自覺」爲核心如何詮釋黨外女性以及當時的論述脈絡的性別意涵與民主意涵。三、1990 年到 2000 年出版的政治自傳，如何以「現在的自我」對「過去的自我」進行詮釋。在這些論述交錯之下，呈現不同的歧義的「民主」觀點，不同時空也產生不同的性別意識與民主概念。

一、「政治民主化」的黨外雜誌（1975～1986）

在戒嚴時期不得組黨與報禁的情況下，黨外雜誌成了民主運動過程中最重要的媒介，在台灣民主運動的中，政論雜誌在政治參與運動中佔了很重要的份量。[註34] 在台灣民主運動中，「黨外」已成爲某歷史時空下特定的集體符號，在台灣民主運動中某一段時間內積極參與者被視爲或自稱是「黨外人士」，以「自由民主」爲理念展開台灣一黨獨大下的民主運動，而黨外人士所興辦或旨在推動黨外運動的刊物被稱爲「黨外雜誌」。[註35] 李筱峰在談論黨

〔註32〕巴特，《符號學原理》，北京，三聯書店，1988 年，頁 59。

〔註33〕Robert F. Berkhofer, Jr 著，刑立軍譯，《超越偉大故事：作爲文本和話語的歷史》（Beyond the Great Story: History as Text and Discourse），北京，北京師範大學出版社，2008 年 1 月，頁 28～36。

〔註34〕林清芬，〈一九八○年代初期台灣黨外政論雜誌查禁之探究〉，《國史館學術集刊》，第 5 期，頁 259。

〔註35〕彭琳淞，〈黨外雜誌與台灣民主運動〉，胡健國主編，《二十世紀台灣民主發展：第七屆中華民國史專題論文集》，臺北縣，國史館，民 93 年，頁 698。

外運動與雜誌的關係，「黨外運動是先雜誌而存在的。經由選舉活動而醞釀出黨外的氣勢，而後再創辦雜誌以作爲運動的文宣工具。因此，黨外雜誌是黨外運動的客體。」〔註36〕黨外雜誌是承載黨外民主論述最主要的媒介。《深耕》雜誌也提到在美麗島時代之前的黨外運動，所使用的手段就是「選舉」與「辦雜誌」兩種方式。〔註37〕

本文在這一階段的討論，以黨外雜誌爲觀察場域，從 1975 年到 1986 年之間的黨外雜誌有《台灣政論》、《這一代》、《美麗島》、《富堡之聲》、《春風》、《夏潮》、《鼓聲》、《八十年代》——《亞洲人》——《暖流》這一系列（俗稱八十年代系列）、《關懷》、《深耕》、《生根》、《台灣年代》、《代議士》、《鐘鼓樓》、《蓬萊島》、《前進》系列、《博觀》、《開創》、《政治家》、《民主人》、「自由時代」系列週刊（包括《自由時代》、《先鋒時代》、《民主時代》、《開拓》、《發展》、《發揚》、《民主天地》等等、《新潮流》、《薪火》、《雷聲》、《關懷》、《開創》、《新路線》。第三章探討參與黨外運動中政治女性在民主論述的場域裡如何、爲何被呈現，以及具有什麼性別與民主意義。

二、「性別民主化」的婦運場域：《婦女新知》爲觀察對象（1982～1995）

1982 年到 1995 年《婦女新知》承接了新女性主義進行性別民主化運動與論述生產，以性別民主化、女性參政的現代化爲論述核心。提出民主進程必須伴隨性別民主化才得以實現。婦運論述如何討論女性參與民主化的論述？這一部分將以呂秀蓮發表的一系列新女性主義論述文章；與 1982 年到 1990 年的《婦女新知》作爲觀察對象，

其中討論女性參政與黨外論述論述相關文章包含：〈婦女參政健將——唐群英〉（1983）、〈看看美國，看看我們自己：談選舉中的婦女問題〉（1984）、〈婦女運動是民主運動的一環〉（1984）、〈婦女對選舉應有的認識〉（1985）、

〔註36〕李筱峰，《台灣民主運動四十年》，臺北，自立晚報，1988 年 5 月，二版，頁271。

〔註37〕深耕雜誌社，〈黨外運動的目標與路線座談會〉，《深耕》半月刊，第 18 期，1982 年，9 月 25 日，頁 5。文中提到「相信關心民主運動的人士都曉得：在『臨時條款』體制運作下，以本地先民文化前途爲首務之急的黨外民主運動，冒著各種危險與坎坷投身的結果，目前只剩下『選舉』和『辦雜誌』兩條路可走而已。」。

〈淺談婦女保障名額〉（1986）、〈婦女與選舉〉（1987）、〈安息在故鄉的土地上——悲悼台灣婦女民主運動前輩陳翠玉女士〉（1988）、〈代「婦」出征〉（1991）、〈婦女團體對憲政改革之聯合聲明〉（1991）、〈參政是婦女的權利〉、〈鼓勵婦女參政支持陳秀惠參選國代〉、〈婦女新知對憲政改革的主張〉（1991）等，論述繁多，不一一列舉。本文將看第二波婦運影響下的婦運場域，如何呈現台灣參與民主化的女性，呈現的「黨外女性」論述背後的性別意識的發展為何。

三、「今日之我」詮釋「昨日之我」：女性政治自傳（1990～2000）

　　1990 年到 2000 年出版的女性政治裡，黨外女性對自己的論述企圖去定義自己在民主化中的位置與貢獻。政治自傳因為有大量的個人敘述，其性別意義與民主意義也各別出現較大的差異，也分別在不同的位置去凸顯自己的性別身份與政治身份，並產生不同意義的性別表述與民主表述。這些「黨外女性」傳記呈現了性別身份／民主參與的雙重角色，可以看到多重主體在角色之間的協商。此外，政治女性具公／私領域之間經歷了政治、性別、權力繼承者等多重角色；因此性別意識與民主意識會有較複雜的敘述。這些傳記回應了過往的歷史，也回應了過去的黨外女性論述，不需要將傳記視為「過去真正發生的事情」，而是如王明珂所說的，在歷史論述當中，人們選擇什麼是重要的，什麼是不重要的「過去」；「然而以何種標準來選擇，以何種角度做選擇，都與一個人的社會文化認同有關。所以現在有些歷史學者的研究重點並不是研究真正發生與存在的『事件與人物』，而是研究人們為什麼要記得這些『事件與人物』，為什麼認為它們是重要的，而最終希望瞭解產生這些社會歷史記憶的整體社會背景（context）。」〔註38〕，假使單一的記憶並不存在，在九〇年代的歷史時空中，黨外女性選擇什麼記憶將自己放到歷史的過往當中，所以這一部分將從傳記看黨外女性為何在九〇年代的歷史時空回應歷史，又如何與過往論述產生對話。

　　1990 年到 2000 年出版的政治自傳是在歷史產生轉型下去詮釋台灣民主運動的發展以及自己在其中的角色。本文以 1990 年到 2000 年的政治自

〔註38〕 王明珂演講，董群廉紀錄整理，〈典範歷史與邊緣歷史：文獻、口述及其他〉，《國史館館刊》，復刊第 29 期，民國 89 年 12 月，頁 12。

傳文類作為分析，以楊祖珺《玫瑰盛開：楊祖珺十五年來時路》（1992）、邱瑞穗《異情歲月：黃順興前妻回憶錄》（1994）、陳菊《黑牢嫁粧：一個台灣女子的愛與戰鬥》（1993）、《橄欖的美夢：台灣菊・台灣情》（1995）、曾心儀《遊過生命的黑河》（1996）、《心內那朵花——台灣民主運動的文學紀事》（2000）、余陳月瑛《余陳月瑛回憶錄》（1996）七本女性政治自傳作為觀察對象。討論政治傳記時，政治傳記中的記憶不等同於歷史事實，而是受到撰寫當下的歷史影響。本文認為重要的是過往為何如此記憶，以及記憶與過往產生什麼對話是重要的。所以九〇年代出版的政治傳記便是在紛雜的記憶進行選擇，並喚起記憶與過往歷史對話，對歷史進行過去的重組。傳記撰寫者也在敘述中重新將自己擺進歷史的位置當中，並產生對台灣民主化運動中性別／民主的不同意涵。這種歷史對話不僅僅歷時性（synchronie）的存在，它同時也是個貫時代性（diachronie）的連續體：「以往的歷史與當今的時代是無法截然劃分的，在每一個社會，每一個『現在』，歷史的影響是不能抹煞的；只要一個文化有它集體的記憶，每一個『現在』也代表了歷史的延伸。因此，要瞭解一個社會，單單從事同時代的研究是不夠的，貫時代或甚至異文化社會的參照研究，往往也是必要的。」〔註39〕在回憶錄的當下，「現在」是一種對「過往」的記憶，記憶有其貫時性與歷時性，後文將在討論自傳時針對這一部分進行討論。

　　在研究方法上，本文採用論述分析作為研究方法，進行黨外運動中「黨外女性」論述及生產場域的討論。論述分析注重論述生產的歷史脈絡與意識型態，以及論述生產的歷史時空與思潮脈絡，在歷史情境下論述與論述之間形成辯證、或相互影響、或相互對抗的力量，因而產生不同的政治女性再現論述將在正文一一討論。本文以圖示的方式說明研究材料與討論議題：

─────────────────

〔註39〕康樂，〈導言：布洛克與《史家的技藝》〉，收錄於布洛克著，周婉窈譯，《史家的技藝》臺北，遠流出版，1989 年 1 月，頁 9。

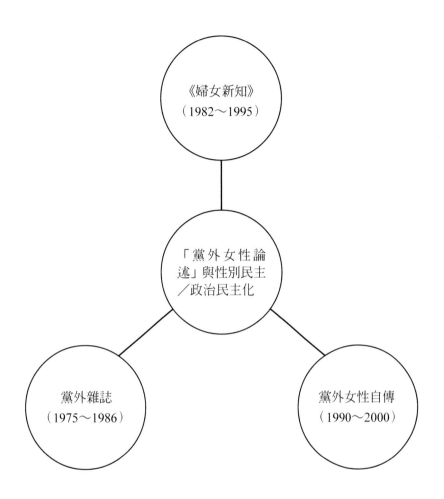

上圖說明本文以「黨外女性」作為資料的核心關鍵詞，發現「黨外女性」論述的生產散落在婦運的場域、黨外運動的場域以及 1990 年代的傳記出版場域裡。這些「黨外女性」論述的生成，受到台灣婦運論述、台灣民主論述、第二波婦運、第三波民主運動的影響，而這些論述彼此之間也會交錯影響，所以黨外雜誌也可見到討論新女性主義的文章，以及受到第二波婦女運動的影響，但是黨外雜誌以「民主」為論述核心，所以「黨外女性」的再現論述多被放置在政治民主人士身份的位置上，黨外女性的論述也成為民主運動的發展進行隱喻與象徵。相較之下，婦運論述場域中以第二波女性主義為思潮的主軸，《婦女新知》的婦運論述討論女性參與台灣民主化的相關文章中，黨外女性的相關論述十分強調性別身份與對政治主體的批判；1990 年代的政治自傳則以回溯的方式回應歷史，也與過去不同場域的再現論述產生對話。

　　從歷史時間上而言，「黨外女性」論述主要出現在黨外民主運動時期論述場域、婦女運動論述場域以及解嚴後的政治自傳場域中，這三個場域有歷時性與貫時性的歷史時空交錯。如 1975 年《台灣政論》出版之後，《八十年代》、1979 年《美麗島》雜誌、1980 年代之後的《深耕》、《關懷》、《前進》雜誌等相繼出版。在黨外論述蓬勃發展時，呂秀蓮在 1970 年代開設拓荒者出版社，1982 年李元貞《婦女新知》雜誌社，可以看到台灣民主論述與婦運論述有一大段時間是重疊的。九〇年代的政治自傳則可以看出歷史縱軸的發展，「黨外女性」論述則不斷回應黨外運動歷史的民主過程。這些資料背後有更大也更複雜的論述彼此交錯，在這些交錯的過程，看見性別意識與台灣民主之間的協商，也形成性別民主化與政治民主化上的演變。

第三節　「黨外」與「黨外女性」的歷史詮釋

　　在進入本文正文的書寫之前，關於「黨外」的歷史意涵以及時間斷代必須先將進行歷史上的澄清與詮釋，以及本文要聚焦的黨外女性鎖定對象也先進行討論，以方便後續撰寫上不至於產生意義與概念上的混淆。

一、黨外時期

　　關於「黨外」一詞最早出現在 1950 年代與 1960 年代，但當時甚少被使用〔註 40〕。在此期間民主運動中，較常使用「無黨」籍人士，自稱是無黨籍

〔註 40〕彭琳淞提到六〇年代「黨外」一詞的使用時，說明「一九六四年三月五日台灣省議員楊玉城向當時省主席黃傑提出質詢，曾建議『應培養黨外人士參政』，黃傑答詢時則強調省府對『黨內』與『黨外』人士並無差別對待。」又提到 1957 年 4 月下旬台灣第三屆縣市長及省議員選舉時，當時參選競選連任的彰化縣長石錫勳（日治時期台灣文化協會理事長）、郭發（日治時期台灣民報記者）與王燈岸（日治時期民族運動參與者）三人，曾計畫在選舉前夕籌組「黨外候選人聯誼會」，研究選務，並仿日治時期文化巡迴演講方式舉辦民眾座談會。後來一些候選人的確在台中聚集召開座談會，並就選務向政府提出建言。但是當時雖然「黨外候選人聯誼會」並未正式以「黨外」之名成立，但前述座談會，正是後來「自由中國」雜誌時期，雷震等知識菁英與本土政治人物推動組黨時的「選舉改進座談會」的前身。後來歷次選舉中逐漸看到異議政治人物以「黨外」名義參選，黨外人士以「黨外助選團」進行全島串連，以「黨外推薦團」進行組織行動。「黨外」一詞才廣泛指反對力量。見彭琳淞，〈黨外雜誌與台灣民主運動〉，胡健國主編，《二十世紀台灣民主發展：第七屆中華民國史專題論文集》，臺北縣，國史館，民 93 年，頁 698～699。

或標榜無黨無派。「黨外」一詞的被大量使用，是在 1970 年代黃信介與康寧祥二位戰後新一批本土政治人物崛起後。1970 年代之後歷次選舉中逐漸看到異議政治人物以「黨外」名義參選，黨外人士以「黨外助選團」進行全島串連，以「黨外推薦團」進行組織行動。李筱峰也認為「黨外」形成一個歷史符碼是在 1975 年黃信介與康寧祥《台灣政論》創刊以及兩人崛起之後，「黨外」一詞才大量被使用，因而形成一個反對意識鮮明的在野勢力。在這裡，李筱峰所做的定義是針對一個伴隨台灣本土發展的歷史現實進行定義。〔註41〕孫寅瑞在〈「黨外」一詞意義之歷史考察〉則認為 1960 年代以降至 1970 年代中葉，「黨外」這個名詞並不多見。〔註42〕在 1960 年代，只要是非國民黨，如中國青年黨、民主社會黨，所有「無黨籍」人士，在當時當被稱之為「黨外」。〔註43〕。但 1970 年代《大學雜誌》成立，1975 年《台灣政論》出

〔註41〕 李筱峰認為「黨外」一詞，原本只是對非國民黨籍的一個泛稱，早期無黨籍的候選人，多以「無黨無派」標榜，而少用「黨外」一詞。但自從黃信介、康寧祥崛起後，『黨外』一詞大量使用，無形中『黨外』一詞便成為無黨籍中的政治異議份子所共同使用的號誌。在這個界定含糊、定義籠統但卻又簡短的號誌下，一些政治異議份子經由數次選舉而逐漸凝結成一股在野的政治運動。參見〈台灣在野改革運動的歷史回顧〉，《透視黨外組黨》，臺北，1986年 12 月 1 日，風雲論壇社，頁 69～70。

〔註42〕 孫寅瑞，〈「黨外」一詞意義之歷史考察〉，《史匯》第 5 期，2001 年 8 月，頁103～105。

〔註43〕 五〇年代的民主運動多指雷震與台灣人地方領袖高玉樹、吳三連、楊金虎、郭雨新、李萬居、余登發等組「中國民主黨」，希望參與選舉，達到政黨政治的理想，並希望達到自由民主化的成果。但在組黨前夕，1960 年 9 月 4 日，雷震被捕，反對黨胎死腹中，台灣戰後第一次組黨運動終告失敗。雷震被捕使得台灣反對力量受挫，「延至一九七〇年代，反對人士才再出現組黨的聲浪。」參見張炎憲，〈台灣民主運動的特色〉，《戰後台灣民主運動史料彙編（三）——從黨外助選團到黨外總部》，臺北縣，國史館，2001 年 12 月 10 日，頁 8。張富忠、邱萬興也提到五〇、六〇年代最重要的反對運動，應該就是「中國民主黨」的組黨運動，以及雷震的《自由中國》刊物陣營對國民黨的批判。而「中國民主黨的組黨運動是由兩股力量結合而成的。一是 1949 年以後隨著國民黨來台的大陸籍自由主義知識份子，他們以《自由中國》半月刊為宣傳媒體，配合另一股力量，投身選舉運動的本地政治人物和社會菁英兩結合，在一九六〇年時曾經有一次短暫的、胎死腹中的組黨運動。」張富忠、邱萬興編著，《綠色年代：台灣民主運動 25 年 1975～2000》，臺北，財團法人綠色旅行文教基金會，2005 年 10 月 12 日出版，頁 18。這一時期的反對運動以雷震與殷海光的《自由中國》為主，當時標榜著自由主義思潮的《自由中國》，在冷戰意識型態對立的政治局勢之下，以自由主義作為思想的主軸，對國民黨的專政進行批判。

版，之後一系列黨外雜誌出版，才形成一股政治上的反對論述力量。1981年，「黨外推薦團」成立，「黨外、制衡、進步」成為黨外候選人的共同標語。所以將「黨外」一詞指稱政治反對運動是在 1970 年代中後期，因為在此時，「黨外」一詞脫離「無黨籍」人士，專指進入政治體制之後，和國民黨劃清界限的人士。〔註 44〕相同論點的如林清芬在〈一九八〇年代初期台灣黨外政論雜誌查禁之研究〉一文認為「國民政府遷台後，國內政治環境缺乏強有力的反對勢力，足以抗衡執政黨十多年的『一黨優勢』。1970 年代、1980 年代，國人對反對勢力統稱為『黨外』。」〔註 45〕。

　　1978 年台灣與美國斷交，黨外人士以「黨外人士國事會議」發表對時局的建言；1980 年代，黨外人士組織化行動中也以「黨外編輯作家聯誼會」、「黨外公職人員公共政策研究會」來為組織命名。「黨外」一詞，就這樣漸漸地成為政治異議人士共同使用的符號，經由一次又一次的選舉，進一步凝聚成一股在野的政治運動力量。這正是大家所慣稱的「黨外運動」，其指涉時間約在 1970 年代至 1980 年代中期民進黨成立前。〔註 46〕彭琳淞則提出：

> 就文字字面而言，「在野」、「反對」與「異議」，三名詞與「黨外」
> 意義相近。不過，「在野」，相對於「執政」；「反對」與「異議」，是
> 針對於「當權」或「主流」；在台灣長期威權體制的「黨禁」政策下，
> 「黨外」一詞，顧名思義是「非國民黨」的一個泛稱。台灣的「黨
> 外」同時具有「在野」、「異議」與「反對」的意涵，但又超越三者
> 而具特殊意義。〔註 47〕

在張富忠《綠色年代：台灣民主運動 25 年 1975～2000》一書中，選擇以 1975 年作為台灣民主運動的起點，但是並未以「黨外運動」一詞來定義 1975 年之後的民主發展，而他以 1975 年作為民主歷史的斷代點，因為 1975 年四月蔣介石去世，以及五〇、六〇年代美、蘇集團對峙的世界局勢下，政治高壓的

〔註 44〕孫寅瑞，〈「黨外」一詞意義之歷史考察〉，《史匯》第 5 期，2001 年 8 月，頁 103～105。

〔註 45〕林清芬，〈一九八〇年代初期台灣黨外政論雜誌查禁之探究〉，《國史館學術集刊》，2001 年 12 月 16 日，第 5 期，頁 257。

〔註 46〕彭琳淞，〈黨外雜誌與台灣民主運動〉，胡健國主編，《二十世紀台灣民主發展：第七屆中華民國史專題論文集》，臺北縣，國史館，民 93 年，頁 698～700。

〔註 47〕彭琳淞，〈黨外雜誌與台灣民主運動〉，胡健國主編，《二十世紀台灣民主發展：第七屆中華民國史專題論文集》，臺北縣，國史館，民 93 年，頁 698。

白色恐怖不再出現。第二個原因是 1975 年 8 月創刊的《台灣政論》〔註48〕是近代台灣民主運動史上第一本高舉「台灣」大旗的反對派刊物。第三個原因是 1975 年 12 月中央民意代表選舉,「宜蘭縣民主老將郭雨新的競選團隊,匯集了往後二十年民主運動的中間幹部,諸如姚嘉文、林義雄、張俊宏、陳菊、遊錫堃、邱義仁、吳乃人、范巽綠、田秋堇、林正杰等人」。〔註49〕

綜上所述,1975 年可以說是黨外運動重要的一個歷史分界。而關於「黨外」的意涵,陳孟元則提出在 1977 年的地方選舉與中黨外人士大串連,以及中壢事件黨外人士不滿國民黨的選舉舞弊,「黨外意識」才出現。而 1977 年前的黨外只是泛指非國民黨人士。〔註50〕呂秀蓮則認為黨外並非是泛指「國民黨以外的人士」,而是在民主化的特定歷史意義中,從事反對運動的人士。曾心儀則認為「黨外」一詞,是指相對於國民黨的在野力量,主要包括在行動與意識上支持在野運動的人士。〔註51〕主要都是指涉在 1975 年左右興起的反國民黨的反對運動人士。本文主要觀察參與 1975 年到 1986 年這一段歷史,參與反對國民黨,參與民主化過程中的黨外女性為對象。黨外運動的歷史時間點,本文聚焦在 1975 年到 1986 年民進黨成立為主。民進黨成立之後,結束一黨專政,應該就沒有所謂的「黨外」,不過陳翠蓮認為民進黨成立時,民主運動所對抗的「戡亂——戒嚴體制」並未立即崩解,反而是台灣民主運動正處於激烈對抗的高潮期。一直要到 1987 年 7 月解嚴,1991 年 5 月終止動員戡亂、廢止懲治叛亂條例,國民黨政府所建立的威權體制告瓦解。〔註52〕而

〔註48〕《台灣政論》1975 年創刊,由黃信介任發行人,康寧祥社長,張俊宏任總編輯。

〔註49〕在張富忠的定義中,雖然沒有直接說明「黨外」一詞,但是將台灣民主運動以 1975 年的黃信介與康寧祥作為開端,與李筱峰提及「黨外」一詞大量被使用的時間點是一樣的。另外,張富忠 2005 年出版的《綠色年代:台灣民主運動 25 年 1975~2000》一書,很明顯將 2000 年政黨輪替視為台灣民主運動的里程碑,但是民主不僅僅是形式上的政黨輪替,而這一本彙編的史料中,很明顯地將打破國民黨專制的黨國體製作為民主歷史點的劃分。見張富忠、邱萬興編著,《綠色年代:台灣民主運動 25 年 1975~2000》,臺北,財團法人綠色旅行文教基金會,2005 年 10 月 12 日出版,頁 12~13。

〔註50〕陳孟元,〈台灣一九七〇年代後期黨外運動的發展——凝聚、頓挫與再出發〉,頁 72~74。

〔註51〕陳孟元,〈台灣一九七〇年代後期黨外運動的發展——凝聚、頓挫與再出發〉,頁 74。

〔註52〕陳翠蓮,〈黨外書籍與台灣民主運動(1973~1991)〉,《台灣文獻》,第 55 卷第 1 期,頁 3。

在台灣的歷史脈絡中，1986 年之後還發生鄭南榕自焚、陳婉真抗議海外黑名單等事件，所以本文也觀察 1986 年稍後的反對國民黨威權的政治行動等論述納入反對運動論述的範圍。

二、黨外女性

在第二波女性女性主義論述提出「個人即政治」的理念中，已經顛覆「政治」爲公共領域或政黨政治的狹隘意涵，而是將政治視爲一種權力運作的方式，並將個人／政治之間原本壁壘分明的明確邊界抹除與顛覆掉，重新界定公／私、個人／政治的定義，將個人放置在社會學的想像中，所有私領域／個人的事都具備政治力量的介入與影響在其中。因此政治女性的政治參與不應僅指檯面上政治民主的參與。安思雅絲（Anthias）和戴維斯（Yuval-Davis）在討論女性與國家之間的關係時，提到女性在國家、經濟、政治及軍事的參與上，會以擔任後勤補給、照顧傷者的角色成爲重要的貢獻者〔註 53〕。台灣島內黨外運動與海外台獨運動中，許多民主化的推手多爲默默在男性背後從事私領域再生產的女性。呂秀蓮在談到婦女覺醒與台灣民主化時，勾勒了參與民主運動的黨外女性身影，提出反對運動中幾種政治女性類型，「四大女寇」、類似「後勤補給者」的「受難者家屬」與「政治家的妻子」、「代夫出征」、「社會工作者」等幾種政治女性類型。

呂秀蓮在談到參與民主化的女性時，提到不僅僅是走入公職的政治女性才對台灣民主化有貢獻，更提到政治人物背後的妻子以及間接付出的政治女性。如因涉及施明德逃亡案而入獄，其中將施藏匿家中的林文珍女士，因而傾家蕩產，慘澹營生，卻鮮少受到海內外鄉親的關懷和致敬。另外，「政治受難者的妻子」與「政治家的妻子」都在台灣民主化過程中做出貢獻。認爲「政治受難者的妻子」與「非公職的黨外女性」對民主化運動應同受肯定，除了許多抗議性的政治活動女性首當其衝之外，海外台灣運動中才能與學位俱高的女性因爲囿於「男主外女主內」的傳統將才情付諸尿布奶瓶與蒸炒切煮之中。

〔註 53〕 Anthias, F., ,and N. Yual-Davis（1994）,"Women and the Nation-State," in Hutchinson and Smith（eds）, *Nationalism*, pp312～316。轉引自石之瑜、黃競娟，《當代政治學的新範疇──文化、性別、民族》，臺北市，翰蘆圖書，2001 年元月，頁 54。

在台灣人運動中，見到幾顆晨星寥若的傑出女性，過去的金美齡，現在的張富美，都是人盡皆知的女中豪傑，自然還有許多掛一漏萬的好姊妹，包括近年來主掌全美及全歐同鄉會務的楊黃美幸、杜淑眞與何康美，爲海外同鄉與台灣人運動皆盡心盡力。還有婦女台灣民主運動發起人的陳翠玉女士。

<u>捨此而外，其實是更多被白晝的陽光搶進風頭的無名星星，她們躲在先生的背後，支持他，信賴他，並且在許多活動裡，默默擔負起不受重視，卻又缺乏不可的瑣務</u>——特別是同鄉聚會時的餐飲料理。許多同鄉會鑑於許多同鄉「沒有吃，就不來」的現象，爲廣招徠，首先就打女同鄉的主意，<u>有會必吃，有吃必忙，其結果女同鄉對台灣人運動的奉獻永遠只在廚房與 Baby Sitting Room 打轉，掉頭過來，還要挨男士的白眼：「女人的政治見解？白癡。」</u>〔註54〕（畫線爲筆者所加）

呂秀蓮在這一段話指出黨外民主過程「更多隱身黨外丈夫的背後含辛茹苦的「太太和眷屬」，她們「長期生活在夫婿坐牢，一家老小需要獨立支撐的艱辛和驚慌失措中」，「步上探監的傷心路途」。〔註55〕都爲台灣民主運動付出代價，關注民主化應該關注有貢獻卻被忽略的一群女性，所以歷史討論不應該將焦點僅侷限於政治光環下人物。此外，「社會工作者」則包含積極參與社會服務、在黨外朋友受難後，雪中送炭者，「如陳秀惠在美麗島事件發生後，對獄中受難者寫信寄禮物不遺餘力，關懷夏令營也是在她慰勞受難者子弟的構想下開始舉辦的。此外，賴碧英在臺北華西街做過山地雛妓的調查，洪壽美宣稱她對色情勾當的內幕瞭若指掌，她們一致抨擊男性憑其袋中阿堵物任意蹂躪女性同胞的醜陋卑鄙，而目前返國全力推展幼兒教育的王淑英，則強調兒童教育對民族發展的重要性，與父母同負養育之責的意義。」〔註56〕，另外，陳婉眞、張溫鷹、施端雲與林文珍也因美麗島事件或反國民黨論述被判

〔註54〕呂秀蓮，〈婦女與台灣民主化〉，1987 年撰寫，收錄於呂秀蓮主持，《海外看臺灣》，高雄縣，南冠出版社，1988 年 5 月出版，頁 226〜227。

〔註55〕呂秀蓮，〈向黨外姊妹致敬〉，原爲 1986 年在臺北市元穠茶藝館的致詞內容，後收錄於《兩性問題女性觀》，臺北，前衛出版社，1990 年初版一刷，頁 180〜181。

〔註56〕呂秀蓮，〈政治廚房中的黨外女性〉，原載於 1986 年元月號《八十年代》，後收錄於《兩性問題女性觀》，臺北，前衛出版社，1990 年初版一刷，頁 189。

刑等等，女性參與民主化的模式非常多種，黨外女性參與黨外運動的方式也多樣。

　　黨外政治女性不止包含進入公共領域的政治女性，但是本文爲聚焦於文本的討論，將以參與公共論述的黨外女性爲討論對象，先鎖定在直接參與黨外運動、參與黨外雜誌論述、公開競選以及在公共場域發聲的政治女性作爲觀察對象。論述觀察的文本以 1972 年黨外運動逐漸興起時，呂秀蓮、陳菊、蘇慶黎與陳婉眞被國民黨稱爲「台灣四大女寇」，第二種政治論述爲美麗島事件大逮捕之後的「代夫出征」女性，如許榮淑、周清玉、方素敏、葉菊蘭等人相關的論述，在政治自傳也已出版且參與公共事務爲主的女性進行討論。

第四節　研究方法與理論架構

　　本文主要討論歷史論述的性別／民主意義的轉變，在著重歷史論述分析下，將以批判論述分析方法（A Method of Critical Discourse Analysis）作爲研究方法，去討論論述生產的原因、社會變遷，以及論述的文本意義。關於論述分析的幾種理論先進行討論，並將論述分析的方法與本文運用說明如下。

一、批判論述分析方法（A Method of Critical Discourse Analysis）

　　論述分析（discourse analysis）的概念與意涵在語言學當中論述（discourse）指涉的是口說語言，相對應的是書寫的文本。在後來的理論發展中，論述指涉的是口說與書寫的兩種文本。在文本生產的過程中，書寫或是語言的產物，都是一種論述。近期的理論則將文本到鉅觀的社會，都視爲論述的範圍。〔註57〕論述分析方法又區分爲內容分析、文本分析與論述分析三者之間的差異。內容分析法是研究者檢視某一類社會（製）成品（social artifacts）加以分析；文本分析則是將一作品拆解，然後詮釋文本與知識傳統之間的關係，以文本爲核心，然後討論被製造出來的意義，主要關注生產的歷史條件與語境分析，因爲文本不能被孤立在眞空中，其意義必須被放置在特定的環境考察，觀察它接觸了哪些其他論述，這個接觸又會如何重新結構該文本的意義，以及那些論述的意義。文本分析和論述分析都是較強調意義的詮釋解析，只是文本

〔註 57〕 Norman Fairclough, *Discourse and Social Change*, by Polity Press, UK, 1992, p.1 ～30.

分析通常只針對一種社會製成品，如新聞報導、文學作品、電影或海報圖片，作解析和意義詮釋，但晚近學者都很強調文本分析社會研究之中的互文的分析或語境分析。語境分析著重文化生產過程。而論述分析強調是，「意義不只是被賦予，而是在制度性場址、經過許多制度性運作才被社會性的建構」。所以文本以何種方式在具體的環境中運作，是社會分析不能忽略的。其他論述總是隨時攜伴在側——論述總是取決於其他的論述形構。論述分析，則包含更廣闊，不只是單純僅檢視文本本身，而是將建構文本所使用的論述及其相關社會場址（institutional sites）和歷史文化因素都納入分析之中。〔註58〕

單單從論述分析的討論上，也有幾種不同的詮釋與路徑。在 1952 年，Harris 在《論述分析》（Discourse analysis）一文提出論述研究必須研究文本與社會情境的關係，人們會經由「說故事」這種普遍的論述形來敘事並建構自身的認同，以及建立自己與外在的關係。〔註59〕Joan Scott 在 1980 年代提出的論述分析，則從後結構主義的觀點討論個人或集體的認同、經驗和利益是由論述產生（discursively produced），是在特定的情境中（context）或結構安排下（configurations）被組織起來，權力關係的運作在其中展現。〔註60〕Leeuwen 在探討論述與社會實踐的關係時區分兩種主張，一派認為論述本身即是一種社會實踐的一部分，是一種行動形式（a form of action），是人們對他人做的事，或是與他人共同作為的事。另一派則認為，論述是再現社會實踐的一種方式，是一種知識形式，是人們用以論說社會實踐的方式。〔註61〕

在近期討論論述分析時，傅科（Michel Foucault）是最常被引述的對象。傅科的論述理論發展出「考古學」與「系譜學」兩種概念。考古學（archaeology of knowledge）主要著重在論述形構（discursive formations），聚焦在知識構成

〔註58〕 參考游美惠，〈內容分析、文本分析與論述分析在社會研究的運用〉，《調查研究》，第 8 期，頁 22～36。

〔註59〕 蘇峰山，〈論述分析導論〉，《學術短論》，頁 20～25。

〔註60〕 Joan Scott, Gender and the Politics of History（New York: Columbia University Press, 1988）, Introduction. For an introduction to post-structuralism and feminism Pp.56～57。Joan Scott 在 1980 年代提出的論述分析中，若要以後結構主義探討性別議題時，它並不記錄男性和女性的對立關係，而是探討對立關係如何建立形成；探索認同或者社會分類形成時，是如何被建立起來；而其中的社會分類是怎樣維持的。轉引自成令方，〈女性主義歷史的挑戰：概念與理論——二十年來英美女性歷史學者關注的議題〉，《近代中國婦女史研究》，1993 年 6 月，頁 234。

〔註61〕 蘇峰山，〈論述分析導論〉，《學術短論》，頁 27。

的法則；系譜學（genealogy）主要則是討論知識與權力之間的關係。傅科的
「論述」（discourse）一詞其意義不只是反應或再現社會實體與社會關係，而
且也建構並組織這些社會關係，所以形成知識領域以及建構社會實踐（social
practice）的不同方式。要從論述來討論歷史變遷時，必須著重在特殊的社會
條件下，不同的論述如何結合其他論述而產生新的，更複雜的論述。〔註62〕
考古學的理論企圖使人消失（disappearance of man）並使論述的脫穎而出（the
emergence of discourse），論述成為一種有其物質性（materiality）與狀態（a
status）的實踐（discourse as a practice），論述本身也是構成社會關係的物質條
件。從考古學的角度來討論，論述是經由物質性成為一個思想的主軸。「知識
考古學所處理的事件正是『新興的論述』進入先前由『人』的概念所佔據的
空間之事件，其使用的是新的歷史方法，是歷史方法的轉換，以檔案（document）
來建構歷史，這正是傅柯標舉出來，以吸引人注意的。」，〔註63〕也就是以檔
案（document）來建構歷史，並從社會關係看論述產生的意義，以及論述如何
影響能動者。透過權力生產論述與知識主體因此得以形構，所以知識論述的
生產是交錯在權力的複雜歷史系統當中。論述實踐（discursive practice）的概
念來闡明知識／權力在社會的鉅觀與微觀的關係，強調「論述是由特定的社
會體制所生產出來的語言陳述，而意識型態便是透過這種語言陳述來散播流
傳的。」論述分析可以揭示掌有權力的人如何詮釋自我，又如何在再現他者
時貶抑對方，「論述理論將論述詮釋為鬥爭的場域和鬥爭的對象，各個團體在

〔註62〕 Norman Fairclough, "Michel Foucault and the Analysis of Discourse", *Discourse
and Social Change*, Polity Press in association with Blackwell Publishers, UK,
1992, p.37～61.

〔註63〕 Charles Lement、Garth Gillan，陳光中、吳季樹譯，〈批判社會學另一新的替
代方案：傅柯的論述分析〉，《中山社會科學譯粹》，中山大學中山學術研究所，
第3卷，第4期，民77年10月，頁90。文中提到傅科「把語言同時視作為
一種物質性和實踐，他以為人同時是語言的主體和客體，這正合於結構主義
的宗旨，不是人在說話，是話在說人。『論說』（discourse）同時包含了內在陳
述和命題（statements）間的關係，及其與外在社會、文化及政治的關係。一
個主體進入某一論說過程，則必採取特定方位，正如高達馬對詮釋學的看法，
人必將其歷史及現實帶入他個人的詮釋。另方面談到知識的權力內涵，他則
指出二者之關係實不可分，不只知識產生權力，後者根本就決定前者，重要
的不只在政治上某種政、經力量決定某種知識內涵、研究之可能、某種問題
當有確定之答案，更重要的是其社會、文化之制約常決定某種問題是否可被
提出。」

論述中爭奪文化霸權，努力製造意義和意識型態。」論述是將語言的微觀結構與鉅觀的社會脈絡相連結，〔註64〕

　　批判論述分析（A Method of Critical Discourse Analysis）的理論學家 Norman Fairclough 在討論傅科（Michel Foucault）的論述分析時，認為傅科（Foucault）主要在談論論述如何形構社會的主體，卻未能以具體的文本作為觀察樣本，且未能據此加入相互文本的分析（intertextual analysis），認為忽視文本是他理論的不足之處。Norman Fairclough 認為傅科的分析不關注說／寫的語言文本（text-oriented discourse analysis），並不包含真正文本的語言與論述分析。相較之下，Norman Fairclough 重視文本分析，認為文本分析應該結合其他分析的類型，將語言傾向的分析（liguistically-oriented discourse）與社會、政治思想的關聯結合起來。但 Norman Fairclough 對傅科的思想有所繼承，尤其在論述生產的權力關係與生產脈絡的關注是有繼承性的。如 Norman Fairclough 認為批判性的論述分析與非批判性的論述分析的差別，在於批判性的論述分析（critical discourse analysis）不僅僅是描述論述實踐（discursive practice），而且強調論述形成背後的權力關係與意識型態，也受到知識系統與信念的影響，以及語言與文本背後具有社會與文化的價值觀。

　　論述必須關切到文本、互動與脈絡三個層次的問題，批判的論述分析（A Method of Critical Discourse Analysis）也有即描述（description）、詮釋（interpretation）與解釋（explanation）三個層次的討論。描述是針對文本的形式性質進行分析；詮釋探討文本與文本之間互動的關係，而解釋則研究互動與社會脈絡的關係。〔註 65〕本文因為觀察不同時代脈絡下所產生的文本背後的意識型態與互文性（intertextuality），所以將採用 Norman Fairclough 論述分析方法作為撰寫的思考方式。Norman Fairclough 在討論論述分析時，用了許多理論上的視野與方法，結合了傅科式（Foucaultian）的論述分析，巴赫汀式（Bakhtinian）在互文性（intertextuality）上的強調，以及葛蘭西式（Gramscian）在討論文化霸權時，權力與權力之間的抗爭。〔註 66〕在此本文先討論 Norman

---

〔註64〕　游美惠，〈內容分析、文本分析與論述分析在社會研究的運用〉，《調查研究》，第 8 期，頁 22〜36。
〔註65〕　參考蘇峰山，〈論述分析導論〉，《學術短論》，頁 28。
〔註66〕　Norman Fairclough, *Discourse and Social Change*, by Polity Press, UK, 1992, p.37〜100.

Fairclough 在批判論述分析中的幾個環環相扣的重要觀點進行闡述，並討論如何運用在本文的分析與撰寫中。

（一）脈絡——文本——意義（context-text-meaning relationship）

Norman Fairclough 認為論述是被社會結構（social structure）所形塑，特定的論述事件（discursive events）會因為在不同的社會範疇（social domain）而隨之改變，論述不只是再現世界的實踐，而是在意義當中組成並建構世界。脈絡（context）如何影響什麼被說與被寫，以及如何被詮釋，會隨著不同的論述形構（discursive formation）而隨之改變。文本和文本的脈絡聯結可視為相互文本的分析。而脈絡（context）必須回到論述形構（discursive formation）和論述形構的詮釋（articulation of discursive formations）好去解釋脈絡——文本——意義（context-text-meaning relationship）之間的關連。〔註67〕

以批判論述分析來討論文本時，語言的分析與描述是其基礎，然而這樣的文本分析並非止於對文本的描述，「將文本視之為既有的商品，還要探討文本如何產生以及產生作用的過程，因此批判的論述分析還要探討詮釋的過程和生產的過程，Fairclough 將兩者稱之為互動的層次。最後，批判的論述分析必須探討文本生產過程和詮釋過程的社會條件，這個層次是脈絡的層次，對這個層次的研究工作乃在於解釋。正是在這三個層次的研究上，批判的論述分析不只是文本分析，而是能夠解析權力與控制的運作，對意識形態進行批判的分析。」〔註68〕。在強調文本生產的文本生產的社會結構（social structure）時，便是關切脈絡以及時代的意識型態如何。談到文本生產，便必須關切文本的歷史性。對於先前的文本，如何進行回應。批判論述分析強調文本與「社會真實」（social reality）的相互辯證，並關照相互文本性（intertextuality）的分析。

（二）互文性（intertextuality）與相互論述性（interdiscursivity）

互文性（intertextuality）是克里絲蒂娃（Kristeva）在六○年代晚期討論巴赫汀（Bakhtin）時闡述的概念。克里絲蒂娃（Kristeva）認為互文性

〔註67〕 Norman Fairclough, "Michel Foucault and the Analysis of Discourse", *Discourse and Social Change*, Polity Press in association with Blackwell Publishers, UK, 1992, p.1～137.

〔註68〕 蘇峰山，〈論述分析導論〉，《學術短論》，頁28。

（intertextuality）的概念主要是指文本如何被先前的作品所形塑，如何參與並回應過往的作品。所以話語總是充滿他者的話語，文本會形成許多文本的鑲嵌物，自我性質（our-own-ness）會隨著他者程度（degrees if otherness）的改變而改變。此外，互文性（intertextuality）也意味著歷史鑲嵌入文本，或是把文本鑲嵌進歷史當中，文本的生產是藉由對其他文本的吸收與轉化進行重讀、強調、濃縮、轉移與深化。Norman Fairclough 引用了克里絲蒂娃（Kristeva）對互文性的討論，認為話語之間是有所關連，在文本語言中存在著互文性的關係（intratexual relations）。互文性（intertextuality）指文本之間的關聯，也指涉的是文本之間有同化（assimilate），反駁（contradict）或者反諷的回應（ironically echo）的可能。

　　文本永遠是互文性的（interextual）且是被其他的文本所組成。文本是建立在過往的文本當中，文本會回應、修訂（rework）、參與塑造（shape）過往文本與生產系列文本。互文性的概念指的是文本的生產性（productivity），文本如何轉化先前的文本，重構（restructure）已經存在的約定（convention）並再製成新的文本。Fairclough 認為文本的生產是被社會條件所限制，所以需要結合社會的權力關係來看互文性這件事，如何形塑社會結構與實踐，或被社會實踐與結構所形塑。互文性的範疇可分為縱向與橫向的，縱向的是指與過往系列的文本產生互文性；橫向互文性則是意味同一時代的文本之間產生什麼互文關係。過去論述與現代論述之間的關係，互文性除了是一種對其他文本的回應之外，也可以視為與其他形成論述秩序作品的複雜關係。文類（genres），論述（discourses），風格（styles），活動類型（activity types）。互文的關係有可能以回應、衝突、嘲諷的方式展現。〔註 69〕論域永遠和當代的或歷史上先前存在的論域相關

　　為了適切地進行相互文本分析，研究者必須努力對於歷史上重要時段的社會和人類學研究有所瞭解，蒐集並分析文本樣本，並積極瞭解這些樣本在生產時和詮釋時的社會和認知層面。論述分析會著重在文本生產時解釋的過程，在文本的層次上，看到互文性（intertextuality）的過程。文本是透過其他文本被解釋而被建構出來，論述實踐之間的關係與邊界（boundaries）會因為

〔註69〕 Norman Fairclough, *Discourse and Social Change*, by Polity Press, UK, 1992, p.100～105。趙庭輝，《敘事電影與性別論述》，臺北縣永和市，Airiti Press，2010 年 11 月，頁 134～135。

社會變遷的方向而產生改變。論述分析要成為一種批判性的方法，意旨要讓被隱藏的關係與原因表現出來。要避開某種自上而下的過程（top-down process），因為在話語秩序（orders of discourse）與文本結構（the structuring of texts）當中會有反抗（stuggle），人們會反抗或是修正來自上面的改變。〔註70〕

在討論互文性（intertextuality）時，必須注意到著重在歷史文本的互文性討論的新歷史主義。新歷史主義（New Historicism）是描寫文化、文本相互關係（cultural intertextuality）的一個隱喻。其論述運用馬克思主義的批評策略認為「需要返回歷史，把歷史當作重要的出發點來理解文化生產、批評概念、意識型態、政治和社會的範疇。」〔註71〕新歷史主義與後結構主義與的差別在於「後結構主義所關注的則是『能指』的那種構成性、不可歸約的遊戲，而新歷史主義所關注的則是『能指』的那種構成性、不可歸約的『權力』。」〔註72〕。也就是文本與論述生產背後的權力關係。

伯克霍福（Robert F. Berkhofer, Jr）討論新歷史主義時，認為高雅文學文本與普通的歷史文獻是必須並放在一起，並將文本視為某一特定時期社會和文化情況的組成部分。本文便是將歷史檔案與傳記文本視為廣義的論述，並探討論述之間的關係與轉變。在新歷史主義看來，經典文學作品不過是流傳在總體文化系統之內的另一種文檔，文學與非文學作品的合併動搖了以往的把文學作品與世俗檔區分開來的學術等級，必須觀照的是文本與語境之間的關係。新歷史主義認為互文性（intertextuality）是一個文本是通過其他文本的建構而產生出來，互文性「可以指一個文本從一個或多個其他文本中吸取材料，把它們當作前文本，也可以表視一個文本是如何作為前文本而被其他文本利用的。」〔註73〕，新歷史主義與批判論述分析所提到的互文性

〔註70〕參考 Norman Fairclough, *Discourse and Social Change*, Polity Press in association with Blackwell Publishers, UK, 1992, p.1～10。

〔註71〕張京媛，〈前言〉，《新歷史主義與文學批評》，中國北京，北京大學出版社，1993年1月第一版，頁2～3。

〔註72〕理查‧特迪曼（Richard Terdiman），"Is there Class in this Class？"in in H. Aram Veeser, ed., *The New Historicism*, New York and London: Routledge, 1989。引用何衛、孔書玉譯，〈所在見教，有無種類？〉，收錄於張京媛主編《新歷史主義與文學批評》，北京大學出版社，1993年1月第一版，頁222。

〔註73〕Robert F. Berkhofer, Jr 著，刑立軍譯，《超越偉大故事：作為文本和話語的歷史》（*Beyond the Great Story: History as Text and Discourse*），北京，北京師範大學出版社，2008年1月，頁14～39。

（intertextuality）同樣觀照前文本與歷史脈絡之間的問題。本文將黨外雜誌、婦運論述與傳記文類並置討論，便是企圖在文類邊界的抹除之下，去觀照文本作爲社會的組成部分，其背後的意識形態如何發展，文本的生產與前文本之間的關係爲何。簡而言之，互文（intertextual）可以說是兩種文本之間的辯證關係，文本意旨「文學」文本、「文化」文本、與「歷史」文本。

　　相互論述性（interdiscursivity）指的是論述形構（discursive formations）或是不同類型的論述之間的關係。相互論述（interdiscourse）指的是在論述形構中複雜的相互依賴結構（interdependent configuration）。在進行論述分析時，必須看經驗如何被重述與改寫（reworded）而成爲社會與政治的抗爭的一部份，這些重述與改寫也與文化霸權有所關連（hegemony）。其他的關係是相互論述的（interdiscursive），是指在不同論述或不同文本之間的關係。

（三）文化霸權（hegemony）

　　互文性（intertextuality）與文化霸權（hegemony）之間有很重要的關係。在文化霸權（hegemony）的概念討論中，Norman Fairclough 明顯地受到葛蘭西（Gramsci）的影響。葛蘭西（Gramsci）的文化霸權概念中，文化霸權（hegemony）是具有支配性（domination）的力量，在政治、經濟、文化、意識型態範疇具有領導性。文化霸權作爲一種權力，是可以建立起聯結（alliances）並且進行整合（integrating）的力量，文化霸權的概念不只是支配（dominate）從屬階級（subordinate classes），而是通過意識型態，贏得他們的同意（consent），去建立或維持聯結支配／從屬（domination／subordination）的關係。文化霸權是一種具有不穩定性的持續抗爭的聚焦（focus）〔註74〕本文運用文化霸權的概念，來闡述黨外運動時期的核心論述。

　　文化霸權是一種政治上的自治權（political autonomy）。葛蘭西（Gramsci，1971）在討論文化霸權的概念時，給予文化霸權（hegemony）一個更複雜的意涵。文化霸權是在市民社會（civil society）下發展出來的，如果將文化霸權視爲一種支配（domination），並將之等同於國家權力（state power），那麼將忽略了文化霸權這個詞背後具有合法性（legitimacy）的意義。權力（power）一詞與公民社會（civil society）與合法性的運動是沒有相關的，在文化霸權的

〔註74〕Norman Fairclough, *Discourse and Social Change*, Polity Press in association with Blackwell Publishers, UK, 1992, p.101～136.

概念中，知識份子（intellectual）在建立社會、經濟、與政治權力扮演了一個重要的角色，葛蘭西認為應該從普羅階級專政（dictatorship of the proletariat）轉向普羅階級的文化霸權（hegemony of the proletariat）的革命方式，這種轉變所要傳達的是去關注知識份子領導權（leadership）的重要性。〔註75〕

　　關於權力的討論，本文分為幾層論述進行分析，第一種國民黨政權可以視為以國家作為力量的一種獨裁政權，霸權的展現接近一種權力（power）或是支配（domination）。第二種則是黨外運動的興起時，台灣中產階級知識份子的興起並產生黨外運動的論述，其中以「反國民黨」作為論述的核心，希望藉由選舉自由與民主化的過程，得到人民政治上的同意，便可以視為市民社會中「文化霸權」的展現。在第三層次上則是文化霸權一詞意義的轉變上來討論。在拉克勞和莫菲（Laclau & Moffe）論述的文化霸權在與象徵中，文化霸權是論述的核心與波節點（nodal points）。第四章婦運論述中第二波女性主義思潮則是論述的核心，第二波女性主義形成論述核心的波節點（nodal points），並提供了接合的實踐來建構意義的核心價值〔註76〕，論述集結形成主導的凝聚價值。

（四）意識型態

　　論述、意識形態與權力三者之間是相互糾葛的，所以論述不應視為理所當然（denaturalization），批判的論述分析可說是對意識型態的分析。蘇峰山認為「批判論述分析之目標乃在於有系統地探討論述實踐與社會文化結構之間的關係。探究論述實踐如何由權力關係與權力鬥爭所形成，並如何成為一種意識型態，指出論述與社會之間的關係具有某種不透明性，這乃是為了確保權力與霸權的行使。Fairclough特別以不透明性（opacity）來指稱」〔註77〕

　　葛蘭西（Gramsci）與阿圖塞（Althusser）在談到論述時都強調意識型態的重要性；而Pecheux則提出論述是意識型態形成先前的物質形式。語言背後有社會的意識型態在其中運作，論述實踐的改變，是社會與文化變遷的一部份。論述的治理是一種政治上的治理，所以控制論述是一種政治控制。當論

〔註75〕 Richard Howson, "Hegemony in the Preprison Context", *Hegemony: Studies in Consensus and Coercion*, edited by Richard and Kylie Smith, Routledge, New York, 2008, pp.2～25.

〔註76〕 波寇克（Robert Bocock），田心喻譯，《文化霸權》，臺北，遠流出版社，1991年10月16日初版一刷，頁142～143。

〔註77〕 蘇峰山，〈論述分析導論〉，《學術短論》，頁28。

述實踐產生變遷會促成知識上、社會關係、社會認同上也隨之改變。霍爾（S. Hall）則將意識形態透過架構的意象（images）、概念與前提去呈現、註釋、理解及領會社會存在的某種面向。意識形態視為「定位主體」的過程，具備「接合理論」（articulation theory）的特性。〔註 78〕阿圖塞認為意識型態具有物質存在，宗教機器、教育機器、家庭機器、法律機器、政黨政治體系機器、工會機器、傳播機器和文化機器則是運作意識型態的機制，國民黨運用國家體制進行意識型態的製造，是意識型態存在於國家機器裡的現象，在國家通過國家機器來實施意識型態並將階級衝突與社會差異進行整合。〔註 79〕

在意識型態的對抗中，反對運動則以雜誌、選舉等各種方式製造話語，以對抗國家的威權體制，企圖產生對抗的話語。話語與話語之間如雷蒙・威廉斯（Willams, Raymond）提出的文化會有主導（dominant）、殘存（residual）、新興（emergent）的三種概念。黨外運動的民主論述、國民黨體制與婦運論述的話語，在不同的時空點中，會形成不同意義的主導、對抗或新興的不同意義。在 1975 年黨外運動興起時期，國民黨威權可以視為一種主導意識型態，而自由主義民主話語與婦運論述可以視為一種新興與對抗的話語，但當時婦運論述尚未成為主要的對抗論述，性別意識型態上依然殘存著舊有的性別價值，所以文化的複雜性不只是在社會傳統，組織與形構上會產生變遷，而且也在於文化之間動態的相互關係。文化的變遷過程中，會有一種主導的封建的意識型態，也會產生對抗的話語。封建文化或中產階級文化會從其他文化中轉變。文化論述也會在不同歷史點與過去與現在進行連結。在歷史分析當中，去超越與在特殊的主導文化當中會有複雜的相互聯結。必須去看文化的進程。在每一個實際的進程中，去看動態的聯結。主導的（dominant），有效率的（effective），和文化霸權的（hegemonic）等角度思考文化。文化會有殘存的（residual），和新興的（emergent）等的不同。〔註 80〕

〔註 78〕翁秀琪，〈批判語言學、在地權力觀和新聞文本分析：宋楚瑜辭官事件中李宋會的新聞分析〉，《新聞學研究》，1998 年，57 期，頁 91～126。

〔註 79〕麥克唐納（Diane Macdonell）認為阿圖塞（Althusser）主張意識是通過意識型態來構築的，他根本的強調重點是在導致這種再加強概念的它們的物質存在上面，即意識型態是意義的體系，它以跟每一個人生活在其中的現實關係都有關係的這一印象關係的方式來安置每個人的。麥克唐納（Diane Macdonell）著，陳墇津譯，《言說的理論》，臺北，遠流出版，1990 年 12 月 1 日，頁 41。

〔註 80〕Willams, Raymond. "Dominant, Residual, and Emergent", in *Marxism and literature*, Oxford University Press, 1977, pp121～127. Willams, Raymond 認為

意識型態的概念還必須理解阿圖塞對召喚與主體的論述。意識型態會透過「召喚」建構主體。阿圖塞舉了日常生活中員警召喚與回頭的例子，認為當員警對著一個人的背影呼叫「喂！喂！」時，被呼叫到的個人會轉過身來。通過這個僅僅一百八十度的身體轉身，他就變成了主體。因為呼叫「確實」是在叫他，被呼叫的人確實是他而不是別人〔註 81〕。麥克唐納（Diane Macdonell）認為阿圖塞「意識型態是如何地透過承認的機制，把個人放到位置上，賦予他們『他們自己的』認同：意識型態是向個人說教的，所以——回答、轉身、受到改變——他們從屬於意識型態。一如故事一樣，它的缺點在於它意味說承認來自個人。〔註 82〕在九○年代的政治傳

殘存的文化不同於古代的（archaic），古代的只是一種過去的元素，殘存的是在古代形成，但在文化的進程中依然很活躍。不僅僅是一種過去的元素，而且也對現在產生影響。思考殘存的文化時，必須想到社會會有一種另類（alternative）或者是與主導文化處於對立關係的文化存在。殘存的文化有可能被整合進特殊的政治和文化功能中。殘存的文化有可能被重新詮釋（reinterpretation），稀釋（dilution），被納入（inclusion）或是被排除（exclusion）。殘存的力量有可能會被主導所整合，另外，也可能成為主導力量的範疇。成為一種另類的選擇。新興的（emergent）力量，是一種新的實踐，與持續被生產出來的關係是新的關係。但是新興的力量必須與主導的，或是與對立與主導的力量區分開來看。新興的不只是新的意思。新興的或是殘存的，可以與主導文化的關係來看。在主導文化，總是會有對立的文化產生。比如新階級的形成，會是一種新的文化形構。但是這股新興的力量，依然是從屬的（subordinate）。文化的新興總是複雜的，新興文化不只是指發生在主導文化之外，或是與主導文化對抗的力量。新興的力量可能會被收編。必須去區分什麼是新興，跟什麼是主導力量製造出來的新階段，這兩種是不可以混淆的。社會的進程當中，文化與文化的關係會產生轉變。新興的文化可能會和主導的文化產生衝突，新興的文化會被視為對立的那一個文化。新興文化有可能被整合進主導文化中，新興的文化不是短暫的，而是一種新的文化形式，我們也必須去觀察到一種前新興（pre-emergence）的文化。

〔註 81〕 Louis Althusser, "Ideology and Ideological State Apparatuses", p.163。轉引自麥克唐納（Diane Macdonell）著，陳墇津譯，《言說的理論》，臺北，遠流出版，1990 年 12 月 1 日，頁 52。

〔註 82〕 麥克唐納（Diane Macdonell）著，陳墇津譯，《言說的理論》，臺北，遠流出版，1990 年 12 月 1 日，頁 55。文中提到主體「建構……按照日常最瑣碎的員警（或其他人）呼叫『喂！喂！』的方向可以想像……。被呼叫到的個人會轉過身來。通過這個僅僅一百八十度的身體轉身，他就變成了主體。為什麼？因為他知道，這種呼叫『確實』是在叫他，『被呼叫的人確實是他』（而不是別人）」，麥克唐納（Diane Macdonell）認為阿圖塞「意識型態是如何地透過承認的機制，把個人放到位置上，賦予他們『他們自己的』認同：意識型態是向個人說教的，所以——回答、轉身、受到改變——他們就變成『自

記中，面對歷史的召喚，在這個召喚的過程中，主體會回應、呼應、或是否認過往的歷史論述，這是一個主體形構的過程，或是書寫者將自己擺放進歷史的位置當中。

縱上所述，論述實踐（discursive practices）是意識型態（Ideology）的物質形式（material forms of ideology）。此外，阿圖塞（Althusser）的理論中，意識型態會形成主體構成。意識型態傾向的論述分析（ideologically-oriented discourse analysis）必須關切意識型態的國家機器（ideology state apparatuses）以及主導意識型態（dominant ideology）的討論。論述形構（discursive formation）是一種意識型態的形構，論述形構有曖昧不明與高度異質性之處，也就是論述形構沒有一個穩定的邊界，內部（interior）與外部（exterior）不是一個永恆的居區別，會有意識型態上的抗爭。意識形態在阿圖塞的框架中，認爲意識形態在物質上進行無意識的實踐，比如在藝術、教育、經濟等範疇，主體是在不同的意識形態當中被建立起來。意識形態的場域（field of ideologies）是充滿衝突（confict）、重疊（overlapping）、相互交錯（intersecting currents）或者形構（formations），如何詮釋與再詮釋也都牽涉到文化霸權的抗爭。

二、批判論述分析（A Method of Critical Discourse Analysis）與文本撰寫

討論批判論述分析（A Method of Critical Discourse Analysis）的論述之後，本文將引用批判論述分析作爲研究的理論框架，討論如何將黨外女性論述以批判論述分析的方式進行討論。首先文本作爲一種生產，必須看到生產的過

由地』從屬於意識型態。一如故事一樣，它的缺點在於它意味說承認來自個人。可是通過舉出轉身、『知道』員警呼叫他是因爲他不對的、受到拘捕」「我們的意識是在印象從屬的的形式下受到建構」「我們變成根據所給我們去思考的信念來行動的特定個體。」統治的意識型態一直宰制著我們，但我們還堅持我們是可靠的自由的主體。阿圖塞關懷意識型態的從屬，認爲除非通過主體的從屬，以及因爲他們的從屬，否則不會有主體的存在意識型態不是思維的也不是唯心的，思維是現實的不是「思的」，因爲它們總是寫在社會實踐當中，而且是表現在客觀的社會形式裡。（語言、儀式等等）……意識型態是社會關係，它們像經濟一樣是現實的。「認識」（episteme）這一新的概念，我們可以把它理解爲特定時期某種陳述（不是其他的陳述）可以藉之成爲知識的這一「思想基礎」。

程與詮釋的過程。論述分析著重在觀察語言如何聯結到更廣的社會與文化進程，透過文本的分析可以研究社會的變遷，而語言文本的意識型態，也會再生產既有的社會關係。因為文本是置身在社會政治的關係當中，任何文本都是政治歷史情境下的產物，所以黨外女性論述其背後有歷史情境跟論述力量。本文將以文本如何被生產出來，生產的時空脈絡是什麼，來討論脈絡——文本——意義（context-text-meaning relationship）之間的關係。所以將黨外女性的論述放置在不同的時空架構下，看時代性如何影響論述的轉移以及轉移的幾點原因。觀察論述轉移可從幾個角度來觀察，即縱向的時間性與橫向的空間性。其中橫向的空間性則影響黨外論述場域與婦運論述場域之間的差異論述，縱向的時間性則可以從 1975 年的論述場域到 1990 年的傳記回憶錄的轉變看到論述重心的轉移，黨外女性再現論述也在論述重心轉移時，產生不同層次的民主與性別意涵。

　　在脈絡——文本——意義（context-text-meaning relationship）、文化霸權（hegemony）與互文性上看文本的生產，理解文本是在社會情境中產製出來，並在情境中賦予事件意義。在 1975 年到 1986 年的民主化歷程中，台灣受到第三波民主浪潮與第二波婦運的衝擊，整個論述的生產是在第三波民主運動與第二波婦運的交互影響下產生。本文觀察到在不同的論述場域中，會引述了不同的民主概念作為文化霸權（hegemony）來聚集場域中的論述力量。其中黨外雜誌的民主論述場域是以「反抗國民黨威權體制」作為核心論述與文化霸權（hegemony）的製造，希望引進西方自由民主體制作為民主的核心意涵來改變台灣的政治環境。「反抗國民黨威權體制」是經由參與其中的黨外女性所同意的核心議題，可以看出「反抗國民黨威權體制」成為一種對抗論述，也是建立起聯結（alliances）並且進行整合（integrating）的力量。

　　相較之下，1971 年展開的新女性主義運動到 1982 年的《婦女新知》雜誌社等婦運場域當中，是以西方第二波女性主義「反父權文化」作為新興論述以對抗國家父權體制的舊意識型態，以女性要有自主性以及平等的公共參與為民主訴求。引介西方第二波女性主義為主，進而配合台灣的民情進行修正，提出女性應積極參政、要有主體性才符合民主現代性的需求。在黨外論述場域與婦運論述場域可以看見橫向的互文性關係，因而對去性別意識的政治女性論述進行批判。

在 1990 年代的傳記與回憶錄當中，可以看到黨外女性的個人或集體的認同、經驗和利益是由論述產生（discursively produced），並在特定的某一情境中（context）或結構安排下（configurations）被形塑，權力關係的運作在其中展現。在 1990 年代的時空，「反抗國民黨威權體制」已經不是民主運動中的首要議題，1970 年到 1980 年引進的第二波婦運思潮也產生更深化的討論，可以看見主導性議題的轉移。所以 1990 年代時空下的黨外女性傳記進行歷史的回顧時，可以看見縱向互文性的產生。

在此，本文以橫向與縱向的互文性，討論文本對其他文本的回應，也可以視為與其他形成論述秩序作品的複雜關係，如文類（genres）、論述（discourses）、風格（styles）、活動類型（activity types）。互文的關係有可能以回應、衝突、嘲諷的方式展現。所以黨外雜誌、婦運場域與傳記文類可以看到回應、衝突、反駁的互文方式。這些論述的轉變，如同艾瑞克・霍布斯邦（Eric J. Hobsbawm）談到歷史情境與脈絡時說的：「人不可能與他所藉以生活及取得物資的環境有須臾的分離。人也不可能與他們自己的觀念分離，因為只要一張開嘴，所用的語言裡頭就牽動著概念。凡此種種，不一而足。」〔註83〕論述與文本是在歷史時空中產生，文本的生產就是以再現的方式進入論述場域，這些進入論述場域的文本，勾勒出性別意識的發展與演變。所以本文要以論述分析，看論述如何形成一種實踐。

在相互論述性、互文性與文化霸權的關係，簡圖說明如下：

（一）民主與性別在台灣歷史脈絡中的辯證→性別與民主在不同場域中的文化霸權→黨外女性如何被論述

（二）橫向的互文性與文化霸權
黨外雜誌的黨外女性論述⇆婦運場域中的黨外女性論述

（三）縱向的互文性與歷史召喚
1990 年代女性傳記→回應（認同、衝突、嘲諷三種方式呈現回應）1990年代年前的黨外女性論述。

（四）1990 年代年前的黨外女性論述→召喚（歷史召喚）1990 年代女性傳記

〔註83〕艾瑞克・霍布斯邦（Eric J. Hobsbawm）著，黃煜文譯，《論歷史》，臺北，麥田出版社，2004 年 2 月 1 日，初版四刷，頁 139。

縱向互文性必須關照的時間與空間的雙重轉變。艾瑞克‧霍布斯邦（Eric J. Hobsbawm）歷史是用來研究時間流程中的複雜轉變，不只關切結構以及社會的存續與變遷，還有轉變的可能性及類型，以及實際上發生了什麼事。〔註84〕。布洛克認為一個人在企圖瞭解過去時，如果他對現在一無所知的話，那麼也可能會弄得筋疲力盡而毫無收穫。〔註85〕，所以歷史敘述是一種過去、未來與現在對話、多重面相的場域。艾瑞克‧霍布斯邦（Eric J. Hobsbawm）認為自傳「大部分的口述歷史都只是個人記憶，裡面所說的東西都相當不可靠。問題出在，記憶的記錄是一種主觀的選取，這個選取不僅有限，而且還不斷在變。」〔註86〕所以探討的是論述形成背後的多重原因，文字修辭（rhetoric）和論述（discourse）背後有著觀念與意義的不穩定性，即會隨著環境而改變的特質。記憶是一種詳述過去發生什麼事情的能力，但個體具有選擇性記憶與遺忘的能力，而何者「被選擇」，何者「被遺忘」還須考量到社會現實中的價值判斷。〔註87〕。敘述者是敘述的同時，如何將自己放進歷史當中，為什麼會如此放置自己都有其歷史脈絡，以及當下與過往的對話與互文。縱上所述，以上的種種概念運用到本文撰寫，將研究架構簡圖如下：

〔註84〕艾瑞克‧霍布斯邦（Eric J. Hobsbawm）著，黃煜文譯，《論歷史》，臺北，麥田出版社，2004年2月1日，初版四刷，頁86～147。

〔註85〕布洛克著，周婉窈譯，《史家的技藝》臺北，遠流出版，1989年1月，頁46～47。布洛克認為「忽略過去，不可避免地會導致對現在的誤解。但一個人在企圖瞭解過去時，如果他對現在一無所知的話，那麼也可能會弄得筋疲力盡而毫無收穫。」

〔註86〕艾瑞克‧霍布斯邦（Eric J. Hobsbawm）著，黃煜文譯，《論歷史》，臺北，麥田出版社，2004年2月1日，初版四刷，頁345。

〔註87〕黃秀端，〈政治權力與集體記憶的競逐——從報紙之報導來看對二二八的詮釋〉，《台灣民主季刊》，第5卷，第4期，2008年12月，頁131。黃秀端認為「記憶是一種心理層次的作用，Zelizer（1995：214）把它定義為『詳述過去發生什麼事情的能力』。每一個體之記憶往往包括很多綜合因素之作用，個體並不具有完全之主動性，即使個體具有選擇性記憶與遺忘的能力，但是何者被『選擇』，何者被『遺忘』的真實情形，還須考量到社會現實中的價值判斷。」

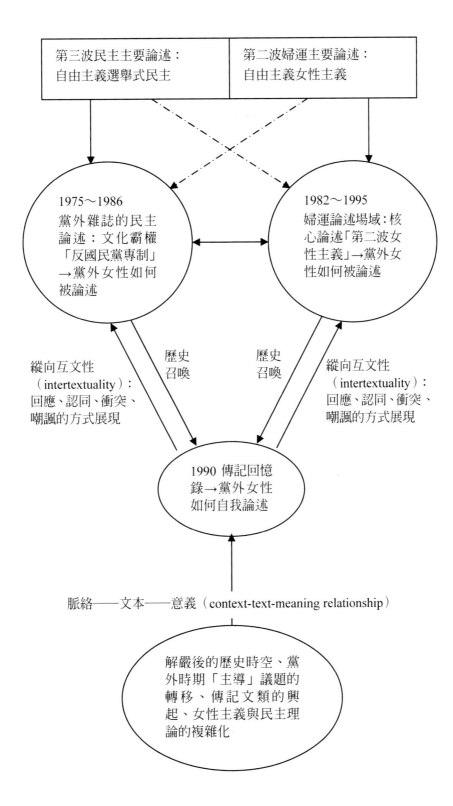

　　論述本身可以作爲一種力量、一種實踐。在黨外運動中，論述被時空所產生，不同層次的論述也會產生不同性質的互文性，論述甚至也會形塑行動者及其生命背景。從以往被忽略的檔案與文本中，看見黨外論述、婦運論述、黨外女性自傳所企圖製造的論述是與先前論述相回應、抵抗、共謀與協商，產生一個動態的辯證關係。傳記類的敘事體，「其中所描寫的事件、個人，甚至於某種心情或對過去的看法，都不是文章寫作的目的，而只是一種方法，其目的還是在於闡發某個更廣泛的問題，而這個問題本身是超越故事以及故事中的角色的。」〔註88〕

　　本文的撰寫以黨外雜誌、婦運論述與政治傳記爲文本，橫跨傳記、政論、雜誌、檔案等不同文類，可以看到黨外性別意識如何產生，進而鋪陳性別與民主論述歷史的發展，分析論述與大環境的政治符碼關係爲何，是相承襲還是逃逸於規馴之外。在撰寫的內容部分，本文將從批判論述分析的方式，結合台灣歷史的耙梳、女性敘述的辯証性與互文性進行研究，分析性別意識與政治之間的拉扯。看「黨外女性」作爲一種歷史論述，其背後有多種的意識形態與權力相互交錯，以其中性別意涵與民主觀點。

三、女性主義立場論（Feminist Standpoint Theory）

　　女性主義立場論（Feminist Standpoint Theory）〔註89〕主要論者有 Sandra

〔註88〕艾瑞克・霍布斯邦（Eric J. Hobsbawm）著，黃煜文譯，《論歷史》，臺北，麥田出版社，2004 年 2 月 1 日，初版四刷，頁 314。

〔註89〕Sandra Harding 有關「女性主義立場論」（Feminist Standpoint Theory）指出知識是具有社會脈絡，認知主體是受到社會中的價值所影響。「女性主義立場論」（Feminist Standpoint Theory）認爲女人的經驗與聲音一直是被貶抑、漠視且被排除於知識生產之外，主張立場論者應該要從女人的每日生活中取材，才能產製出較貼近女人經驗、較爲客觀的知識，並改善女人受壓迫與被宰制的處境。女性主義立場論（The feminist standpoint）認爲「知識的生產是一種政治的參與」。Hartscok 也在在馬克思主義歷史唯物論的立論基礎上，批判統治者的觀點只反映特定階級與既存利益者的想法，漠視了其他階級的生命經驗與思考模式，因此是偏差的、倒錯的。女性主義立場論主要是要將傳統科學所貶抑的女性經驗重新審視，知識是一種社會情境的產物（socially situated），在知識生產的過程受到自身文化的影響，所以必須對批評位置有所自覺，然後反身性地去看備生產出來的知識。參考 Harding, Sandra. *Whose Science? Whose Knowledge? : Thinking from Women's Lives*. Ithaca, New York: Cornell University Press, 1991. Pamela Abbott and Claire Wallace 著，俞智敏、陳光達、陳素梅、張君玫譯，《女性主義觀點的社會學》，臺北市，巨流，1995 年 1 月，頁 293。

Harding〔註90〕、Hartscok、Dorothy E. Smith 等人。主要論點在論述知識並非價值中立，強調女性的日常生活經驗的重要性，批判統治者的觀點只反映特定階級與既存利益者的想法，漠視了其他階級的生命經驗與思考模式，因此是偏差的、倒錯的。女性主義立場論主要是要將傳統科學所貶抑的女性經驗重新審視，知識是一種社會情境的產物（socially situated），在知識生產的過程受到自身文化的影響，所以必須對批評位置有所自覺，然後反身性地去看被生產出來的知識。

　　在女性主義的社會學研究方法中，強調女性的日常生活經驗的重要性。將個人經驗放置在社會關係中。將真實的經驗視為鑲嵌進特有的社會關係的歷史形式中，因為個人經驗是被社會關係所形塑。在許多研究中，會疏離女性經驗，而批判疏離女性經驗的研究，並且反思女性刻板印象，以及女性利益如何被排出（exclusion），都可以建立起新的女性與再現的新論述。女性的經驗可以去挑戰一些研究的既有盲點，並看到在實際的範疇中看見女性的受壓迫。女性經驗也不是一個整體的經驗，會因為階級會是各種位置而有所不

〔註90〕哈定（Sandra Harding）在女性主義立場論中提出，知識並非價值中立，知識是否必然是沒有價值判斷（point-of-viewlessness），也指出女性經驗可以挑戰傳統的假設，去看到傳統強調客觀的研究中，所含有的偏見與盲點。女性經常會是主導組織當中的局外人（outsider），男性通常佔據主導的團體（dominant groups），所以必須重新從局外人（outsider）的觀點去思考社會秩序。甚至，女人是一種身在其中的局外人（outsider-within）的角色，而身在其中的局外人總是身在邊緣，可以豐富社會學的論述，但是僅僅是一個局外人（outsider）是不夠的，是必須從外部去看到主導力量從外部產生。而許多知識是據有社會情境的（are socially situated）。在知識的立場論中（standpoint theories of knowledge），不僅僅要思考到性別與階級的位階，也必須思考到與他者（Other）的關係。女性主義立場論不在於要求女性經驗較真實或是較不真實，而是去思考她們如何看待世界。女性主義立場論必須認知到女性主體是一種充滿衝突的（contradictory），女性是從充滿衝突的社會關係（contradictory social locations）中進行行動與思考。女性的認同是多重的，甚至必須從圈內的局外人（outsider within）的社會位置去思考，黑人女性主義者 Patricia Hill Collins 也說，身為一個圈內的局外人（outsider within），黑人女性主義者必須以邊緣的身份去豐富社會學的論述。圈內的局外人（outsiders within）的多重認同之間，這些認同不僅僅是不相同，甚至是處於相對立的關連（oppositionally related）。女性主義知識的主體，必須是多元（multiple）甚至是衝突的（contradictory），多元的生活在許多方面存在衝突性，女性的經驗也是多元的。Harding, Sandra. Whose Science? *Whose Knowledge? : Thinking from Women's Lives.* Ithaca, New York: Cornell University Press, 1991, pp.109～285、p.275。

同。所以研究中要採用一個女人的觀點（standpoint of women），展開這樣的觀點不僅僅意味從一個女人的常識觀點，而是去思考社會關係，以及什麼原因使得女人經驗被排除（exclusion），作爲研究尋找另類的（alternative）的方法。從女性的經驗著手，然後女人的經驗是一種資源，但不是一種基礎，必須去看社會關係和進程。〔註91〕

　　康乃爾（Raewyn Connell）在《南方理論》（Southern Theory）檢視社會學的發展，批判理論研究從北方／男性／主導的經驗作爲立論參照系。北方經驗卻被視爲可以解讀全球經驗的普世理論；相對的，「南方」卻被標示爲特殊的、註腳式的點綴。因此康乃爾（Raewyn Connell）認爲應該要以紮根的方式（grounded theory），來回耙梳實際的經驗，然後生產知識，並在來回檢視經驗時，發展並建立出當地的觀點。〔註92〕康乃爾（Raewyn Connell）的南方觀點提醒了我們如果忽略差異經驗，會產生將部分觀點視爲普世價值的誤謬。在黨外歷史的論述中，從男性立場出發的詮釋，成爲一種共有的經驗與記憶，這正如同北方理論隱蔽了南方經驗一樣；男性觀點也隱蔽了女性的觀點。身爲一個長期以來關注性別議題的研究者，在閱讀台灣黨外歷史的著作中，看到台灣黨外歷史著作中也將男性的觀點視爲歷史全部的現象；而女性參與者成爲點綴式的註腳，因此期望從性別視角切入詮釋黨外文本的歷史意義。

　　近幾年，也有一些論述針對女性主義立場論進行批判。如王孝勇批判女性主義立場論裡，「預設了一個超驗的女性主義主體，決定了知識的判準。」〔註93〕。他提出不同的團體有不同類型的實踐、信念、評估判準，質疑性（sex）

〔註91〕 Dorothy E. Smith, The everyday world as problematic, Northeastern University Press, Boston, 1987, pp.49～78.

〔註92〕 Raewyn Connell, 2007, *Southern Theory*, Cambridge: Polity Press, p3～p.27.

〔註93〕 王孝勇認爲「認識論」（epistemology）與方法論上質疑一般科學（science-as-usual）背後負載的男性中心慾望、意念與價值觀，並對一般科學所產製出的偏頗且扭曲的知識提出批判，並進一步提出具體的實踐的論述策略，試圖從『女人生活思考起』（thinking from women's life）政治化社會整體與科學知識。就婦女運動的發展歷程來看，立場論的提出一方面深化了婦運的知識和理論資源，使得婦運得以基進地和父權體制抗爭，另一方面也在第二波婦運過渡到第三波婦運的過程中，提供了意識形態的奧援，讓當代盛行的差異政治（the politics of difference）有其脈絡可循。但是王孝勇提出女性主義立場論需要被檢視的幾個問題，第一是什麼樣的立場可以稱之爲「女性主義立場」，女性主義立場論是否「預設了一種本質化的女『性』與同一化的女人經驗爲

如果作為一種本質性的前提，那麼男性如何成為女性主義思維的主體等問題。在此本文不將女性的性別視為一種超驗的主體，而是採用女性主義立場論中提出的知識生產作為論述的基礎，立場論中提出的「情境化的知識」（knowledge is socially situated）認為知識如何受社會情境所制約而產生，不同的情境會產生出不同意識型態；不同性別視角的文本，是本文所要思考的出發點。綜上所述，本文將採用女性主義立場論（The feminist standpoint）重新看黨外女性的相關文本，觀察黨外女性論述的性別意識與民主意識的發展。

第五節　理論與文獻回顧

一、黨外論述研究

　　1968 年鄧維楨成立《大學》雜誌，張俊宏、陳鼓應等人也參與其中，以雜誌的方式對國民黨進行批判。到 1975 年《台灣政論》可以視為台灣反對論述逐漸興盛，逐漸形成一股企圖與國民黨對抗的聲音與論述。1975 年《台灣政論》開始，一系列的黨外雜誌發行，更是黨外論述的承載體，承載著台灣民主論述生產的一個場域，被視為是戰後第二波的民主運動。〔註94〕

　　在目前黨外歷史研究中，大致上將黨外運動分為左／右／統／獨的框架切入。其中一種是左／右之分的論述。將七〇年代的黨外力量劃分為「左／右」兩條意識型態迥異的路線，也就是 1975 年的《台灣政論》與 1978 年的《美麗島》被視為重要的本土立場鮮明的黨外雜誌；而《夏潮》〔註 95〕雜誌

前提。」又如何理解「立場論者指陳男性也可以成為女性主義思維的主體」女性主義立場論聚焦在女性經驗上，並觀察性別差異與處境。見王孝勇，〈女性主義立場論的主體與權力問題〉，《政治與社會哲學評論》，第 21 期，2007年 6 月，頁 90～113。

〔註94〕在民主論述的生產過程裡，第一波反對力量是由 1949 年創刊的《自由中國》拉開序幕；1957 年創刊的《文星》繼《自由中國》之後的接續政要批判性的精神。到了《大學雜誌》時期（1968.1～1973.1）則發展出第二波的反對力量，到此時逐漸凝聚出以「黨外」成為反對運動的代名詞。此時，「黨外」一詞更明確地成為反對運動的稱謂。參考陳筱茵，《島嶼邊緣：198、90 年代之交台灣左翼的新實踐論述》，交通大學，社會與文化研究所，碩士論文，1996 年 7月。

〔註95〕《夏潮》雜誌為前台共重要領導人蘇新之女蘇慶黎與鄭漢民（即著名的精神科醫師鄭泰安）兩人於 1976 年 2 月所創辦。原先想以《平凡》作為刊物的名稱，其後之所以取名「夏潮」，意在取「華夏」的「潮流」。參考晏山農在〈鄉

為主的陣營則被歸入左翼路線的代表。這種左／右劃分的論述中，將 1979 年的美麗島事件，以及之後的美麗島大審串連成一條黨外運動的時間軸線，認為美麗島大審促使黨外力量的集結，籌組民主進步黨，而民主進步黨成為反對運動的主體。而另一支流則是以《夏潮》雜誌作為主要的支流，主要是以左翼思潮作為論述的大框架。〔註96〕

　　另外，黨外雜誌與民族主義論述之間的關係也是前人研究的重要方向之一。前人論述聚焦在民族主義論述與黨外雜誌關係的，主要分析七○、八○年代黨外雜誌的民族想像與民族主義論述。這一論述將黨外歷史劃分為台灣民族主義與中國民族主義路線。如林雯的《黨外雜誌與民族主義──七、八○年代台灣的民族主義論述》認為七○年代的台灣民族主義論述（以《台灣政論》、《美麗島》為代表）包括共同意識、政治獨立自主、歷史文化方面，而七○年代的中國民族主義論述（以《夏潮》為代表）則只訴諸歷史與文化要素，把台灣置於中國史的脈絡中，強調台灣是中國的一部份，中國與台灣在歷史上有共同命運，兩者有共同文化，《夏潮》並由文學中找尋中國意識，證明台灣文學為中國文學的支流。並秉持反對分離主義的立場，反對台獨。〔註97〕這種論述跟左／右路線作為區分有共通性，就是將 1975 年的《台灣政論》、1979 年的《美麗島》系統與 1976 年《夏潮》系統作為區分，然後區分為台灣民族主義論述與中國民族主義論述；右翼路線與左翼路線。另外，本土史觀的相關研究則將黨外歷史的發展與台灣本土意識的成熟緊密結合〔註98〕。本土論述中將黨外發展直接以美麗島事件、美麗島大審、然後民進黨成立這樣的單一線性發展視為黨外運動的過程〔註99〕。

土論述與中國情節──鄉土文學論戰與《夏潮》〉，《島嶼浮光──我的庶民記憶》，允晨文化，2009 年 10 月 1 日。

〔註96〕陳筱茵，《島嶼邊緣：198、90 年代之交台灣左翼的新實踐論述》，交通大學，社會與文化研究所，碩士論文，1996 年 7 月，頁 2。

〔註97〕林雯，《黨外雜誌與民族主義──七、八○年代台灣的民族主義論述》，89 學年，東吳大學，社會學研究所碩士。

〔註98〕如李筱峰、張炎憲等人將本土意識的發展與黨外歷史的進程兩者緊密結合，並從中看到黨外運動在反對威權的過程，也建立了本土意識。

〔註99〕如張富忠、王泰生等人便是這樣的史觀。見張富忠、邱萬興編著，《綠色年代：台灣民主運動 25 年 1975～2000》。王泰生〈自由民主憲政在台灣的法律規範與政治實踐：立憲思想、威權統治與族群結構的多重糾葛〉，胡健國主編，《二十世紀台灣民主發展：第七屆中華民國史專題論文集》，臺北縣，國史館，民 93 年。

　　第三種黨外論述研究的觀點則是將黨外視爲民進黨的前身。古淑芳在《台灣黨外運動（1977～1986）──以黨外言論爲中心之研究》一文，則提到「近來民進黨在派系紛爭，甚至統獨等問題纏繞不清，而這些問題可說是從民進黨的前身，即『黨外』政治反對運動時期，即逐漸形成。」〔註100〕，從這一段言論可以看出古淑芳直接將「黨外」視爲民進黨的「前身」，而忽略黨外時期，眾多力量的結合，無法以「民進黨的前身」來稱之。在許雪姬總策劃的《台灣歷史辭典》裡，也提到民進黨是「繼承1970年代末期黨外運動的民進黨」〔註101〕，將黨外運動視爲民進黨歷史的重要發展階段。

　　以上幾種關於黨外論述的研究中，將黨外論述的歷史劃分爲「台灣民族主義／中國民族主義」、「右翼／左翼」路線之間的差異，以及將黨外視爲民進黨的前身。艾瑞克‧霍布斯邦（Eric J. Hobsbawm）提到「每一代都會針對過去問新的問題。」〔註102〕。在既有論述中必須去質疑的是，將黨外歷史劃分爲左／右兩條路線，是簡化了整個歷史的複雜性，也未看見其他民主議題的討論。在黨外運動有諸多女性參與者在其中，黨外論述如何討論女性與政治之間的關係在上述研究是尚未討論的內容，也未針對黨外論述中「去性別化的民主」意涵與刻板化政治女性的論述進行批判。石之瑜、黃競娟在討論台灣女性主義研究時，認爲「政治學界多半未接納有關『性別政治』（gender politics）的研究，另一爲『女性主義研究』（feminist studies）常忽視有關政治層面的研究。」〔註103〕，所以黨外論述的研究中，性別觀點幾乎在民主研究與性別研究中都相當不足。在歷史與論述中，可以看見幾乎不見從性別視角切入的相關論述，所以本文重新檢視黨外民主論述，探討其政治女性的民主象徵意義與性別意涵。

二、婦運論述

　　在新女性主義論述與《婦女新知》等婦運場域的研究論述繁多，專書討

〔註100〕古淑芳，《台灣黨外運動（1977～1986）──以黨外言論爲中心之研究》，台灣師範大學歷史研究所碩士論文，1999年6月，頁1。
〔註101〕許雪姬、薛化元、許淑雅等撰文，《台灣歷史辭典》，臺北市，文建會，2004年，5月18日一版一刷，頁255。
〔註102〕艾瑞克‧霍布斯邦（Eric J. Hobsbawm）著，黃煜文譯，《論歷史》，台北，麥田出版社，2004年2月1日，初版四刷，頁396。
〔註103〕石之瑜、黃競娟，《當代政治學的新範疇──文化、性別、民族》，臺北市，翰蘆圖書，2001年元月，頁48。

論有王雅各《台灣婦女運動史》、張輝潭《台灣當代婦女運動與女性主義實踐初探——一個歷史的觀點》、單篇論文有周碧娥、姜蘭虹〈現階段台灣婦女運動的經驗〉（收錄於《台灣新興社會運動》），學位論文方面有張毓芬《女人與國家～台灣婦女運動史的再思考》（1998 國立政治大學新聞研究所碩士論文）、張靜倫《顛簸躓僕來時路～論戰後台灣的女人、婦運與國家》（1999 國立台灣大學社會學研究所碩士論文）、陳雅惠《運動刊物中性別論述的演變——《婦女新知》的語藝觀察》（2001 輔仁大學大眾傳播研究所碩士論文）等等。

　　這些研究都著重在婦女論述與婦女運動的發展，以及影響台灣性別意識上的轉變。論述多從 1971 年呂秀蓮發表〈傳統的男女角色〉展開進行舊傳統的批判以及之後一系列的論述與演講展開新女性主義的論述開始談起〔註104〕。在前人的研究中，都討論到 1970 年代新女性主義發展的特殊歷史性。如張靜倫在《顛簸躓僕來時路——論戰後台灣的女人、婦運與國家》一文，認為新女性主義開始萌芽發展是因為國民黨國家逐漸褪去其「軍權至上」的色彩〔註105〕，因威權體制的鬆綁使得新女性主義得以發聲。另外如王秀雲《「女性與知識」的幾個歷史建構及其比較：以台灣當代、七○年代台灣、清末及民初四段時空為背景》一文則提到呂秀蓮的文章自 1971 年之後在各種文字媒體，如《聯合報》、《中國時報》、《青年戰士報》、《人與社會》、《台灣時報》、

〔註104〕呂秀蓮在 1970 年到 1974 年，開始推動婦女運動。自己陳述在行政院上班，展開婦女運動，開始提倡新女性主義。除了意識覺醒的啟發外，六年之內曾經營咖啡店作為婦女活動中心，經營出版社來出版女性書籍，成立資料中心以推廣女性研究，並在台灣的兩大都市成立『保護妳專線』，為強暴受害者以及婚姻感情有疑難的婦女提供必要的服務。也寫作並出版了九本書，1973 年的婦女節，舉辦兩項別開生面的『男士烹飪比賽』與『廚房外的婦女茶話會』慶祝活動，以對抗傳統的刻板性別角色。」訪談中說到「我講的話，保守的人一聽都覺得離經叛道。新女性運動一路推動下去，我也相當有知名度；可以想像，這在政治上造成的壓力有多大。我到行政院上班，某個程度也受到壓力，雖然行政院方面的長官其實還對我非常好，可是我辭掉了。1974 年暑假我得了癌症，開了刀。參考呂秀蓮口述，韋本、張建隆、陳世宏、黃建仁訪談整理，《走向美麗島：戰後反對意識的萌芽》，新台灣研究文教基金會美麗島事件口述歷史編輯小組，臺北，時報文化，1999 年，頁 107。呂秀蓮，1987 年 6 月 7 日，德國 AI 分會全國年會，〈衝破鐵窗，奔向自由〉，收於《我愛台灣——呂秀蓮海內外演說選》，高雄縣，南冠出版社，1988 年 5 月初版，頁 91～93。

〔註105〕張靜倫，《顛簸躓僕來時路——論戰後台灣的女人、婦運與國家》，台灣大學社會學研究所，頁 91。

《幼獅月刊》、《八十年代》、《中央日報》、《法律世界》、《中華日報》、《婦女雜誌》，甚至也上了主流媒體華視的座談會，「顯然呂秀蓮的確引起了廣泛的注意，能出現在這麼多的媒體中，也反過來證明，在七〇年代嚴格控制的政治氣候中婦女議題是相當邊緣或是與一般的『政治』是區隔的，也是不為當權者所重視的。所以政治立場保守的黨報也可能出現關於婦女的主張，這也顯示了政治環境與婦女地位並非同步的。」〔註106〕，認為新女性主義不受國民黨威權體制的嚴格控制，從此看到性別議題是處在民主運動發展上的邊緣。上述的研究中，多從性別民主的角度切入台灣婦運的發展，較少談論婦運論述與黨外政治的關係。本文將在第四章討論婦運場域如何以第二波女性主義觀點論述黨外女性時，再與前行研究進行對話。

三、傳記研究

　　台灣歷史的詮釋，在威權體制時期，是單一的官方視角壟斷了歷史詮釋，然而，這幾年大量著作以微觀歷史顛覆宏觀歷史的發展，都可以看見典範轉移的現象。當然，其中不乏從性別角度切入重新談歷史。庶民史觀、本土史觀、性別史觀製造了一場眾聲喧嘩；相互辯證也複雜化了歷史論述。其中關注性別的歷史學者，許多從口述史的方式切入既有歷史，將書寫的典範轉移到口說的典範；把官方歷史翻轉為庶民歷史；並從微觀視角去顛覆宏觀視角。這些歷史工作者，都正以紮根的姿態來回耙梳經驗，從女性的實際經驗去發展出新的觀點。那麼從黨外女性的政治回憶錄中，可以看見民主過程中民主觀念與性別意識的發展，黨外女性相關文本可以觀察性別意識與民主產生辯證的歷史詮釋。黨外女性傳記如何與過往的歷史論述產生對話，便希望可以在本文中一一耙梳的問題。本文希望可以在現有關於黨外歷史的研究當中，去尋找民主論述中，黨外女性的相關論述以及呈現出來的性別意涵。

　　在學術研究的生產當中，傳記研究在九〇年代幾乎成為很重要的學術研究領域。傳統傳記研究方法會在真實／虛構上進行討論，如 2011 年出版的萬伯翱等著的《傳記文學新近學術文論選》整本書還在傳記應是真實亦或虛構

〔註106〕王秀雲，《「女性與知識」的幾個歷史建構及其比較：以台灣當代、七〇年代台灣、清末及民初四段時空為背景》，國立清華大學，碩士論文，1992 年 6 月，頁30。

上進行討論，或者將傳記視爲歷史的補充。〔註107〕但本文在前言即提出新歷史主義與批判論述分析爲方法，著重在性別／民主意識型態進行討論，眞實／虛構問題則不在本文討論內容之中。本文要研究的政治女性傳記至今依然少見相關研究生產，在傳記研究的領域，多以文學性強的傳記作爲研究對象。

朱崇儀在〈女性自傳：透過性別來重讀／重塑文類？〉一文中，提到自傳研究在美國七〇年代一時興盛，原因爲「自 1950 年後興起的自傳熱，是呼應二十世紀下半葉（主要是哲學界）對主體性的激辯的回應」，並以「分裂的主體」來解讀自傳。另外，則是因爲小說新詩等文類已大爲拓展，需要重新開發研究領域。而今日，則因爲認同政治的影響，所以自傳研究潮又興起。「自傳如今被理解爲一個過程，自傳作者透過『它』，替自我建構一個（或數個）身份（identity）。所以自傳主體並非經由經驗所生產；換言之，必須利用前述自我呈現的過程，試圖捕捉主體的複雜度，將主體性讀入世界中。寫作自傳之舉，因此是創造或詮釋性的，而非述『實』。當自傳作者可以自由地採用任何一種形式來自我書寫時，自傳具有一特定形式的迷思，也就打破了。」〔註108〕傳記相關研究有幾個切入點，主要將女性傳記視爲重新詮釋自我的方式。如胡紹嘉《書寫與行動——九〇年代後期女性私我敘述的態度轉折及其意義》〔註109〕以陳燁《半臉的女兒》、徐璐《暗夜倖存者》、陳文玲《多桑與紅玫瑰》、吳淡如《昨日歷歷，晴天悠悠》四本傳記進行自我敘述的解析。九〇年代，在大量出版的市場中，以個人書寫、私人傳記文類的興起，重新描述自己。〔註110〕

〔註107〕 見萬伯翱等著，《傳記文學新近學術文論選》，北京，中國青年出版社，2011年1月。此書中收錄的喬宗淮〈對傳記文學和歷史檔案的幾點認識〉則是將傳記視爲歷史文獻，並認爲傳記可以成爲歷史的補充。

〔註108〕 朱崇儀，〈女性自傳：透過性別來重讀／重塑文類？〉，《中外文學》，第 26卷，第 4 期，1997 年 9 月，頁 134。

〔註109〕 胡紹嘉，《書寫與行動——九〇年代後期女性私我敘述的態度轉折及其意義》，國立政治大學新聞學系，博士論文，2002 年。這本論文以陳燁《半臉的女兒》、徐璐《暗夜倖存者》、陳文玲《多桑與紅玫瑰》、吳淡如《昨日歷歷，晴天悠悠》四本傳記進行自我敘述的解析。觀察這四本傳記的身體敘述，如何引用傳統價值論述與西方論述進行對自我生命的解讀。但這本論文主要放置在如何自我陳述與自我療傷。胡紹嘉在討論傳記書寫的興起時，提到九〇年代女性主義思潮的興起，對自我書寫產生重要的影響。胡紹嘉，《書寫與行動——九〇年代後期女性私我敘述的態度轉折及其意義》，國立政治大學新聞學系，博士論文，2002 年，頁 132。

〔註110〕 胡紹嘉，《書寫與行動——九〇年代後期女性私我敘述的態度轉折及其意義》，國立政治大學新聞學系，博士論文，2002 年，頁 132。

　　女性的自我描繪不同於男性中心的敘述觀點，莊子秀的〈瑪麗・卡迪娜和安妮・艾諾的自傳小說／創作言說〉認為西洋文學經理裡男性自傳書寫不乏以「我」為敘事軸心，但往往忽略了女性生命經驗，不見得呼應男作家筆下的傳統女人形象。所以女作家在自我敘述的同時，也對社會文化真實提書新的詮釋。尋此脈絡可知，在自傳中經由他者來表現自我屬性。〔註111〕阮愛惠的碩士論文《九○年代台灣女性自傳研究》中，主要以蘇雪林的《浮生九四》、蕭曼青《像我這樣的母親》、楊千鶴《人生的三稜鏡》、黃肇珩——記者生涯與真實人生》、范麗卿《天送埤之春》、胡因夢《死亡與童女之舞——胡因夢自傳》、綢仔絲萊渥《山深情遙——泰雅女性綢仔絲萊渥的一生》、鄭玉麗《鄭玉麗女士訪談錄》、余陳月瑛《余陳月瑛回憶錄》、顧正秋《休戀逝水——顧正秋回憶錄》、傅培梅《五味八珍的歲月——傅培梅傳》、湯蘭花《優路那那，加油！湯蘭花挑戰自我的故事》，十二本九○年代出版的傳記作為分析的對象。寫作方法以傳記中的女性生命軌跡為分析焦點，其傳記研究著重在自我詮釋，認為女性傳記突破了傳記是「年高德紹」男性專屬的框限。〔註112〕楊翠〈原音與女聲——跨世紀台灣文學的新渠徑〉「女性生命史書寫，不僅傳達出個別女性的生活記憶、生命觀、價值觀、兩性觀、婚姻關係、親子關係，還含攝了該女性在其所身處的大社會中所感知的歷史記憶，文化

〔註111〕 莊子秀，〈瑪麗・卡迪娜和安妮・艾諾的自傳小說／創作言說〉，《女學學誌：婦女與性別研究》第22期，2006年12月，頁38～67。莊子秀在討論法國女作家艾諾時，提到艾諾「曾以「個人社會傳記的」（auto-socio-biographical）與「個人民族誌傳記的」（auto-ethno-biographical）字眼形容自己的風格（Day，2005：224），這意味著她的生命書寫（life-writing）涵蓋了個人經驗、社會文化與全體族群共同生命體。她的自傳小說和傳記文學已跨越傳統的界定，從個人生命的刻畫連結到社會大眾，再以個人差異去創造嶄新的文本空間，而足以和傳統文學形式相抗衡。她的作品帶有民族誌學（ethography）色彩，從實地觀察雙親生活與思想去汲取創作資源，向讀者交代敘事裡的時空脈絡、社經背景和教育體制的樣態，因此難以被納入單一的文類。一如卡迪娜抗拒文體的區分，艾諾也排斥文學分類的意識型態，她提醒讀者要以跨學門的視角來閱讀《女》：「這不是一部傳記，當然也不是小說，也許是某種介於文學、社會學和歷史之間的作品。」（邱瑞鑾譯，2000：193；Ernaux，1987：106）正是這種中界的文風，艾諾把對小人物日常生活的探討緊扣到社會文化脈絡，開拓了不同視野的意義生產場域。」莊子秀在討論女性傳記時，提到「書寫自我的目的往往是為了自我蛻變，從再現自我及自己與他者的關係中，去重構一個不斷生成的主體。」。

〔註112〕 阮愛惠，《九○年代台灣女性自傳研究》，銘傳大學應用中文研究所博士論文。

模式與土地情感。……更進一步看來，女性生命史的書寫，是歷史解釋權的一種釋放，個體的生存意義與生命價值，不再由主流文化價值所決定，而是由歷史行為主體自我界定。」〔註 113〕自我是在敘說中，被建立起來。朱崇儀提到在自傳研究中，多以男性自傳作為分析對象，認為研究者對於女性的自傳研究興趣缺缺，「因為女性缺乏引人注目的經驗；女人的生活往往侷限於家庭，沒有公共空間，不可能締造豐功偉業」，朱崇儀認為忽略女性自傳的研究，是一種父權意識型態下大敘述（grand narrative）的餘孽。〔註 114〕但因為女性意識的覺醒，所以女性自傳研究風潮興起。在 1980 年代，潔樂寧（Estelle Jelinek）在為她編輯的《女性自傳：批評論文集》當中，「就強調女性自傳與男性自傳的不同；前者的素材傾向於個人與主觀化；女性自傳作者亦皆有身為女人的自覺，並意識到與主流文化的差異；在形式上，女性自傳往往亦不連貫，或是以斷簡殘篇的形式出現（Jelinek1986：x-xi）。」〔註 115〕在賴信真〈書寫女性生命——簡介已出版之台灣漢人女性之自傳或回憶錄〉一文中，簡介了幾本台灣九○年代出版的女性回憶錄。「台灣自 90 年代以來，有關女性研究及方法論漸漸被討論成型，這代表了雙重意涵，一是女性資料的重新檢視與累積；另一則是性別觀點的開發，引領研究者審視過往歷史的盲點。」〔註 116〕賴信真這一篇文章簡要地介紹了楊千鶴的《人生的三稜鏡》、范麗卿《天送埤之春》、邱瑞穗《異情歲月》、余陳月瑛《余陳月瑛回憶錄》、陳菊《黑牢嫁妝》、楊祖珺《玫瑰盛開——楊祖珺十五年來時路》這六本女性自傳。賴信真認為九○年代之後，女性傳記與回憶錄的興起，是「台灣這塊土地，也是經過 80 年代女性意識抬頭，在邁入 90 年代以後，才陸續出版 6 本女性自我撰寫的自傳，而這為台灣女性研究的一手史料添上一筆色彩。」〔註 117〕另外

〔註 113〕臺北，文訊雜誌，1999 年 12 月，頁 48～49。

〔註 114〕朱崇儀，〈女性自傳：透過性別來重讀／重塑文類？〉，《中外文學》，第 26 卷，第 4 期，1997 年 9 月，頁 135。

〔註 115〕朱崇儀，〈女性自傳：透過性別來重讀／重塑文類？〉，《中外文學》，第 26 卷，第 4 期，1997 年 9 月，頁 136。

〔註 116〕賴信真，〈書寫女性生命——簡介已出版之台灣漢人女性之自傳或回憶錄〉，《台灣史料研究》，第 11 號，1998 年 5 月出刊，臺北，財團法人吳三連史料基金會，頁 14。

〔註 117〕賴信真，〈書寫女性生命——簡介已出版之台灣漢人女性之自傳或回憶錄〉，《台灣史料研究》，第 11 號，1998 年 5 月出刊，臺北，財團法人吳三連史料基金會，頁 14。

亦有對女性自傳的批判，如陳玉玲《尋找歷史中缺席的女人：女性傳記的主體性研究》在討論傳記時，認爲女性傳記往往不是以自己爲中心，而是以「男性他者」或是「歷史客體」爲中心。〔註118〕。

在前述的研究中，除了賴信眞之外，幾乎沒有政治傳記的相關研究。賴信眞從性別角度切入，提出女性傳記可以重塑自我、具有選擇記憶、重塑歷史邊界的特殊性。前文的文獻中都將女性傳記視爲男性傳記的顚覆與對立面，但本文認爲女性也是社會關係的總和與意識型態的產物，對過往會產生回應、反駁、協商、矛盾等不同態度。本文所要探討的政治女性自傳中，不全然是與男性傳記相異，而是有相同與相異之處。在台灣政治的歷史脈絡中，九〇年代出版的政治回憶錄、傳記與口述歷史，在政治民主化過程中去面對威權歷史的過往時，對壟斷的歷史詮釋進行歷史的再參與，在反國民黨威權論述時，亦有其對複數威權（黨外民主威權、傳統父權）的承襲、反駁、矛盾之處。

〔註118〕陳玉玲，《尋找歷史中缺席的女人：女性傳記的主體性研究》，嘉義縣：南華管理學院出版，1998 年，臺北市：紅螞蟻總經銷。

第二章　政治民主與性別民主

　　1975 年聯合國宣佈為「國際婦女年」（International Women's Year）；1975 年也是杭亭頓（Samuel P. Huntington）等理論家在討論第三波民主興起的重要年份。在台灣 1975 年則是《台灣政論》創刊，蔣介石過世，新女性主義論述興起的時間點。1970 年代的「保釣運動」以及退出聯合國、台日斷交、台美斷交等都成為台灣政治民主改革運動的前身。〔註 1〕。在全球性的民主發展上，1975 年全球性的民主浪潮與性別意識，可以往前推到 1960 年代、1970 年代，全球的民運、反越戰、婦女解放等各種民主議題是相互交錯的，因此政治民主與性別民主兩種民主訴求也同時在 1970 年代影響台灣的民主發展〔註 2〕。美國文化中六○年代被視為的個人主義與社會關懷其實是並行的「吶喊與反叛」的年代，七○年代是「唯我的十年」（Me, Decade），道格・麥亞當（Doug McAdam）認為「唯我世代對自我的重視從六○年代就看得出來，六○年代的特色所在，並不只對社會行動的強調，也包含對個人解放的關注。〔註 3〕。1968 年法國的五月事件更被視為全球性學運事件的重要時間點。所以 1970 年代的民主化浪潮對於 1960 年代有其歷史繼承。

〔註 1〕 參考陳少廷，〈導論——學運在台灣民主運動中的角色：台灣學生運動七十年〉，收於洪三雄，《烽火杜鵑城：七○年代台大學生運動》，臺北，自立晚報，1993 年。

〔註 2〕 關於世界性的民運、反越戰、美國社會民權運動對台灣知識份子的影響，可參考謝小芩、劉容生、王智明主編，《啟蒙・狂飆・反思——保釣運動四十年》，新竹市，國立清華大學出版社，2010 年 11 月出版。

〔註 3〕 關於美國的六○年代學運風潮可參考道格・麥亞當（Doug McAdam）著，黃克先譯，《自由之夏》，臺北，群學出版社，2011 年 3 月，頁 282。

　　國際婦女年在 1975 年被提出，可以說是 1960 年代第二波女性主義影響下的展現。1960 年代蓬勃發展的第二波女性主義到 1975 年成為國際推動的民主項目，可以看見婦女議題在當時逐漸成為國際的民主議題。筆者在思考民主與性別的關係時，認為第三波民主與第二波婦運幾乎是 1970 年代全球性的民主思潮，台灣在這兩股全球性思想與民主浪潮下，也呈現了同一歷史時間點第二波女性主義與第三波民主的興起，性別與民主之間之間交錯的關係。石之瑜與黃競涓在談論到台灣性別發展與民主議題時，認為「在『全球化』的衝擊下，挑戰父權制度與思想（集體主義規範的象徵），也由西方伴隨自由主義與個人主義的東漸而影響台灣。而此主張男女平等、打破傳統性別角色分工的女性主義思潮，對台灣的男性與女性都產生了各種不同的壓力、焦慮與影響。」﹝註4﹞，石之瑜與黃競娟提到這一波全球化衝擊到台灣，但是是屬於自由主義的女性解放；而全球性第三波民主浪潮的特徵也是自由主義式的選舉民主，這兩股思潮幾乎都以自由主義為基礎，當兩種浪潮在台灣上空交錯時，民主與性別在台灣的論述場域與民主行動中呈現，會推演出民主論述場域與婦運論述場域的差異。當民主思潮與性別思潮在台灣論述交錯時，會出現民主優先或是性別優先的爭辯，並帶出民主論述與婦運論述兩大場域，而這兩大場域也會發展出各自主導性的民主議題，進而影響黨外女性如何被論述，以及黨外女性被放置到民主意涵還是性別意涵的差異。本章先就台灣的歷史脈絡中，第三波民主與第二波婦運之間的發展與相互關係進行歷史性的討論。

第一節　第三波民主與台灣民主發展

一、第三波民主浪潮

　　杭亭頓（Samuel P. Huntington）以歷史觀點詮釋第三波民主運動 ﹝註5﹞ 時

﹝註4﹞ 石之瑜、黃競娟，《當代政治學的新範疇——文化、性別、民族》，臺北市，
　　　翰蘆圖書，2001 年元月，頁 16。

﹝註5﹞ Samuel P. Huntington，劉軍寧譯，《第三波：二十世紀末的民主化浪潮》，臺北，
　　　五南出版社，2005 年 10 月，頁 3～105。內容主要討論西方第三波民主運動
　　　中，葡萄牙 1974 年產生民主上的轉變，1973 年，去巴西（Brazil），由梅迪奇
　　　（Emilio Medici）將軍政府的領導人們在即將去職之前實施了政治「減壓」
　　　（distensao, decompression）計畫。在 1974 年，蓋賽爾（Ernesto Geisel）將軍

指出第一波民主潮可追溯到十八世紀之美國獨立延續至本世紀二十年代，主要指 1828 年到 1926 年，以西歐與美國為主。第二波民主潮開始於二次世界大戰後盟軍之勝利，引發德日等國的民主化，在此時期產生一些脫離殖民地位之新國家。第二波主要指第二次世界大戰後至六十年代初，包括戰敗國日本、西德、義大利，以及南歐、拉丁美洲、與亞洲等國家。但嗣後亦產生軍事及一黨統治的反民主潮，使得南美洲只剩下兩個民主國家。一次戰後，法西斯主義很快地成為強而有力的民主逆流；二次戰後，帶有濃厚軍事動員色彩的國家主義，迅速地架空『人民民主主義』初衷，改行專制獨裁之實。第三波民主潮開始於 1974 年葡萄牙推翻卡提諾之獨裁統治，在 1980 年代變成全球民主化的現象〔註6〕，在 1990 年後此種民主化現象更行擴大。〔註7〕歐亞

交付他的新政府開始推動政治開放。在西班牙，阿裏亞斯（Carlos Arias）總理謹慎地將佛朗歌（Franco）獨裁政權朝著自由化邁進。在希臘 1974 年舊政權垮臺，產生了以民主選舉方式產生的政府。在此後的十五年中，這一波民主潮流變成了一種全球性的浪潮；大約有三十個國家從極權政治（威權政府）轉向了民主政治，至少還另有幾十個國家受到民主潮流的衝擊。在拉丁美洲部分，在六○年代，則提到第二波民主化結束，並有轉向威權政府的傾向。如秘魯在 1962 年開始轉向威權主義。阿根廷、厄瓜多、烏拉圭分別在 1966 年、1972 年、1973 年，轉向威權與軍事統治，或者產生「官僚威權主義」（bureaucratic authoritarianism）。在亞洲部分，巴基斯坦軍方在 1958 年建立了一個實施戒嚴統治的政權。在五○年代末，李承晚（Syngman Rhee）「半威權」政權在 1963 年的選舉中獲得合法地位，但在 1973 年成了全面的威權體制。1957 年，印尼的蘇卡諾（Sukarno）用指導式民主（guided democracy）取代了議會民主，1965 年，印尼軍方結束了指導式民主，進一步接管了該國的政府。到了 1970 年代末期，民主浪潮又興起。在拉丁美洲部分。1977 年，厄瓜多（Ecuador）、秘魯的軍方退出政治；並制憲法。在波利維亞，由於軍方的退出政治，卻使得從 1978 年起連續四年的局勢混亂不堪，有政變和中止的選舉夾雜期間。巴西在第三波民主化浪潮前，是軍人威權時期（1964～1985）。亞洲部分，1977 年，印度步入民主常軌。1987 年，韓國的軍事政府推出候選人競選總統，1988 年反對黨控制了韓國的國會。1988 年，巴基斯坦結束軍事統治。1986 年 2 月，馬可仕的垮臺，南韓進行憲政改革、實現民主。緬甸在 1988 年夏天、中國大陸在 1986 年秋天和 1989 年春天發生都展開民主運動有，也影響台灣的自由化在一黨制的國家，「政黨的意識型態界定了國家的身份。因此，反對這一各政黨的人就等於背叛國家。要使反對派反對執政黨的行為合法化，就有必要為國家建立一些另外的身份。」

〔註6〕在亞洲第三波民主浪潮當中，也有相反的例子，如新加坡。在翁俊桔在討論新加坡民主發展時，提到新加坡在 1965 年脫離馬來西亞獨立建國，獨立後的新加坡雖然仍然定期舉行國會選舉；不過，在行動黨政府的刻意操弄下，反對黨始終無法獲得公平競爭的機會。反對黨沒有發展的空間，缺乏自由且中

的民主則在「冷戰結束後，就在第三波蔚為風潮的同時，『惡漢最後避難所』的嗜血型民族主義順勢發威，通過憲政獨裁、族群團結等手段，輕而易舉地架空民主主義的自由精神。」〔註8〕這是杭亭頓（Samuel P. Huntington）在論述第三波民主發展中世界性的民主浪潮。台灣研究第三波民主運動的學者王維芳也提到 1974 年是葡萄牙、南歐、拉丁美洲到亞洲的「第三波民主化」浪潮。〔註9〕台灣在 1975 年展開的黨外運動，也正處於這一波民主浪潮當中。

　　在杭亭頓（Samuel P.Huntington）認為第三波民主化興起有幾項因素，包含經濟發展與經濟危機、合法統治威權的衰落與政績的困局、宗教立場的改變、外來勢力的新政策、滾雪球效應，而第三波民主化的特徵則包括妥協（trade-off）、選舉（elections）與低度暴力（low levels of violence）、選舉式民主、中產階級興起、自由主義式民主等特色。拉利・戴蒙（Larry Diamond）在〈民主鞏固的追求〉一文中，也提到 1974 年開始，世界性的民主化浪潮逆勢而起，<u>當時追求的民主概念為自由主義式民主（liberal democracy）</u>，新興民主國家之民主政治的正當性基礎，來自於對於過去威權政治的反彈與不滿。〔註10〕

立的政治環境，缺乏開放的社會經濟結構和政治菁英缺乏對民主的信念等總總原因，所以認為新加坡是第三波民主浪潮的反例。翁俊桔，〈新加坡的民主困境：第三波民主化的反例〉，《稻江學報》，第 1 卷，第 2 期，頁 246～264。南韓經驗也是特例，楊以彬認為 1987 年是南韓民主重建的關鍵分水嶺。1948年南韓建國時，「在美國的扶植下，曾有機會轉型為第二波民主化浪潮的民主國家，但是受到韓戰爆發的影響、北韓軍事的威脅與經濟發展優先等環境因素的影響，給予南韓當權者行獨裁統治的溫床與空間，逐漸形成軍人獨裁的威權體制，並且主導與統治南韓近三十年。」一直到受到全球民主化的衝擊，南韓軍事威權才受到挑戰。見楊以彬，〈南韓民主化過程之簡析——以 Huntington 民主化理論為分析觀點〉，《人文與社會》學報第 1 卷第 9 期，義守大學通識教育中心，2006 年 12 月，頁 303。

〔註 7〕 參考 Samuel P. Huntington，劉軍寧譯，《第三波：二十世紀末的民主化浪潮》，臺北，五南出版社。魏千峰，〈第三波民主潮下之憲政改革——台灣與捷克比較〉，《思與言》，第 38 卷第 1 期，2000 年 3 月。朱雲漢，〈全球第三波民主化的反思〉，收錄於《民主・轉型？台灣現象》，臺北市，桂冠文化，1998 年 8月。

〔註 8〕 王達樂，〈第三波民主化的省思〉，《理論與實踐》，2000 年 1 月，頁 14。

〔註 9〕 王維芳，〈第三波民主化後的蒙古政治體制設計〉，《政大民族學報》，國立政治大學民族學系出版，第 28 期，2009 年 6 月，頁 34。

〔註 10〕 拉利・戴蒙（Larry Diamond）著，廖益興譯，〈民主鞏固的追求〉，收錄於田弘茂、朱雲漢、Larry Diamond、Marc Plattner 主編，《鞏固第三波民主》，臺北市，業強出版社，1997 年 10 月，頁 1～45。

　　波寇克（Robert Bocock）提到過去自由主義曾經是文化霸權的世界觀，尤其在英語世界更是如此。自由主義成為哲學上和認識論上基礎的政治經濟學理論、倫理學與政治價值。自由主義在政治方面，以議會民主的形式呈現，自由主義的思想可以說是第三波民主運動的文化霸權與核心思想。安德森（Perry Anderson）認為文化霸權雖然是經過同意而行使，可是「文化霸權也是以議會民主的形式在西方資產階級民主的國家裡頭發揮很大的作用。絕大多數人的工人階級相信，靠選舉時的投票他們確實可以選擇他們的統治者。」〔註11〕，第三波民主的實際展現便是追求選舉式民主、反獨裁暴力等特色。

　　台灣在杭亭頓（Samuel P.Huntington）的論述中也被放置在全球第三波民主的浪潮中，在全球性的民主浪潮下，內部社會力量與民主特質，可以看到第三波民主的成形受到中產階級經濟的影響，也展現了自由主義式的民主特點。

二、島內民主運動與海外民主運動

　　在戰後台灣民主運動可分為四階段，第一階段為 1947 年三月間因二二八事件而釀成的全島性要求省政改革的運動。第二階段為 1950 年代的《自由中國》與「中國民主黨」建黨運動。第三階段為 1970 年代初期的《大學》雜誌知識份子集團的政治革新運動。自 1970 年初期發展至今的黨外運動與民主進步黨的建黨則是第四階段。

　　第四階段由於台灣的外交處境更加艱難，黨外運動及民主進步黨的運動，除了繼續訴求有關民主憲政的內容之外，最大的特色便是「住民自決」的提出，除了更熱切的要求民主化之外，對於追求國家外交政策的變革，以及本土化的理念，成為黨外與民進黨運動的特色。「台灣結」與「中國結」的爭論，成為此一時期的熱門話題。不過在黨外陣營或民進黨內部裡面，成員複雜，意識型態並非一致，因此有所謂「統一派」與「本土派」的爭執，也有「社會主義」或「資本主義」的不同傾向。自 1987 年中，以重視大中國統一問題及關心勞農問題出色的舊《夏潮》雜誌系統人士王拓、王曉波、王津平等人所組成的「夏潮聯誼會」，以及民進黨立委王義雄擬另外籌組「工黨」，

〔註11〕波寇克（Robert Bocock），田心喻譯，《文化霸權》，臺北，遠流出版社，1991年 10 月 16 日初版一刷，頁 13～114。

正說明瞭內部意識型態的歧異。不過整體以觀，傾向自決主張的本土派佔絕大多數。」〔註12〕

　　1970 年代是台灣反對運動進入嶄新階段的時代，自從 1960 年雷震籌組中國民主黨失敗之後，台灣的政治有長達十年的時間沒有醞釀出有組織的反對勢力，直到 1970 年代黨外運動的興起才又展開一股反對勢力。〔註13〕王泰生認為「於戰後台灣，國民黨以外的政治勢力，原先僅能靠有限的地方層級選舉，凝聚力量。但從 1970 年代中央民意增額選舉開始，不但有機會串連成全島性政治勢力，且可經由集會遊行將其政治理念訴諸一般民眾。在八〇及九〇年代，所謂『黨外』及後來的民進黨，以自由民主立憲主義的理念，吸引

〔註12〕李筱峰在談論台灣民主運動的發展時，提到戰後四十年來台灣地區的反對運動可以分成四個階段：（一）一九四七年三月間因二二八事件而釀成的全島性要求省政改革的運動，政治改革主要針對省籍歧視問題、省政問題、官員貪汙腐化；（二）一九五〇年代的《自由中國》與「中國民主黨」建黨運動。在《自由中國》被停刊之後，一九五七年創刊的《文星》雜誌都發出政治改革的呼聲，但是「在《自由中國》及《文星》雜誌銷聲匿跡，台灣的言論界呈現低瀰狀態。而雷震、李萬居等人主導的『中國民主黨』新黨運動崩潰之後，六〇年代再也醞釀不出集團形式的反對運動。」第二階段的《自由中國》及「中國民主黨」新黨運動所訴求的重點，以民主憲政為重心，所碰觸的問題，是整個國家體制、國家決策的核心問題，並企圖最建立反對黨。李西潭、張孝評在〈台灣民主化分析──Rustow 與 Huntington 模式檢驗〉一文，提出一九四九年國民黨在二二八之後宣佈戒嚴，實行白色恐怖統治，以雷震為代表的《自由中國》自由主義知識份子展開台灣第一波自由思想運動。一九六四年台大教授彭明敏與學生起草〈台灣人民自救運動宣言〉，是台灣第二代本土自由民主力量的展現。（三）一九七〇年代初期的《大學》雜誌知識份子集團的政治革新運動。第三階段因為受到當時台灣在國際外交上的挫敗，《大學》雜誌知識份子繼續強調從《自由中國》以來所再三呼籲的民主憲政之外，便是有關法統問題的討論，質疑政權的代表性與合法性。陳少廷等人提出全面改選中央民意代表的呼聲。（四）自一九七〇年初期發展至今的黨外運動與民主進步黨的建黨。第四階段由於台灣的外交處境更加艱難，黨外運動及民主進步黨的運動除了繼續訴求有關民主憲政的內容之外，最大的特色便是「住民自決」的提出，除了更熱切的要求民主化之外，對於追求國家外交政策的變革，以及本土化的理念，成為黨外與民進黨運動的特色。「台灣結」與「中國結」的爭論，成為此一時期的熱門話題。參考李筱峰，《台灣民主運動四十年》，臺北，自立晚報，1988 年 5 月，二版，頁 89～277。李西潭、張孝評，〈台灣民主化分析──Rustow 與 Huntington 模式檢驗〉，《中山人文社會科學期刊》，2002 年 12 月，第 10 卷第 2 期，頁 53。

〔註13〕陳孟元，〈台灣一九七〇年代後期黨外運動的發展──凝聚、頓錯與再出發〉，頁 69。

了許多要求自由與更多政治參與的本省人,甚至是某些信仰自由主義的外省知識份子的支持。」〔註14〕。

黨外運動時期的民主意涵是以「自由立憲主義」為理念,黨外民主則是自由主義式的民主。〔註15〕台灣的民主思潮以自由主義式為政治民主的訴求,可以說是延續冷戰意識型態的對立時,作為資本主義／自由主義的前緣國家的一貫脈絡。〔註16〕在統／獨不分或難以區分的早期黨外時期,唯有《夏潮》集團結合左派知識份子與本土派的知識份子的思想,呈現較多對於中國文化、農民漁民的議題。李筱峰在〈台灣在野改革運動的歷史回顧〉一文中談到「台灣在野政治勢力最近已邁進到組織正式政黨的階段,就如發展中國家一樣,台灣的反對團體面臨到雙重壓力,一方面外在威權體制的鎮制,一方面內在菁英的分歧,如何突破一元化的統治,使台灣的民主落地生根。」〔註17〕。而在這一波民主化運動與世界性的民主浪潮之間的關係為何,在此針對台灣在世界民主化浪潮的歷史位置進行鋪陳。

在 1975 年全球性的民主化浪潮下,台灣民主的轉型與全球性獨裁主義的危機與民主化浪潮時間相呼應。台灣民主的特色並非由軍事專權過渡到民主體制,而是轉型於一黨專制,在國民黨政治高壓統治之下且台灣的民

〔註14〕 王泰升,〈自由民主憲政在台灣的法律規範與政治實踐:立憲思想、威權統治與族群結構的多重糾葛〉,胡健國主編,《二十世紀台灣民主發展:第七屆中華民國史專題論文集》,臺北縣,國史館,民93年,頁88。

〔註15〕 從政治口述中也可以看到政治人物如何受到西方民主運動的浪潮的影響,強調美式的民主思想。如林正杰談到「我是一九五二年生的。一九七〇年代初期我在東海大學,那是相當另類的一個校園。我們東海有很多外國老師,他們都是唱反戰歌曲、抽大麻的,都是很可愛、有思想的一群人:每一系的英文課都是外國老師在教,當時我們的生活已經是美式的。美國最可貴的就是一九六〇年代,我們正好受到在六〇年代成長的那些老師影響:他們剛在美國搞完,然後到東海來教我們。我們上課學英文時,讀的教材都是有關美國學生運動的東西,因為接觸到世界各種運動而得到啟蒙。不管是婦女運動、環保運動、反戰運動、民權運動,都透過歌曲、聊天、交朋友這種方式收到。」林正杰口述,韋本、陳世宏、楊雅玲、林瓊華等人訪問,《走向美麗島:戰後反對意識的萌芽》,新台灣研究文教基金會美麗島事件口述歷史編輯小組,臺北,時報文化,1999年,頁152。

〔註16〕 關於冷戰與世界體系,參考 R.R 帕爾默(R.R. Palmer),牛可等譯,《冷戰到全球化:意識型態的終結?》,中國,北京,世圖北京公司,2010年12月。

〔註17〕 風雲論壇社,《透視黨外組黨》,臺北,1986年12月1日,風雲論壇社,頁46。

主轉型潛在著族群分裂與衝突。〔註18〕1971 年 10 月，中華民國政府被逼退聯合國，失去中國代表權，國際外交面臨困境。翌年，蔣經國擔任行政院長，著手政經改革，任用台籍菁英，採取本土化政策。島內黨外運動受到國際外交與島內政治轉變的影響，新生代繼之而起，批判國民黨獨裁，要求政權開化，實施自由民主制度。在 1975 年之後的民主發展歷程可以分為島內與島外兩個部分，島內以黨外運動為主，主要的民主論述為一系列的黨外雜誌。

1970 年代台灣本土的反對運動重新崛起，黨外力量興起，在黨外運動的內部政治歷史條件上，在蔣經國開始主政的七○年代始，選舉開始帶動「黨外」的民主運動。在七○年代結束以前，1970 年代陸續發生 1977 年中壢事件、余登發被捕案、橋頭示威、許信良停職案，黨外民主運動因幾次的選舉活動及這些政治事件，促成其運動的契機。1979 年國民黨政府因美麗島事件逮捕黨外運動菁英，民主運動一時為之頓挫，但民主力量在此時已難以阻擋。1979年美麗島事件與 1980 年美麗島大審，開始展開「有限度的民主」。國民黨當局對 1980 年代初期台灣再出發的黨外運動，仍然不時採取壓制的行動。自由化的開展則要到 1987 年的解嚴之後，民主化的實踐則是 1991 年之後。〔註19〕另外，雜誌的創刊也是民主輿論力量的重要媒介。1975 年《台灣政論》創刊、1979 年 6 月《八十年代》創刊、1979 年 6 月《美麗島》創刊、1981 年《八十年代》、《亞洲人》、《暖流》相繼復刊。《進步》、《深耕》、《政治家》更一一創刊。〔註20〕

海外部分則以海外獨立、海外民主運動為主，海內外的民主運動時而互通訊息，或者黨外運動人士前往海外團體進行演講，這都可以看到台灣民主浪潮與直接或間接受到國際民主浪潮的影響。海外民主運動部份，1970 年 1月，世界台灣獨立聯盟的成立是台灣獨立運動的轉捩點。1970 年，彭明敏脫

〔註18〕 李酉潭、張孝評，〈台灣民主化分析──Rustow 與 Huntington 模式檢驗〉，《中山人文社會科學期刊》，2002 年 12 月，第 10 卷第 2 期，頁 53。

〔註19〕 李酉潭、張孝評，〈台灣民主化分析──Rustow 與 Huntington 模式檢驗〉，《中山人文社會科學期刊》，2002 年 12 月，第 10 卷第 2 期，頁 53～78。

〔註20〕 參考張炎憲，〈青春‧逐夢‧台灣國〉，《自覺與認同──1950～1990 年海外台灣人運動專輯》，臺北，財團法人吳三連台灣史料基金會，2005 年 6 月，頁 7。周琇環、陳世宏主編，《組黨運動──戰後台灣民主運動史料彙編（二）》，臺北縣，國史館，2000 年 7 月 5 日，頁 309。李筱峰，〈近百年來台灣政治運動中的國家認同〉，《台灣近現代史論集》，臺北，玉山社，2007 年 10 月，頁 38。

離台灣，經瑞典前往美國。4 月 24 日蔣經國訪美時，受到黃文雄、鄭自才的槍擊，史稱『刺蔣事件』。這是獨立運動者向蔣家直接挑戰的第一槍，震動台灣與世界，激起迴響，影響日後台灣人運動的走向。海外力量與島內的結合，自從 1979 年美麗島事件發生之後，島內民主運動風起雲湧，台灣意識逐漸壯大，海外台灣人也以各種方式衝破黑名單，紛紛回國。1991 年刑法 100 條修正，黑名單終於解禁，海外台灣人可以自由返國。1990 年代，海外力量注入島內，與民主運動結合，成為改變台灣的動力。〔註 21〕從這些資料中，可以看見海外的民主運動在西方民主運動的影響下，促成台灣本土民主運動的發展。

1970 年代的黨外活動及其言論，其訴求除繼續《自由中國》、及《大學》雜誌時代的訴求之外，「台灣人出頭天」、「台灣人民萬歲」的口號台灣的主體意識更加彰顯。本土意識的抬頭，使得統治當局最後採取強制手段，爆發 1979 年的美麗島事件。七〇年代以降的「黨外」民主運動，除民主憲政、人權法治的訴求之外，也夾雜著本土意識，但尚未提升到標榜「獨立」的國家認同層次。美麗島事件之後，「黨外」運動明確提到『自決』的主張，如 1983 年的增額立委選舉，「黨外」的共同政見是「民主、自決、救台灣」〔註 22〕。李筱峰將黨外運動與本土意識的崛起扣合在一起，並將美麗島之後的民主運動視為「自決」、「獨立」的運動。民主運動到 1987 年，民主進步黨成立後，主張台灣獨立的聲音在島內漸漸浮出檯面。李筱峰歷史論述是以台灣本土意識的興起與發展作為切入點，看本土意識如何在黨外運動的歷史進程中興起，但是這樣的論述會產生一種危機，就是容易將黨外運動的成果以民進黨成立作為一個成果，如果直接將黨外運動歸入民進黨的成立，以及民主發展成為一種線性的歷史進程，似乎沒有仔細論述黨外運動時期內部的分歧以及行動上的差異。事實上，黨外運動結合了左翼、右翼、統獨、自由主義與社會主義思潮，共同推動反國民黨威權的民主訴求。

另一方面，從社會力量來看，高承恕提到 1960 年代，由於經濟發展和工業化，城市居民結集成社會力量，在七〇年代中期勃興，在 1980 年代促

〔註 21〕李登輝，〈對台灣的堅持，永不改變〉，《自覺與認同——1950～1990 年海外台灣人運動專輯》，臺北，財團法人吳三連台灣史料基金會，2005 年 6 月，頁 15。
〔註 22〕參考李筱峰，《台灣民主運動四十年》，臺北，自立晚報，1988 年 5 月，二版。

成各種社會運動，這些社會力量與政治運動結合，擴大反對運動中的社會基礎。〔註23〕台灣在 1970 年代退出聯合國、與各國斷交。1980 年代之後在臺灣展開的社會運動以 1979 年的美麗島事件是戰後臺灣民主運動的轉捩點。國民黨以強壓手段拘捕美麗島人士壓制社會發展，但民主依舊持續的發展。1980 年代之後，臺灣不只民主運動繼續發展，也展開各式各樣的社會運動。1982 年《婦女新知》雜誌創刊，提出兩性平權，追求新女性主義的主張；1983 年開放報禁，同年五月，臺灣大學的原住民青年發行《高山青》雜誌，興起原住民人權運動。1984 年 12 月，「原住民權利促進會」成立，提出還我土地、還我姓氏、重建原住民歷史文化的主張；1984 年 5 月「臺灣勞工法律支援會」成立，是「臺灣勞工陣線」的前身，開啓日後勞工抗爭與追求自主權的運動；同年 12 月「臺灣人權促進會」成立，呼籲重視政治經濟社會等人權；1985 年反核四的學界人士組成「新環境雜誌社」，1986 年學生運動展開了對國家體制的撞擊。1987 年組成「臺灣環境保護聯盟」，展開生態保育、反公害、反核等運動；1987 年和 1988 年，在台灣解嚴並開放組黨。1988 年 5 月，農民上街頭，反對美國農產品進口，而爆發五二〇農民抗爭事件；1988 年繼福佬母語運動之後，客家母語運動成爲還我歷史文化的重要運動。1980 年代社會運動蓬勃發展，有時與政治運動結合，有時分離。1986 年，黨外人士採取突破黨禁的行動，公開宣佈民進黨成立。1987 年解嚴一系列民主化的過程裡，隨著政治趨向開放，1980 年的消費者保護運動、反汙染自力救濟運動、生態保護運動〔註24〕，1987 年婦女新知與基督教彩虹專案人員，在華西街遊行以抗議雛妓與人口販賣的遊行等都是民主社會力的展現。〔註25〕

　　1980 年代後期是威權主義國家機器開始自由化的初始階段。在這一波自由化的特色當中，是由中產階級所領導的新社會運動出現，代表著台灣的民

〔註23〕高承恕，〈台灣新興社會運動結構因素之探討〉，收入徐正光、宋文裏等編，《台灣新興社會運動》，臺北，巨流圖書公司，1989 年，頁 9～19。蕭新煌，〈台灣新興社會運動的剖析：自主性與資源分配〉，收入蕭新煌等著，《壟斷與剝削——威權主義的政治經濟分析》，臺北，台灣研究基金會，1989 年，頁 29。

〔註24〕參考張炎憲，「臺灣社會運動」。大英百科全書，大英線上繁體中文版，2010 年 11 月 15 日。張靜倫，《顚簸躓僕來時路——論戰後台灣的女人、婦運與國家》，台灣大學社會所，頁 106。

〔註25〕李筱峰，《台灣民主運動四十年》，臺北，自立晚報，1988 年 5 月，二版，頁258。

間社會首次在國民黨威權主義國家機器下組織起來這一時期，新中產階級的興起，也在這一階段自由化的具有重要意義。「第二項重要發展，乃是高雄『美麗島事件』後次年所舉辦的選舉，台灣民眾投票給美麗島事件受刑人的家屬或是相關人物，以表達他們對反對運動的支持。選舉結果顯示了民眾，尤其是主流中產階級選民，對於國民黨的不滿，以及對政治改革的支持。」「與此相關的，則是自由派知識份子，其中大部分是大學教授，在將美麗島事件與反對運動在選舉中的獲勝評價為民主成就這件事，所扮演的角色。」〔註 26〕第三波民主當中，中產階級佔據重要的角色，並推動國民黨開放政治自由化。國民黨認為政治的異議份子只是小部分的人，但是當消費者運動、反污染運動、生態保育運動、婦女運動、原住民權力運動、學生運動等等，都以國家機器作為改革的目標時，1980 年到 1986 年之間，民間社會的組織化社會運動對威權政權成功施壓。

杭亭頓（Samuel P. Huntington）認為「第三波轉型是複雜的政治過程，涉及到各種競逐權力、擁護或反對民主及其他目標的社會團體。」根據他們對民主化的態度，在這一過程中極重要的關係者是執政聯盟中的保守派、自由改革派和民主改革派，以及反對陣營中的民主溫和人士和革命的極端主義者。〔註 27〕台灣民主化運動可以看見島內與海外、黨外運動與社會力量的結合，其中海外民主運動在受到西方民主的衝擊之下，促成島內民主運動的發展。第三波的民主內涵中強調選舉式的民主、言論自由等議題，在黨外雜誌與婦運場域都可以看到這些選舉式民主議題、自由主義民主概念的走向。台灣與其他第三波民主國家的特色一樣，是由中產階級自由派知識份子為先鋒〔註 28〕，另一特點就是走向選舉民主的模式。第三波民主的議題如何在黨外雜誌與婦運場域呈現將在第三、第四章進行討論。

〔註 26〕蕭新煌、具海根（Hagen Koo），〈東亞的中產階級與民主化：台灣與南韓的比較〉，收錄於田弘茂、朱雲漢、Larry Diamonld、Marc Plattner 主編《鞏固第三波民主》，臺北市，業強出版社，1997 年，頁 514～515。

〔註 27〕Samuel P. Huntington，劉軍寧譯，《第三波：二十世紀末的民主化浪潮》，臺北，五南出版社，2005 年 10 月，出版，頁 136。

〔註 28〕蕭新煌、具海根（Hagen Koo），〈東亞的中產階級與民主化：台灣與南韓的比較〉，收錄於田弘茂、朱雲漢、Larry Diamonld、Marc Plattner 主編《鞏固第三波民主》，臺北市，業強出版社，1997 年，頁 522。

第二節　第二波婦運與台灣婦運論述

一、第二波女性主義歷史發展與觀點

　　1960 年代到 1970 年代之間西方第二波婦運在美國興起，這一波女性主義挑戰並改變了政治與文化上的景觀，企圖從女性主義觀點再定義與再解釋這個社會。〔註 29〕世界性第二波婦運的主要運動策略以喚醒女性自覺（consciousness raising）和促使體制改革爲中心〔註 30〕這期間最重要的政治理念便是「個人即政治」（the personal is the political）和「有力的姊妹情誼」（sisterhood is powerful），都傳達女性自覺與普世化女性受壓迫以及受剝削的處境。〔註 31〕在強調「個人即政治」（the personal is political）的意識覺醒下，推動教育、法律、職場上男女平權與論述私領域的政治關係，女性／身體自主權，並喚起女性情誼（sisterhood），尋求女人政治連線、並反對色情論述。〔註 32〕

　　這一時期的女性主義，強調女性情誼的聯結，將女人（Women）視爲一個同質性、清楚的類別，看出第二波女性主義假設了父權體制的普遍性壓迫了所有的女性。第二波女性主義的性別議題的爭論，最著名的有 1963 年出版的 Betty Friedan 的《女性迷思》（The Feminine Mystique），以自由主義女性主義立場討論了白人、中產階級、受教育女性住在郊區的困境。另外 Germaine Greer 的 1970 年出版的《女太監》（The Female Eunuch）、Kate Millet 的《性政治》等著作也都是這一時期的重要論述。

　　台灣引介第二波女性主義的學者也多將第二波女性主義放置在白人、中產階級女性主義的脈絡來定義第二波女性主義。俞彥娟在〈美國第二波婦女運動歷史研究之回顧：兼評王雅各《台灣婦女解放運動史》〉一文中，回顧了西方第一波到第二波婦女運動的發展，認爲從十九世紀中葉（1848 年起）到二十世紀初（1920 年），爭取女性投票權的爲第一波美國婦女運動。在二十世

〔註 29〕Benita Roth, *Separate Roads to Feminism: Black, Chicana , and White Feminist Movements in America's Second Wave*, Cambridge University Press, 2004, p.1.

〔註 30〕梁雙蓮、顧燕翎，〈台灣婦女的政治參與──體制內與體制外的觀察〉，收錄於女性學學會著，劉毓秀主編《台灣婦女處境白皮書：1995 年》，臺北，時報文化，頁 124。

〔註 31〕Mary Evans, *Introducing Contemporary Feminist Thought*, USA, Blackwell Publisher, 1997, p.11.

〔註 32〕劉亮雅，〈第二波女性主義與性意識〉，《聯合文學》，第 15 卷，第 4 期，頁 102。

紀下半（1960 和 1970 年代）的為第二波婦女運動。第二波美國婦女運動（the second women's movement），是從 1963 年 Betty Friedan 出版的《女性迷思》（The feminine mystique）後開始的女權運動（the women's right movement），加上 1960 年代晚期的婦女解放運動（the women's liberation movement），二者結合成為美國史上最大的草根運動。〔註 33〕周碧娥則提到六○年代的女權思潮和婦運可以稱得上是一個全球的現象，但是這樣的說法並不意味著婦女運動就是一個不變項或恆等數（a constant）」〔註 34〕周碧娥將六○年代的婦運分為溫和派女性權利論（moderate feminism）；社會主義女權論（socialist-feminism）；和激進女權論（radical feminism）。李元貞在〈婦女運動的回顧與展望〉一文則從婦運的分期來討論婦女運動的階段。她提到十八世紀末的啟蒙思想家、十九世紀歐美婦女運動展開運動之後，陸陸續續波及全球，促成第一波的婦運，訴求無論在思想上、在實踐上，都在解放婦女外在社會條件的束縛，使婦女獲得教育的權利、就業的權利、法律的權利、政治的權利。第二次世界大戰後，聯合國憲章明訂男女平等，「一九七五年被聯合國定為『國際婦女年』，一九八○及一九八五年分別在丹麥哥本哈根及肯亞奈羅比召開『世界婦女大會』」這便是第二波婦女運動。

在台灣引介以及定義全球第二波女性主義的論述當中，都可以看到第二波女性主義是以 1960 年代作為起點，將女性視為受壓迫的普遍性整體。1960 年代的第二波女性主義便是所謂的女性主義啟蒙（Feminist Enlightment）〔註 35〕，在第二波女性主義論述當中，性別成為一種啟蒙與現代性的指標。1970 到 1980 年代婦運必須放置在全球性的婦女運動上來談。

二、台灣婦運的幾個階段

在世界女性主義的發展關係中，顧燕翎在〈婦女地位變遷與婦女運動〉一文中，提到世界婦運與台灣婦運的幾個階段，她將世界性婦運、中國婦運與台灣婦運分為幾個時期如下：

〔註 33〕俞彥娟，〈美國第二波婦女運動歷史研究之回顧：兼評王雅各《台灣婦女解放運動史》〉，《女學學誌：婦女與性別研究》第 18 期，2004 年 12 月，頁 216。

〔註 34〕周碧娥，〈性別體制、政經結構與婦女運動的多元化〉，《思與言》，第 28 卷第 1 期，1990 年 3 月，頁 71。

〔註 35〕Bernard J, Female World From a Global Perspective. Bloomington: Indiana University Press, 1987 年。轉引自周碧娥，〈性別體制、政經結構與婦女運動的多元化〉，《思與言》，第 28 卷第 1 期，1990 年 3 月，頁 70。

1. 世界性婦運

（1）第一波婦運 十九世紀末源自歐洲，以爭取投票權爲目標。

（2）第二波婦運 一九六〇年代源於美國，爭取平權之外，結實於婦女研究，至今未衰。

2. 中國婦運

（1）第一波婦運 廿世紀初期，要求參政。

（2）第二波婦運 五四時期，要求平權、獨立。

3. 台灣婦運

（1）第一波婦運（一九七二～一九七七）傳統兩性關係和分工架構之內，求取法律地位平等、相對貞操、合作家務。

（2）第二波婦運（一九八二～一九八七）提倡女性主義

（3）第三波婦運（一九八七～）婦女研究，法律和制度制訂。

〔註 36〕

顧燕翎上表將台灣第一到第三波婦運對應到西方第二波婦運〔註 37〕。顧燕翎、李元貞、范雲都將新女性主義時期視爲戰後女性主義的開端，而新女性主義與後來的「婦女新知」時期，在時間上與第二波婦運相應；在內容上也

〔註 36〕 顧燕翎，〈婦女地位變遷與婦女運動〉，《婦女新知》，臺北，第 103 期，1990年，12 月 1 日，頁 17。

〔註 37〕 顧燕翎上表將台灣第一到第三波婦運對應到西方第二波婦運，而李元貞提到台灣的婦女運動時，區分爲二次大戰結束前、國民政府遷台時期、呂秀蓮新女性主義時期、1980 年的新發展期，1986 年便是台灣第三波婦運已經開始了。范雲在〈政治轉型過程中的婦女運動：以運動者及其生命傳記背景爲核心的分析取向〉一文中，「當代台灣婦女運動，通常被研究者區分爲四個主要的階段：呂秀蓮在七〇年代提出『新女性主義』，早已被廣泛地認爲是戰後婦運的啼聲初試；以李元貞爲首，『婦女新知』雜誌社成立，則可說是第二階段婦運的開展；1987 年政治解嚴後，新興婦運團體的出現，及婦運訴求的多元化發展，則被視爲當代台灣婦運的第三階段；第四個階段，則屬九〇年代從分化到差異的異質化過程。」見范雲，〈政治轉型過程中的婦女運動：以運動者及其生命傳記背景爲核心的分析取向〉，《台灣社會學》第 5 期，2003 年 6 月，頁 135。呂秀蓮提到 1982 年婦女新知雜誌社成立是婦運的第二波，第三波則是 1987 年婦女運動百花齊放。賀姍〈新女性主義的拓荒者呂秀蓮〉一文提到呂秀蓮時，認爲「雖然呂秀蓮女士在剛提出『新女性主義』的觀點時，飽受了不同的褒貶，又雖然她後來因美麗島事件在民國六十八年入獄，六、七年來，台灣的婦女問題是因爲她的努力才引起社會的關心。」將呂秀蓮視爲女性主義的開端。賀姍，〈新女性主義的拓荒者呂秀蓮〉，《婦女新知》，第 23 期，1984 年 1 月 10 日，頁 45～46。

多所引介與呼應。呂秀蓮當時用筆名在在中國時報副刊發表專欄文章，泛論當時社會的種種問題，結集爲《打開另一扇窗》，曾由書評書目出版。1971 年討論「防止大專女生過多事件」，1972 年，鍾肇滿因疑妻子移情別戀而殺妻，贏得社會同情與支持，呂秀蓮因此在《中國時報》刊出〈貞操與生命孰重？〉一文，同年成立「拓荒者之家」。」1973 年成立「國際職業婦女協會臺北第一分會」，並設立「職業婦女信箱」，1975 年，呂秀蓮甲狀腺癌病癒後，分別到美國、日本與韓國考察婦運的情形。1976 年成立拓荒者出版社，並創立「保護妳專線」，1977 年呂秀蓮赴美進修，1978 年以黨外身份返回台灣參加國大代表選舉，1979 年因美麗島事件入獄。

　　在台灣女性主義運動面臨的是國民黨父權主義與威權主義雙重的政治力量。在 1979 年 12 月高雄美麗島事件發生，第三天呂秀蓮被逮捕，新女性主義運動也受到扭曲和醜化爲性解放運動。女性主義運動因爲政治力量的介入而受挫。呂秀蓮在面對父權文化中的攻擊、醜化時，還必須面對「看不見的黑手——情治機構」的騷擾、阻礙。〔註 38〕台灣在威權體制下，婦女運動面對政治不民主與性別不民主的雙重壓力，呂秀蓮在政治行動上則認爲必須將婦女運動與政治結合，才有可能推動各種民主化的運動，因此開始從事政治。之後呂秀蓮因美麗島事件入獄，1983 年，李元貞教授領導《婦女新知》雜誌，在薪火相承的意念上展開了第二階段的婦運。1982 年到 1987 年以《婦女新知》爲主導的第二階段，1987 年以後被視爲多元發展的婦女運動。〔註 39〕

　　從呂秀蓮到婦女新知時期，台灣戰後婦運的第一到第三波婦運時期，也是歐美第二波婦女運動的時期。從新女性主義到《婦女新知》雜誌成立，可以看見論述的引介主要以英美第二波女性主義爲主，新女性主義還有一種「自由主義女性主義」的性格，以男性的價值標準爲中心，要求女性向男性的價值標準學習。〔註 40〕周嘉辰的《女人與政治》批判呂秀蓮的平等女性主義是以相同的標準來要求男女。所謂「先做人，再做男人或女人」，把男女都放到

〔註 38〕呂秀蓮主講，方宜整理，〈婦女在歷史轉捩點上——細數拓荒腳步‧展望婦運前程〉，《婦女新知》，第 74 期，1988 年 7 月 10 日，頁 2～3。

〔註 39〕呂秀蓮主講，方宜整理，〈婦女在歷史轉捩點上——細數拓荒腳步‧展望婦運前程〉，《婦女新知》，第 74 期，1988 年 7 月 10 日，頁 4。

〔註 40〕張靜倫，《顚簸躓僕來時路——論戰後台灣的女人、婦運與國家》，台灣大學社會學研究所，頁 92～98。

一個「人」的標準下來衡量。〔註41〕周嘉辰的論述當中，認為呂秀蓮放在向男性看齊，是拒絕談論性別差異的自由主義女性主義者，自由主義女性主義是忽略了女性之間的差異，而且是以男性標準作為標準。上述種種對新女性主義的批判觀點，都在批判新女性主義的保守性以及對差異的忽略。

　　台灣婦運論述的自由主義色彩大量引介西方論述，以及台灣婦運者的經驗上著手，也可以看見自身受到第二波影響與洗禮，然後在台灣的場域實踐婦運者的例子。如李元貞在〈訪美歸來談婦運〉一文直以親身的經歷，走訪美國婦運的歷史地點，更可以看見台灣婦運前輩受到第二波女性主義的深刻影響。〔註42〕第二波女性主義思想在七〇年代末期的美國婦女研究發展中，美國大學逐漸開授婦女研究的課程，推動性別意識。〔註43〕在台灣脈絡下，《婦女新知》每一期的〈海外婦女報導〉一文中，引介多位第一波、第二波女性主義者的思潮與論點，如第一波女性主義瑪麗・沃爾斯考夫特（Wollstonecraft，1759～1797）提出「理性」才是人所應具備的條件〔註44〕、吳爾芙（Virginia Woolf 1882～1941）、〔註45〕第二波婦運的美國自由主義女性主義的蓓蒂・福瑞登（Betty Friedan）〔註46〕、羅素前任夫人，都拉・羅素（Dora Russell）、〔註47〕

〔註41〕周嘉辰，《女人與政治》，臺北市，揚智文化，2003 年，頁 29。

〔註42〕在李元貞文中提到自己參觀美國女權運動的發源地西內卡・佛爾斯（Seneca Falls）的女權歷史紀念公園，以及拜訪 1966 年美國第二波婦運的發難人貝蒂・佛瑞丹（Betty Friedan）創設「全國婦女組織 NOW」（National Organization For Women），進而說「婦女新知想參考『婦女投票聯盟』及『NOW』的各種資料，來擬定凸顯婦女政見而介入選舉的方法與教育婦女選民的途徑」。李元貞，〈訪美歸來談婦運〉，《婦女新知》，第 82 期，1989 年 3 月 1 日，頁 8～9。

〔註43〕顧燕翎節譯，〈美國的婦女研究〉，《婦女新知》，第 18 期，1983 年 8 月 10 日出版，頁 40～41。

〔註44〕李清慧譯，〈瑪麗・沃爾斯考夫特的「女權的辯護」〉，《婦女新知》，第 8 期，1982 年 9 月 10 日出版，頁 21～25。文仲介紹瑪麗・沃爾斯考夫特（Wollstonecraft，1759～1797）的論點主要批判男性文化使女性變得更矯揉造作與柔弱，也批判女性成為人女、為人妻、為人母關係性角色時，便被教以取悅他人而失去自我，所以在瑪麗・沃爾斯考夫特（Wollstonecraft）的論點主要提出女性應該具備理性。

〔註45〕鴻凱譯，〈自我的天地——吳爾芙論女性的發展機會〉，《婦女新知》，第 9 期，1982 年 10 月 10 日出版，頁 18～22。內容討論了吳爾芙（Virginia Woolf 1882～1941）批判女人幾世紀以來，被當做一面反射男人的鏡子，反射出來的男人被放大的形象。文中也引介吳爾夫《自己的房間》一書的內容。

〔註46〕成令方，〈海外婦女報導〉，《婦女新知》，臺北，第 7 期，1982 年，8 月 10 日，頁 8～9。Betty Friedan 於 1963 年出版《女性迷思》（The Feminine Mystique）

以及西蒙波娃等人。〔註48〕以上對於西方女性主義的引介，可以看見在台灣的性別論述上，是受到西方第一波女性主義與第二波女性主義的影響。在議題的討論上以討論母職角色與女性身體的文章居多。〔註49〕討論跨越性別氣質的文章也繁多、〔註50〕男女工作平等權等文章。〔註51〕在《婦女新知》中，討論女性與政治的關係時，則引介了〈約翰・密爾論婦女的附屬地位〉一文，英國的哲學與經濟學家約翰・密爾（John Stuart Mill）（1806～1873）主張女性在政治上，應有投票權，並且作婦女參政團體的代言人。〔註52〕

　　女性主義的派別在1960年代被一般人歸納成自由派女性主義、社會主義派女性主義及激進派女性主義等派別，〔註53〕但七○和八○年代的台灣婦運

一書，且美國1965年成立『全國婦女組織』（National Organization for Women）時的發起人之一。《女性迷思》（The Feminine Mystique）批評家庭制度把女性囚禁在家庭的牢囚中，使婦女在人格和能力上弱化，後來又出版《第二階段》一書中主張找一條可以結合情感與個人解放的中庸之道。

〔註47〕　成令方，〈海外婦女報導〉，《婦女新知》，第9期，1982年10月10日出版，頁28～29。文仲介紹都拉・羅素（Dora Russell）攻擊傳統婚姻，提倡性自由、性解放、避孕、兒童教育以及和平運動。

〔註48〕　安小石，〈拒絕做第二性的女人〉，《婦女新知》，第48期，1986年5月10日出版，頁4～5。文中提到西蒙・波娃積極投入1970年起正式展開的法國婦女解放運動，並公開承認自己曾非法墮胎，也抗議迫害婦女的犯罪行為。

〔註49〕　如在《婦女新知》第1期便有李素秋〈家庭主婦參與活動的難題報導——婦女外出時，孩子怎麼辦？〉，〈未婚媽媽的問題——呼籲立法院注意：墮胎合法化應首列「時間合法化」的條件！〉，黃華〈新母性觀〉，第6期有〈「模範母親」真是現代母親的模範？〉等文章來討論母職。在討論身體的部分，則有〈三吋高跟鞋〉、〈魅力〉等文章。

〔註50〕　如《婦女新知》第2期的愛蘭的〈喜馬拉雅山女子登山隊〉、〈無性嬰兒傳奇〉〈男人看婦女運動〉等文章都是強調生理性別以及性別特質上的跨越。第16期郭美瑾的〈讓男孩子也能織毛衣、女孩子也能踢球〉，老七譯〈親愛的——窈窕淑男〉等。

〔註51〕　如第6期有〈為什麼男女不能公平求職？〉，第16期〈家庭主婦行業觀〉等文章討論女性工作權的問題。

〔註52〕　臨淵摘譯，〈約翰・密爾論婦女的附屬地位（下）〉，《婦女新知》，臺北，第4期，1982年，5月1日，頁28～30。討論女性在政治上應有平等的權利，批判女性在婚姻當中的附屬地位，認為婚姻法是一個有強制力的法規，女人只有依其生活，否則就不要生活，認為女性應該跳脫種種壓制，為自己發言，讓女性有受教育的機會。

〔註53〕　第二波女性主義的派別中，「自由派的女性主義重實際，打定該從法律上的平等地位著手，像教育權的平等、參政權、財產權、工作權……等的法律修正：在選舉上，她們鼓吹婦女選民應該選具有女性意識的候選人，並要婦女積極參與各種社會運動，以喚起各種社會運動者對婦運的注意與正視。」社會主

呈現自由主義的傾向，十分強調爭取公領域內男性政權規範下的男女平等，
而並未挑戰更深層的性別機制，甚至有去性化的傾向，亦即有意忽視女性的
性別處境，而著眼於抽象的社會公平，或在男性社會的正義原則下尋求支援。
〔註 54〕綜上所述，可以看見在女性主義論述中，第二波女性主義思潮是很重
要的參照系。可以看到在新女性主義與《婦女新知》雜誌引介的女性主義理
論，以第二波女性主義中的白人女性主義者的論述爲主，以追求平等的公共
參與、批判傳統性別特質、工作平等權、強調意識覺醒等性別觀點成爲 1970
年代、1980 年代婦運論述場域中的主導性（dominant）女性主義思潮，也可
以視爲這一場域中的論述核心。這些性別論述影響了黨外女性再現論述時，
呈現一種去性別化的政治平等；或刻意強化「女性特質」；婦運場域更以「意
識覺醒」的觀點來批判「代夫出征」女性的象徵性。關於細緻的分析將在第
四章一一討論。而新女性主義的歷史時間點正是西方第二波女性主義發展的
時間點；同時並行的則是 1975 年蓬勃的黨外運動論述發展。台灣婦運正處在
第二波婦運與黨外民主運動的歷史交錯點，這樣的歷史交錯也影響了台灣婦
運的歷史性樣貌。從新女性主義發展經常受到政治干擾，以及呂秀蓮在美麗
島事件入獄而中斷新女性主義論述，可以看見台灣婦運、第二波女性主義與
戰後民主的發展與是息息相關的，也形成台灣婦運與民主運動之間的辯證關
係將在下一節做討論。

第三節　政治民主與性別民主的辯證

　　民主與性別兩者之間長期以來有著複雜的辯證關係，包含民主／性別
的上下位階，或是如何在歷史交錯中結合的議題，而民主與性別的意識型
態也影響參與到民主歷程的政治女性論述。這一節以西方理論作爲參照
時，觀看性別意識與民主意識之間的關係，並看性別與民主運動之間的辯
證關係。

義派的女性主義則強調要全面的改變經濟制度，女性才能眞正解放。激進派
女性主義則強調女性主義文化。黃淑玲主講，方霜整理，〈女性主義的三個主
要派別〉，《婦女新知》，第 79 期，1988 年 12 月 1 日，頁 6〜7。

〔註 54〕梁雙蓮、顧燕翎，〈台灣婦女的政治參與——體制內與體制外的觀察〉，女性
學學會著，劉毓秀主編，《台灣婦女處境白皮書：1995 年》，臺北，時報文化，
1995 年 10 月 1 日，頁 128。

一、陽剛「民主」

在民主論述中對「民主」一詞的討論與呈現，最常將「民主實踐」定義爲「是可以被證成，是因爲它們所提供的利益，特別是因爲它們扮演提供某種共同或公共利益的角色。」〔註55〕，但此公共利益經常被普世化爲男性的。「民主」經常被視爲男性的、公領域的、普世價值的，成爲沒有包含性別意義的陽剛（masculine）性質。因此當女性主義論述以性別視角批判民主，便是對「民主」一詞意義上的擴充，民主與公民普世性因而遭到挑戰，民主不再只是一種性別中立的普世性的價值。〔註56〕此外，民主化過程的陽剛性與去性別，也表現在對性別議題的漠視，以及對政治女性的忽視兩種面向來呈現。漠視性別議題與忽視政治女性的貢獻都是一種性別意識在民主化過程中的缺席與匱乏，所以當「性別」的概念加入到「民主」的概念當中時，是豐富了「民主」的意義。

陽剛民主的民主觀點便是將女性排除在外，許多經典理論將對婦女的排斥作爲基礎。「普遍公民的理念是尤其現代的，它必然有賴於那種認爲所有人都是生而自由平等的，或者說天性就是自由且相互平等的觀念的出現。沒有哪個人天生就是依附於別人的，因此所有人都必定有其作爲公民的公共身份，並以此來維護其自主的法律地位。個人的自由平等等還使得政府只能通過協議或同意來產生。我們都被教導說『個人』是一個普遍範疇，適用於任何一個人或每一個人，但這不是事實。『這個個人』其實是一個男人。」〔註57〕。「公民」形象一直是以男性形象被勾畫出來。去性別化的民主一來無視於性別民主的存在，二來在行動的發展上也會出現「政治民主」優先於「性別民主」的行動困難。在美國六〇年代的「自由之夏」民權運動中，因夏日計畫前往美國南方進行民權解放運動的學生，當時女性解放也在 1964 年至 1967 年間的民權、反戰及學生運動中萌芽。當時民權運動中性別民主與政治民主的不平等的經驗與矛盾越來越彰顯，促使基進女性主義者與新左派男性之間決裂。〔註58〕這一例子便可見民主運動中去性別的民主觀點所造成的行動困難。

〔註55〕Albert Weale 著，謝政達譯，《民主政治》，臺北，韋伯文化出版社，2001 年 9 月，頁 49。

〔註56〕參考 Maro Pantelidou Maloutas, *The Gender of Democracy: Citizenship and gendered subjectivity*, Routledge, 2006, pp.1～p.85.

〔註57〕尚塔爾・墨菲（Chantal Mouffe），王恆・臧佩洪譯，《政治的回歸》，南京：江蘇人民出版社，2001 年 10 月，頁 16。

〔註58〕參見道格・麥亞當（Doug McAdam）著，黃克先譯，《自由之夏》，臺北，群學出版社，2011 年 3 月，頁 251～252。

　　本文在第三章所要處理的黨外運動的民主論述中，「民主」一開始也是沒有包含性別意義在其中。在台灣的「民主」訴求上，五○年代民主政治強調打破一黨專政實行多黨政治與輿論政治，到 1960 年代則追求地方自治與選舉的政治革新，除組黨的民主訴求，也要求多數決的議會與輿論政治。〔註 59〕「民主」的概念包含國家的意志必須來自於民意，一起生活的人有權決定共同的命運與公共事務；在一個民主國家，人民有權更換政府。〔註 60〕在七○年代的政治改革中，「政治訴求不再只是單單對威權統治的抗議，將政治訴求提升到改革政治結構，並以西方的自由民主理念為基礎。」，在台灣的反對運動中追求自由化、民主化，在美麗島事件之前即以自由化民主化作為主要目標，〔註 61〕其特質是資本主義的自由民主追求的自由開放的公共領域。〔註 62〕解嚴後本土立場學者如陳儀深在思考民主概念時，認為在西方民主國家中內部也不是那麼「民主化」，認為民主化就是「台灣化」與「法治化」，「台灣化」意指必須立足台灣；「法治化」意指要破除「強人政治」。〔註 63〕陳儀深所提出的「民主」概念，是立足在國民黨作為外來／強人／威權政權的歷史情境下，對「台灣化」與「法治化」的呼籲。台灣的民主論述中，民主追求的是普世性的政治現代化與政治自由化，主要是以破除國民黨威權體制為核心訴求，性別民主在黨外民主論述中是毫不彰顯。

　　檢視黨外雜誌論述時，可以看見其論述是台灣政治民主發展以西方民主憲政體制為理論基石的一貫脈絡。顧忠華在對自由主義的討論中，認為自由

〔註 59〕李鴻禧，〈雷震之憲法學者像素描〉，收錄於澄社作，《台灣民主自由的曲折歷程：紀念雷震案三十週年學術研討會論文集》，臺北市，自立晚報，1992 年 11 月，頁 4～17。

〔註 60〕劉幸義，〈政治與刑法的關係——由雷震案看幾項有關叛亂罪的問題〉，收錄於澄社作，《台灣民主自由的曲折歷程：紀念雷震案三十週年學術研討會論文集》，臺北市，自立晚報，1992 年 11 月，頁 38～42。

〔註 61〕吳乃德，〈反對事業的第二條陣線——從黨外到民進黨的內部分歧〉，收錄於澄社作，《台灣民主自由的曲折歷程：紀念雷震案三十週年學術研討會論文集》，臺北市，自立晚報，1992 年 11 月，頁 82～106。

〔註 62〕葉啓政，〈政治轉型期中知識份子角色的變與不變講評稿〉，收錄於澄社作，《台灣民主自由的曲折歷程：紀念雷震案三十週年學術研討會論文集》，臺北市，自立晚報，1992 年 11 月，頁 134。

〔註 63〕陳儀深著，〈為什麼要國民黨「黨內民主化」？〉，原刊登於民眾日報二版，1988 年 3 月 28 日。收錄於陳儀深著，《在人間造政治淨土》，臺北縣，稻香出版社，1991 年 7 月，頁 129～130。

主義是「主張每個個人都有天賦的基本權利，包括思想自由、言論自由、信仰自由等，而尊重個人自由意志的精神，落實在政治秩序上，便形成現代的民主選舉制度。」〔註64〕，但這樣的民主概念在學術界多次被討論與反思。在自由主義概念下產生的「普遍公民身份」，已被身份政治論如女性主義與多元文化主義所批判，其全盤公共論述（the public）所涵蘊的「單一的主體身份、單一的語言、單一的政治日程表」無法包含多元民主論述的概念。〔註65〕1986年時，康寧祥、林正杰等正式成立黨外公政會首都分會時，提出「民主時間表」，其時間進程設定爲1987年成立新黨，1988年解嚴行憲，1989年全面改選，1990年總統直選，1991年台海和平〔註66〕，呈現的是以反國民黨威權爲主，但看不見多重民主的「單一的政治日程表」。

二、超越國族的女性議題

　　維吉尼亞·吳爾芙（Virginia Woolf）在1938年出版的《三枚金幣》（the three guineas）〔註67〕提到「作爲一個女人，我沒有國家。」（As a woman, I have no country.）。文中批判父權主義與法西斯主義之間的結盟關係，在國家／父權結合之下，女性被排除在締造戰爭的決定過程之外，但當戰事爆發，國家作爲一個權力機器卻以民族大義之名，號召婦女支持戰爭。維吉尼亞·吳爾芙（Virginia Woolf）在反戰的語境下進行討論女性與政治關係。文中將女性處境視爲同質性、跨越國界的，而忽略了不同邊界、不同語境下，女性參與到政治的差異。相較之下，亞洲女性解放經常置放在國族解放的論述下，女性解放的最終前提是爲了國族解放。因爲在第三世界的民主運動中，可以很明顯地看見婦女運動、國家與民主運動錯綜複雜的關係。任佑卿〈殖民地女性與民族／國家的想像〉一文中，批判上野千鶴子論述「近代的醜小鴨」的女性主義，最終會在民族／國家的框架之中遭遇矛盾的情境這樣的說法，任佑卿

〔註64〕顧忠華，〈民主社會中的個人與社群〉，收錄於石元康等作，《市民社會與民主的反思》，臺北，桂冠出版，1998年，頁27。

〔註65〕錢永祥，〈人民與民主：如何理解民主制度裡的人民〉，收錄於石元康等作，《市民社會與民主的反思》，臺北，桂冠出版，1998年，頁68。

〔註66〕林正杰的「民主時間表」參考楊祖珺，《玫瑰盛開——楊祖珺十五年來時路》，臺北，時報文化，1992年，9月25日初版，頁85，李筱峰，《台灣民主運動四十年》，台北，自立晚報，1988年5月，二版，頁232等書。

〔註67〕參考維吉尼亞·吳爾芙（Virginia Woolf）著，王葳眞譯，《三枚金幣》，臺北，天培出版社，2001年9月。

認爲女性畢竟是個民族主體。〔註 68〕也就是女性主體是性別／國族的多重身份。

在《亞洲婦女的選舉權——性別、國族主義與民主》討論了亞洲女性的公民權與國族解放之間的關係。文中提到女性主義和婦女運動應該超越國家的疆界，因此女性主義和婦女運動的歷史不應該僅侷限在地理或是國家的想像共同體當中。〔註 69〕在討論性別意識的發展時，婦運論述認爲性別議題應超越國家疆界，是一場跨國家的政治行動，其論述是企圖跳脫國族的框架，以性別視角重新展開行動，但是超越國族的性別論述有其論述的危險性，即是將女性視爲單一身份，而非國族／性別交錯的多重主體。

三、女性：解放論述的次要議題

在民主／性別的辯證關係上，性別解放經常被置放在國族／民主解放的大框架下，其中性別／民主的關係也在幾個層次被討論。

（一）性別／民主的上下位階

性別／民主的辯證關係中，從許多歷史文獻中可以發現在威權或是政治高壓的環境下，「政治民主」具有優位性議題的位置，「性別民主」因而被放置在待「政治民主」解決後的次要議題上。此種論述出現的謬誤與悖論，則是在反對論述在反威權大敘述時，此反論述自身又形成了另一種威權的宏大

〔註 68〕 任佑卿〈殖民地女性與民族／國家的想像〉一文中，重新思考上野千鶴子所提出的女性主義與國族主義之間的關係，任佑卿認爲上野千鶴子的看法是有所不足的。上野千鶴子認爲女性主義應該超越國族主義，因爲女性主義與國族主義具有矛盾的關係，任佑卿認爲「即使同意女性主義必須超越國族主義的正當性，它也無法超越民族／國家這一生存的現實基礎。況且如果如上野千鶴子所說，女性主義是『近代的醜小鴨』，而且最終在民族／國家的框架之中遭遇矛盾，那麼可以說想像民族／國家與近代女性——尤其是構成活動的主消費者的知識女性——的認同性（identity）的形成有著密不可分的關係。所謂民族／國家的空間，無論其想像的層面還是現實的層面，都是近代女性認同形成的重要基礎相反，女性無論好惡都要想像著民族／國家，並介入『想像的共同體』的構築過程之中，她畢竟是個民族主體。」任佑卿，〈殖民地女性與民族／國家想像〉，《台灣社會學研究季刊》，第 58 期，2005 年 6 月，頁 4。

〔註 69〕 Louise Edwards and Mina Roces, "Introduction: Orienting the global women's suffrage movement", *Women's Suffrage in Asia: Gender, nationalism and democracy*, edited by Louise Edwards and Mina Roces, RoutledgeCurzon, 2004, pp.29～31.

敘述。如在強調階級解放的左翼論述中，馬克思——列寧主義的論述也提出只要階級問題解決，女性問題也會隨之解決，階級解放會達到性別平等的論述。〔註 70〕從上述可以看見「性別民主」在民主協商過程中成爲附加的議題。另外，柄谷行人在談到日本 1968 年之前的政治運動所重視的是階級鬥爭，性別或是弱勢族群等等問題，被認爲是次要而放在第二線，直到 1968 年之後才將聚焦於巨觀政治和權力之重視，也轉移到微觀政治（micro politics）的領域。〔註 71〕在 1945 年的中國投入共產主義革命的婦女也不爭參政權，認爲主要工作是「反蔣反美反飢餓反內戰的鬥爭」才是首要目標，必須反對支持國民黨反動派的美國帝國主義，廣大的婦女才能眞正獲得解放。〔註 72〕從上述可以看到民主議題儘管是多元的，卻在政治訴求上產生上下位階的關係，也是反對論述自身成爲威權論述的悖論。

　　回到亞洲來看，亞洲在全球不均等權力關係下的被殖民經驗有其歷史的複雜性，女性與民主也有複雜的辯證關係。在民主的議題出現的性別議題，多是將女性解放置放在國族解放的論述下，女性被放置在國家作爲一個主導議題的框架之下，成爲次要議題被討論。在《印尼婦女的選舉權與民主》（Women's suffrage and democracy in Indonesia）一書中，提到印尼的婦女參政權時，認爲女性參政權一直被忽略有許多原因，而直到 1990 年代受到女性主義的影響，所以才關注民主化中的性別議題。主要是因爲國族主義的文化霸權的歷史詮釋之下，性別成爲一個被忽視的議題。直到婦女運動的議題被報導時，性別才被關注。甚至，只有當性別議題與國族主義的運動相關，才會被報導。相對於國家獨立運動，女性對於政治權利的抗爭，較少引起注意。〔註73〕在印尼的歷史發展過程裡，婦女選舉權被標示爲女性主義的議題，但女性主義通常被視爲與西方有所連結，印尼的婦女運動領導者通常將自身與西方

〔註 70〕 Anne Stevens 對馬克思——列寧主義論述中階級解放的優先論述有所批判，參考 Anne Stevens, *Women, Power and Politics*, Palgrave Macmillan, New York, 2007, p.100。

〔註 71〕 柄谷行人，小嵐九八郎訪談紀錄，林暉鈞譯，《柄谷行人談政治》，臺北市，心靈工坊文化，2011 年 7 月，頁 45。

〔註 72〕 張玉法，〈二十世紀前半期中國婦女參政權的演變〉，收錄於呂芳上主編，《無聲之聲（Ⅰ）：近代中國的婦女與國家（1600～1950）》，臺北市，中央研究院近代史研究所出版，2003 年 5 月，頁 42～44。

〔註 73〕 Susan Blackburn, "Women's suffrage and democracy in Indonesia", *Women's Suffrage in Asia: Gender, nationalism and democracy*, edited by Louise Edwards and Mina Roces, RoutledgeCurzon, 2004, p.97.

女性主義保持距離，並將西方女性主義視爲「反男性」與「非國族主義」的。
所以當地的婦女運動所訴求的是將婦女運動與國族運動進行結合，並與男性
的國族主義者並肩作戰，以爭取獨立。因此形成一種有優先順位的合作關係。
〔註 74〕女性議題是一種次要議題，印尼的婦女參政權時，國族主義的文化霸
權的歷史詮釋之下，性別成爲一個被忽視的議題，國族問題才是當時的首要
問題。〔註 75〕

在越南的女性選舉權運動上，在 1945 年越南民主共和國成立時，就曾明
訂，婦女在各領域與男性一律平等。在這樣的憲法之下，婦女就有參政與選
舉權。在泰國部分，因爲泰國接收西方模式的民主，政治現代化的過程也包
含婦女選舉權的擁有，國家組織，官僚體制與資本主義企業，但是這樣的西
方民主模式是忽略歷史脈絡的，西方民主模式是種族主義的、父權式的、中
產階級的。〔註 76〕

張玉法歷史性地指出在婦運發展的歷程中，民主發展與婦運發展經常面
臨何者爲首要議題的問題。在 1920 年代中期，當國民革命軍進行北伐前後，
支持國民革命的人對婦女運動和國民革命運動有兩種分歧的看法。第一種是
認爲「婦女運動必須參加國民革命運動，就是要先脫離帝國主義的政治經濟
的壓迫，然後能達到初步的婦女解放。」。另一種聲音則認爲婦女運動卻沒有
婦女運動的性質，「只有愛國的口號，沒有婦女運動的口號。」。〔註 77〕台灣
地區的婦運，在日本殖民政府統治下，台灣的男女均無參政的機會，當時的
女性參政論述多數人提醒女性，沒有參政權是出於民族不平等，而且是台灣
兩性共有的處境，因此，「呼籲女性應團結抵抗帝國主義的侵略。甚至有論者
認爲婦女在全民族未達解放之前，是絕不能得到徹底的解放，而台灣婦女的

〔註 74〕Susan Blackburn, "Women's suffrage and democracy in Indonesia", *Women's Suffrage in Asia：Gender, nationalism and democracy*, edited by Louise Edwards and Mina Roces, RoutledgeCurzon, 2004, pp.97～98.

〔註 75〕蔡雅祺，《論滿州國的婦女動員（1932～1945）》，臺北市：國史館，2010 年 12 月，頁 2。

〔註 76〕Tamara Loos, "The politics of women's suffrage in Thailand", *Women's Suffrage in Asia：Gender, nationalism and democracy*, edited by Louise Edwards and Mina Roces, RoutledgeCurzon, 2004, p.177.

〔註 77〕張玉法，〈二十世紀前半期中國婦女參政權的演變〉，收錄於呂芳上主編，《無聲之聲（Ｉ）：近代中國的婦女與國家（1600～1950）》，臺北市，中央研究院近代史研究所出版，2003 年 5 月，頁 42～44。

解放運動應努力於政治改革，而非男女同權。」〔註 78〕。上述論述皆從歷史發展上看到女性解放與國族解放之間的辯證與困難。

（二）女性：反殖民的文化象徵

國家解放運動與性別運動之間的關係，提到殖民體制之下的亞洲國家面對西方婦女運動的兩難。當西方婦女運動議題傳入殖民體制的國家時，那當地的婦女運動會落入支持女性解放或是支持民主獨立的兩難，因爲支持女性解放會落入支持殖民體制的弔詭，而女性被視爲國族傳統象徵的承載體，所以爲了反殖民以及尋找傳統的過程，女性被賦予傳統的表徵。〔註 79〕而面臨殖民文化轉折的國家也因爲殖民母國的性別特質的要求，而受殖民國家面臨女性特質的轉變。杜贊奇（Presenjit Duara）在 Sovereignty and Authenticity：Manchukuo and the East Asian Modern 討論滿州國女性時，指出「現代性中的傳統」，在現代化的過程，要求女性視爲東方傳統的典範。〔註 80〕在國族現代化的過程，女性經常被論述爲一個需要被改造的集體，另一方面又將女性符碼化，以女性比喻國族的衰弱。〔註 81〕女性的角色僅僅被視爲文化象徵，以傳統象徵抵抗殖民暴力，女性被視爲是抵抗殖民力量的文化承載體，性別解放在殖民解放的議題下成爲不重要的議題，女性主體也在國族的框架下消失。女性成爲文化象徵亦是民主／國族宏大敘述下的產物。

（三）國族解放式的「性別解放」

在有關於性別解放的論述中，亞洲的歷史情境因爲受到西方殖民力量的介入，面臨複雜的國族問題，其性別論述因此與國族解放有複雜的交錯關係。中國清末的婦女解放論述中，是將女性解放與家庭角色連結在一起，

〔註78〕 轉引自游鑑明，〈台灣地區的婦運〉，收錄於陳三井主編，《近代中國婦女運動史》，臺北市，近代中國出版社，2000 年 12 月 25 日出版，頁 416～417。

〔註79〕 Mina Roces, "Is the suffragist an American colonial construct? Defining 'the Filipino woman' in colonial Pilippines", *Women's Suffrage in Asia: Gender, nationalism and democracy*, edited by Louise Edwards and Mina Roces, RoutledgeCurzon, 2004, pp.29～31.

〔註80〕 蔡雅祺，《論滿州國的婦女動員（1932～1945）》，臺北市：國史館，2010 年 12 月，頁 7。

〔註81〕 柯惠鈴，《性別與政治：近代中國革命運動中的婦女（1900s～1920s）》，國立政治大學歷史研究所博士論文，2004 年 1 月，頁 1～12。

女權（women's right）被視為是附屬以及民權（people's rights）基礎；也就是為建立一個國家，需要先建立一個家庭；如要建立一個公民，必須先打造一個女人。〔註 82〕在國族解放論述之下，身為母職／妻職的女性必須擁有更好的知識與能力，是為了培養出國家的好公民。所以女性是以母親／妻子的私領域角色而被放入解放論述當中。將女性解放放到國族運動的論述，還包含「甲午戰爭後，受西潮影響，維新人士提倡『不纏足』及『興女學』運動，其目的在造就賢妻良母，強國強種，並非著眼於男女平等之追求。」〔註 83〕；Louise Edwards 也指出中國清末民初的婦女解放論述經常是與國族解放論述一起討論，女性解放與平等是與國家強盛息息相關，而且國家的強盛需要婦女在各個領域中的平等參與。中國婦女解放／國族解放的交錯，經常是將婦女解放置放在國族解放之下，婦女解放／國族解放；個人平等／國家強盛交錯成同一條運動路線，國家強盛需要婦女在各個領域中的平等參與，國族主義／女性主義兩股力量有緊密的關係。婦女權利是促進國家強盛的一大原因，而婦女解放議題被放入國家現代化的重要元素之一，所以婦女解放也是民主現代化的其中一環，甚至認為女性因為沒有受教育，沒有進入公共領域，是促成國家不興盛的原因。因此要成為一個先進的（advanced）的國家，必須讓女性具有完全以及平等的政治權利。〔註 84〕近期的學術研究則對性別論述與國族論述的關係進行很多反思，如羅久蓉在〈歷史敘事與文學再現：從一個女間諜之死看近代中國的性別與國族論述〉一文中，提到在中國婦女解放的議題上，是以國族解放論述作為性別解放的前提。整個性別論述是依附在民族解放論述之上的，但是羅久蓉認為這種論述方式已經逐漸受到挑戰，因為國族存亡並非女性生命經驗的全部。〔註 85〕

所以婦女權利是促進國家強盛的一大原因，將婦女解放視為民主現代化的其中一環。韓玲《中國新興婦女組織運動：運動者性別意識啓蒙經驗與組

〔註 82〕 Louise Edwards, *Gender, politics, and democracy: women's suffrage in China*. Stanford University press, Stanford, California, 2008, p.60.

〔註 83〕 梁雙蓮，〈婦女與政治參與〉，《婦女與政治參與》，婦女新知基金會出版部，1989 年，11 月，頁 11。

〔註 84〕 Louise Edwards, *Gender, politics, and democracy: women's suffrage in China*. Stanford University press, Stanford, California, 2008, pp.4～7.

〔註 85〕 羅久蓉，〈歷史敘事與文學再現：從一個女間諜之死看近代中國的性別與國族論述〉，《近代中國婦女史研究》，2003 年，12 月，頁 49。

織策略》指出 1949 年到 1978 年，中國共產黨革命時期以「婦女撐起半邊天」
動員婦女，是爲了一種政治動員而建立起來的論述。〔註 86〕滿州國在戰爭時
期，國族／國家／民主是首要議題時，女性就只是被動員的對象，當青壯年
男性人口大量傷亡，動員婦女來支持戰爭的進行就變成必要的舉動。〔註 87〕
中國相關女性解放論述中，「婦女的解放始終是被看做增強國力、抵禦外侮的
一種戰略步驟。」〔註 88〕。台灣婦運論述也指出性別解放成爲政治動員的問
題，李元貞在檢視性別與國家的關係時，提到婦女運動如何被置放在國家解
放的框架之下來談，「藉由推動婦運，我也思前想後，努力去瞭解婦運在台灣
這塊土地上發展的過程。慢慢地，我瞭解台灣在日據時代就有男女平等的思
潮，日本官方統治台灣後，爲了解放女人的勞動力曾推動『解纏足運動』一
樣，與中國的康有爲和梁啓超在戊戌變法前後推動『不纏足運動』一樣，都
爲了強壯國家，日本人爲了讓更多女工出來爲國工作，康梁爲了中國能『強
國健種』。」〔註 89〕

　　上述研究都看出婦運解放論述經常被置放在國家論述之下。亞洲女性在
殖民現代性與封建思考中的多重困境，女性／國家之間有複雜的關係，女性
解放經常是放置在國家解放、國家邁向現代化的腳步之下來進行的。性別解
放也被視爲是國家現代化必要的進程，如崔末順提及「在台灣，初期有關女
性問題的討論，是從女性的解放開始的，其現代女性論述的主要焦點，乃基
於當時社會缺乏平等意識、自由思想、人權等觀念，以及制度上缺乏保障，
以致在父權威權和貧窮的環境之下，女性不僅無法接受教育，連婚姻自主也
被剝奪」。《台灣民報》中陳英、王敏川、陳昆樹等人所提出的重視女性自覺
的教育，主張廢除男女差別，獎勵自由戀愛和自由婚姻等方案，也在《台灣
民報》中介紹「英國等先進國家擴張女性參政權、各國婦女的政治活動」，從
這一時期的女性議題的提倡，可以看見是以國家邁向西方現代化國家作爲目

〔註 86〕韓玲，《中國新興婦女組織運動：運動者性別意識啓蒙經驗與組織策略》，台
　　　　灣，清華大學社會研究所，碩士，2006 年 7 月，頁 21～22。
〔註 87〕蔡雅祺，《論滿州國的婦女動員（1932～1945）》，臺北市：國史館，2010 年
　　　　12 月，頁 2。
〔註 88〕劉慧英，〈女權／女性主義——重估現代性的基本視角〉，收錄於張頤武主編，
　　　　《現代性中國》，中國開封，河南大學出版社，2005 年 3 月，頁 227。
〔註 89〕李元貞，〈從《憤怒之地》談台灣婦運〉，收錄於游惠貞編，《女性與影像——
　　　　女性電影的多角度閱讀》，臺北市，遠流出版社，黑白屋電影工作室策劃，1994
　　　　年，頁 187。

標，而進行性別議題的提倡。〔註 90〕在討論日治時期女性議題與女性參政的論述中，是以「民主現代化」爲目標，而不是將女性與性別議題視爲獨立的議題。上述論述都指出以往女性解放被置放在民主化、現代性、國族解放的框架之下被討論。另外一種情形便是認爲女性議題是一種次要議題。

四、性別／民主的雙重軸線

第三世界與亞洲國家中，國族解放／婦女解放經常是相互纏繞的雙軸線，女性作爲性別主體與國家主體會遇見國族與婦運之間的緊密關連。中國民國初期（1912～1914）在追求國家現代性時，性別現代性也是重要的訴求。女性必須從母親的身份中跳脫出來，才能與世界潮流接軌，爭取婦女公民權，達到性別現代化／國家現代化的雙軸線才是世界的普世現象，國家現代化的論述使得男性政治人物有所壓力，而必須尋求與國際政治潮流之間的關係。〔註 91〕婦運論述的生產與國家論述的生產，經常是具有策略以及相輔相成。亞洲其他國家如韓國女權運動也是與「抗日獨立的愛國民族運動相輔相成」。〔註 92〕任佑卿在討論韓國女性主義與國族主義的關係時，認爲女性主義不能以超越國族主義爲目的，因爲女性無法超越民族／國家這一生存的現實基礎。女性主義企圖超越父權意識型態的國族主義，但必須要闡明民族／國家想像是如何作用爲女性認同的基礎。因此，女性主義對國族主義的批判，不應該導致反省民族／國家的界限與女性之間密切關係的放棄。同時，強調民族／國家與女性的密切關係，也不應該被誤解爲是對國族主義的無條件服輸。〔註 93〕

楊翠在台灣日治時期研究中指出日治時期的歷史脈絡下，認爲在台灣民族解放與殖民地解放的歷史情境下，婦運解放是與民族解放是緊密相連，在民族解放論述下也有性別參政的解放論述。〔註 94〕在顧燕翎〈台灣婦女運動

〔註 90〕 崔末順，〈封建性與現代性的衝突──日據時期台韓小説中的女性處境〉，《女學學誌》，2007 年 6 月，頁 3。

〔註 91〕 Louise Edwards, *Gender, politics, and democracy: women's suffrage in China.* Stanford University press, Stanford, California, 2008, p.110.

〔註 92〕 呂秀蓮，〈各國婦女地位的演進〉，《新女性主義》，高雄市，敦理出版社，1986 年 2 月 15 日，頁 28。

〔註 93〕 任佑卿，〈殖民地女性與民族／國家想像〉，《台灣社會學研究季刊》，第 58 期，2005 年 6 月，頁 4。

〔註 94〕 楊翠，《日據時期台灣婦女解放運動──以《台灣民報》爲分析場域（1920～1932）》，臺北，時報出版社，1993 年，5 月 15 日。

與女性意識的發展〉談到性別意識與民主運動的關係。在抗戰末期台灣女性意識高漲，台灣本土的婦運，受到民主化運動的影響，在 1925 年到 1927 年之間有些婦運團體成立，1927 年台中的台政改革會和民眾黨的黨綱均有「男女平等」的原則，直到日本當居的高壓手段，隨民主化運動的消失，婦運的論述因此式微。〔註95〕

綜上所述，可以看見性別／民主之間有著種種辯證的過程。其中，當國族／民主議題成為首要議題時，性別解放論述被視為次要議題，甚至亞洲的國族解放更因為牽涉抵殖民的過程，西方女性主義會被視為反國族主義的論述，亞洲女性因而被置放在傳統文化的象徵中。當民主作為一種現代化的過程，「性別民主」沒有成為「民主現代性」的議題之一，或者「性別民主」在國族／民主的發展過程裡是有上／下位階與優先順位的。性別論述、國家解放與民主論述的關係中，可以看到女性參與到民主運動被放置在國家論述之下被動員；女性在民主化的角色與公共參與，並沒有獲得相當的重視；甚至女性在民主化的歷程是被放在母職或是國家興盛的議題下才被提起。第二種論述則是，性別解放論述在亞洲的情境經常被視為是國族論述框架下的一環，女性解放是放置在國族運動的旗幟底下。另外，性別論述的闡述是與國族論述相關的，也就是重視性別解放與國族／民主解放的交錯關係。將性別與國族交錯議題的重要論者戴維斯（Nira Yuval-Davis）在批判 1970 年代、1980 年代的第二波女性主義時，批判內部出現的兩種女性主義／國族主義之間的論述。其中一種聲音是認為女性解放是女性主義運動的首要或是唯一目標（primary／only）；另一股聲音則認為當人民（people）獲得解放前，光談女性解放是無意義的。戴維斯（Nira Yuval-Davis）認為兩種爭論都聽不見對方的對話（a dialogue of the deaf）。西方女性主義者作為文化霸權的集體（hegemonic collectivity），她們的位置被視而不見（invisible），第三世界的女性，則沒有自組成女性主義團體的空間，第三世界的女性必須牽涉入反政府的運動當（anti-government political movements）當中〔註96〕，戴維斯（Nira Yuval-Davis）指出非西方國家性別／國族／解放之間交錯的複雜議題。

〔註95〕顧燕翎主講，暢曉雁摘要整理，〈「婦女問題的探討」系列演講摘要——台灣婦女運動與女性意識的發展〉，《婦女新知》，第 62 期，1987 年 7 月 10 日，頁 1～2。

〔註96〕Nira Yuval-Davis, "Women. Ethnicity and Empowerment: Towards Transversal Politics", *Gender &Nation*, SAGE Publication Ltd, London, 1997, p.117.

　　反觀台灣黨外運動的民主論述中，1975 年大量生產的民主論述，「民主」通常指涉反國民黨體制，黨外女性也被放置在民主論述的意涵中。婦運論述場域則將性別議題視爲與世界潮流接軌，認爲婦女與民主的結合，是一種世界的普世現象，產生「性別民主化」的「民主」意涵。到 1990 年代的歷史時空，「民主」重新被檢視，「民主」有過往的繼承與創新。民主的闡述隨著時空產生改變，「黨外女性」論述在不同場域呈現出不同的性別與政治論述。在民主論述、婦運論述、傳記文本在不同的光譜位置擺放黨外女性，可以在自我闡述、他者闡述中，看見性別／民主的優先順位，也可見「民主」意涵的轉變。台灣民主運動與婦女運動有著錯綜複雜的關係，「黨外女性」論述在性別意識與民主論述的發展有不同意義與轉變。台灣歷史脈絡中，政治民主論述／性別解放論述的歷史時間是交錯，性別意識與民主意識有相互辯證的緊密關連。以下將討論 1975 年到 1986 年台灣婦運與民主運動之間的關係，以及辯證關係下帶出的婦運論述與民主論述兩大場域。

第四節　政治威權下的民主／婦女運動

　　前文提到許多亞洲國家在打造國族主義的同時，性別議題在激烈變革的呼喚中被提至與政治革命彼此糾葛、映照。柯惠鈴論述中國情況時，提到國家在社會改革的同時，會給予女性較自由的空間，打破性別分工，但也塑造出新的處境與新秩序。如中國晚清時期救國與女權意識聯結，政治運動與女權覺醒彼此交會激盪。對於男性革命者而言，階級和性別的統合是沒有衝突的，然而對女性革命者而言，性別身份與政治參與則必須不斷辯析優先順序。〔註 97〕指出了在民主論述與性別論述的糾葛關係。戰後台灣婦運正處在第二波婦運與黨外民主運動的歷史交錯點。這樣的歷史交錯也影響了台灣民主／性別雙重辯證的歷史性樣貌。婦運論述必須與國民黨體制、民主運動之間的關係進行討論，因此文本先耙梳新女性主義推動、婦運發展議程與黨外運動、國民黨體制之間的關係，去看臺灣民主運動、黨國體制、女性運動辯證所產生的特殊性。

〔註 97〕柯惠鈴，《性別與政治：近代中國革命運動中的婦女（1900s～1920s）》，國立政治大學歷史研究所博士論文，2004 年 1 月，頁 1～12。文中將中國革命的婦女分爲「閨秀到女傑」、「改造社會的新女性圖景」、「革命運動婦女」三個部分來討論，分析中國在成爲一個現代國家過程中，女性如何參與其中。

（一）黨國／父權體制：政治與性別的雙重壓迫

　　呂秀蓮在 1971 年展開新女性主義論述，台灣先後受到日本與中國統治的歷史情境使得性別問題面臨中國儒家、日本男性中心文化、國民黨威權等多重交疊的權力關係。呂秀蓮自陳新女性主義的推動期間飽嚐特務苦頭，面對國民黨體制／父權文化使得台灣婦運因政治情境有其歷史特殊性。當七〇年代開始提倡新女性主義時，面臨國民黨特務的監視。成立的咖啡店「招募者之家」的賴性經理為調查局派來臥底，另一位任職於呂秀蓮「招募者出版社」的編輯，奉命要向他們報告每日言行並抹黑新女性形象。國民黨開始干涉與監視婦運工作，「並非因為我已從事政治，而是遠在那之前我致力於社會服務的事。」〔註98〕。從這裡可以看到台灣戰後婦運面臨的歷史特殊性便是國民黨的威權與特務系統。

> 那個時候從事婦女運動的難度，實在不亞於政治運動。當時的政治運動有立即的危險，你愈誇張國民黨的迫害，愈容易得到支持；但是來參加婦女運動的人絕對害怕政治，所以我受到任何壓力時，不但不能聲張出去，反而還要淡化它。國民黨派了很多特務，包括『拓荒者之家』的經理後來都是他們派來的；我知道以後，還不趕聲張出去。〔註99〕

甚至在呂秀蓮被國民黨審問為什麼提倡新女性主義時被要求寫下新女性主義是違反國民黨當局的言論：

> 「妳倡導新女性運動，意在動盪社會，尤其製造國民黨統治階級間夫妻的反目成仇，好便利於台獨活動……」
>
> 高雄事件後我被捕入獄，調查局的偵訊人員曾要我如此「自白」。的確，對於那些滿腦子八股論調的人來說，新女性主義是異端邪說。傳統上，女人應被馴服為賢妻良母，除了家務與育兒，其餘一切皆屬牝雞司晨。然而新女性主義提倡婦女的機會平等和全面參與，它也對男性沙文主義的傳統嚴加抨擊。無怪乎我的信箱裡經常擠滿威

〔註98〕呂秀蓮，1987 年 12 月 10 日，哈佛 AI 組織演講記錄，〈台灣民主化的代價〉，收於《我愛台灣——呂秀蓮海內外演說選》，高雄縣，南冠出版社，1988 年 5 月初版，頁 91〜112。

〔註99〕呂秀蓮口述，韋本、張建隆、陳世宏、黃建仁訪談整理，《走向美麗島：戰後反對意識的萌芽》，新台灣研究文教基金會美麗島事件口述歷史編輯小組，臺北，時報文化，1999 年，頁 107。

脅與猥褻下流的信件，更無怪乎國民黨對我永不停止的加緊監視。〔註100〕

呂秀蓮認為提倡新女性主義是受到國民黨與父權體制的雙重壓迫，國民黨父權體制下，不僅僅禁止民主的聲音，也對婦運進行壓制。所以新女性主義開始的婦女運動，是受到傳統父權與國民黨威權體制的雙重壓力。在〈婦女與台灣民主化〉一文，認為台灣婦女在中國儒家文化的「三從四德」與日本傳統的男尊女卑的雙重遺害，而且提到台灣婦女運動遭到國民黨的汙名與醜化：

> 新女性主義的倡導，不啻跟五千年儒家文化大對抗，其艱難處絕不亞於跟四十年的國民黨戒嚴統治之鬥爭，但所獲支持往往杯水車薪，所受的政治干擾又必須忍氣吞聲──一直到迫不得已。筆者終於一九七八年底經由參加增額中央民意代表選舉而縱身台灣黨外運動，並於翌年因在高雄人權大會做主要演說而銀鐺入獄。美麗島事件於其後兩年在台灣社會形成相當跟深廣的恐懼陰影，新女性主義被刻意醜化扭曲，與我共事的婦女運動者同遭魚池之殃，婦運之聲因告沈寂了兩年。〔註101〕

在1988年年7月的《婦女新知》呂秀蓮也談到七〇年代台灣婦運面臨的政治問題：

> 高雄事件發生於一九七九年十二月十日，事件發生的第三天我成為被捕的第一人，我所從事的婦女運動也受到相當的扭曲和醜化。執政黨所控制的大眾傳播媒體，蓄意醜化新女性主義，甚至有電視記者故意將其解釋為性解放運動。因此有一段時候，新女性主義婦女運動不得不沈寂下來，但是卻引起了世界各地的迴響。〔註102〕

呂秀蓮提到在美麗島事件之前，已經撰寫了「墮胎合法化」與「夫妻財產制」的修訂建議，「因為介入政治，而人在江湖，身不由己起來，既忙得沒時間把兩篇修訂條文譯成中文對外表法，更因此而銀鐺入獄，獄中我幾度要求准許

〔註100〕呂秀蓮，1987年12月10日，哈佛AI組織演講記錄，〈台灣民主化的代價〉，收於《我愛台灣──呂秀蓮海內外演說選》，高雄縣，南冠出版社，1988年5月初版，頁112～113。

〔註101〕呂秀蓮，〈婦女與台灣民主化〉，1987年撰寫，收錄於呂秀蓮主持，《海外看臺灣》，高雄縣，南冠出版社，1988年5月出版，頁223。

〔註102〕呂秀蓮，〈婦女在歷史轉捩點上〉，原載1988年7月《婦女新知》，後收錄於《兩性問題女性觀》，臺北，前衛出版社，1990年初版一刷，頁204。

家屬送入英文稿以便我做中譯，卻礙於『墮胎』一事所引起的謬想，終遭拒絕。」〔註103〕婦運歷程因為民主阻礙而遭中斷，婦運與民主運動都一樣面臨了國民黨威權體制的問題。在蘇慶黎在《台灣年代》的受訪中，也提到新女性主義運動與國民黨威權之間的關係：

> 台：統治者到底對婦解運動是怎樣地一個不高興法？
>
> 徐：其實婦女運動應該是家庭民主運動，如果統治者採愚民政策的話，一定反對這種婦女解放運動，因為這也是一種覺醒，而且是民主運作的一個練習。
>
> 蘇：所以阻礙呂秀蓮是必然的，和男女平等問題無關，而是和民主政治有關。〔註104〕

蘇慶黎則直接將婦運視為民主運動的一環，國民黨壓制民主運動也必然會壓制婦女運動。婦運一開始對抗傳統頑固的父權之外，一方面受到國民黨特務的監視與干擾，可以說台灣婦女運動一開始就具備歷史的特殊性，這個特殊性便在在走向民主歷程中的台灣，受到傳統父權與國民黨威權體制的雙重壓力的問題。范雲、尤美女在談到二十年來的婦運時，提到1970年呂秀蓮帶著女性主義的種子回到台灣。「用自己的力量成立拓荒者出版社與保護妳專線，不過在當時戒嚴的情況下，出版社的活動馬上就被國民黨滲透，後來就關門了。」〔註105〕。都可以看到戰後婦女運動的發展是在面臨黨國威權與父權雙重體制下形成民主、性別與黨國之間的關係。

（二）台灣／女人的雙重性

在台灣歷史特殊性下，民主運動與婦女運動都面臨了國民黨的威權問題，所以呂秀蓮的言論也經常將「台灣」與「女性」進行結合與比喻。在威權體制的時空下，不論是政治民主化或是性別民主化；不論是台灣人或是女人，都有共通的性質與共同要面對的歷史條件；就是面臨了一個共同的敵人

〔註103〕呂秀蓮，〈化做春泥更護花〉，1986年三版序言，《新女性主義》，高雄市，敦理出版社，1986年2月15日，頁4。

〔註104〕蘇慶黎等受訪，〈「新女性主義運動」評估〉，《台灣年代》，1984年3月11日，第6期，頁36。

〔註105〕范雲、尤美女，〈台灣查某出頭天：范雲、尤美女漫談二十年來的婦女運動〉，《左岸文化歷史報》線上閱讀版，http://paper.udn.com/UDN/Subscribe/Papers Page/papers?pname=POL0007（查閱日期2010／11／17）

——國民黨。所以在新女性主義論述中，台灣／女人成為同時受到國民黨壓迫的受害者，台灣／女人兩者互為隱喻，也互為指涉。

呂秀蓮在 1988 年回顧自己的政治參與時，一開始先投入新女性主義的倡導，後又置身台灣民主化的反對運動中，二者同樣對舊傳統與封建獨裁予以口誅筆伐。〔註 106〕呂秀蓮也將自己放在婦運者／政治運動者的雙重位置上。在 1978 年 10 月的「增額國大代表選舉私辦政見會」上，呂秀蓮提到「身為一個女人，我知道當女人本身受到很多社會壓力，<u>但是我永遠願意當一個台灣人，當一個勇敢，敢承擔的台灣女子。</u>」〔註 107〕。呂秀蓮以參與婦女運動與民主運動為自己的雙重身份下定位，這種雙重定位的身份也讓其論述詮釋出臺灣／女性雙重性的論述與觀點。類似的雙重身份定位也在 1980 年 3 月的「美麗島事件軍法大審判」〈我的最後陳述〉裡出現，文中提到自己是八名被告裡，「多年來為使人類二分之一的婦女與另二分之一的男性享受真正平等權利而奮鬥的新女性主義倡導者」，「更是前年遠從美國乘著牙刷主義的逆風回台共赴國難的桃園縣國大代表候選人。想不到為婦女謀福利的心願尚未達成，想不到共赴國難的愚想尚未實現，呂秀蓮竟在一夜之間成為眾目所視，十手十指的叛國份子。難道說『叛國』與『愛國』竟是雙胞胎。」。〔註 108〕都看到民主運動下呂秀蓮對自己身份的雙重定位。

在 1978 年黨外選舉桃園的政見會上，呂秀蓮提到：

<u>我又感受到台灣的女性被壓迫是雙重的</u>，在以男性為中心的社會中，女性是被歧視被侮辱的。同樣的，<u>台灣人的地位，被侮辱的程度也是歷史上，世界罕有的</u>，我真是榮幸也真不幸，出生為台灣的婦女，我內心有很深的憤怒，很深的不平。當初我在提倡婦女運動時，<u>我就深深覺得台灣人的命運與台灣婦女的命運有幾點相似</u>。第一點：咱出生為台灣人之前，咱的父母沒有徵求咱的同意；同樣的，我出生之前我的父母也沒有徵求我的同意，但我出生後我不滿意我生為女人，但也沒辦法否決我是個女人。同樣的道理，咱或許認為

〔註 106〕呂秀蓮，〈為受難做莊嚴告白——「我愛台灣」演講輯序〉，《我愛台灣——呂秀蓮海內外演說選》，高雄縣，南冠出版社，1988 年 5 月初版，頁 1。

〔註 107〕呂秀蓮，〈醮壇面前嘆台灣命運〉，《我愛台灣——呂秀蓮海內外演說選》，高雄縣，南冠出版社，1988 年 5 月初版，頁 14。

〔註 108〕呂秀蓮，1980 年 3 月 28 日，美麗島事件軍法大審判。收於〈我的最後陳述〉，《我愛台灣——呂秀蓮海內外演說選》，高雄縣，南冠出版社，1988 年 5 月初版，頁 72。

　　生爲台灣人不好，或許有人認爲做日本人、美國人較好，但是，咱
　　終究是台灣人，咱所站的地方是台灣的土地，雖然台灣在世界上不
　　過是一個彈丸之地，但是咱畢竟是生存在這個土地，雞就必須愛護
　　咱的鄉土。〔註109〕

台灣／女人在民主化的過程，擁有一樣受壓迫的命運，所以反對運動下臺灣
／女人必須成爲命運共同體，口徑一致對向國民黨。呂秀蓮提到自己參與婦
女運動歷程也可以看到婦運與民主之間的關係：

　　在亞洲推展第一個婦女解放運動。然後，有六年之久，我漸漸接觸
　　台灣的社會，發現台灣人所受的壓迫與婦女所受的壓迫有共同之
　　處：婦人佔人口一半，台灣人佔台灣人口百分之八十多——並不算
　　少數的一群人，爲什麼在歷史上始終受另一群人的壓迫、欺負還不
　　知道該覺醒？基於這種瞭解，我在推展婦女運動期間，一直也在注
　　意該如何喚醒台灣人。〔註110〕

喚醒女性自覺也喚醒台灣人自覺，女性解放目的也是爲了台灣解放，如此才
能達到民主與性別雙重解放的可能。呂秀蓮認爲「干擾越大，我卻越相信這
些不合理應該繼續反對下去——繼續喚醒台灣同胞爲台灣的前途努力，無分
男女。」〔註111〕，女性也必須爲台灣前途而努力，當呂秀蓮提出女性「一手
拿筆桿，一手拿鍋鏟」時，希望女性走出私領域，而呂秀蓮給予女性走出私
領域的正當性就是爲了「台灣的前途努力」。

　　在婦運與政治關係的討論上，呂秀蓮認爲由於政治的因素，「婦運的發展
並不盡如人意」，所以「如果不將婦女運動與政治結合，將很難推展，我因此
從事政治。遺憾的是發生了高雄事件，在獄中，我渡過了一千九百三十三個
苦難的日子」。〔註112〕台灣婦運面臨民主運動與婦女運動之間的複雜性，還可

〔註109〕呂秀蓮，〈風雨故人歸〉，《我愛台灣——呂秀蓮海內外演說選》，高雄縣，南
　　　　冠出版社，1988年5月初版，頁25～26。
〔註110〕呂秀蓮，1986年7月1日，台灣同鄉會暨婦女會演講記錄，〈海內外交流的
　　　　回顧與前瞻〉，收於《我愛台灣——呂秀蓮海內外演說選》，高雄縣，南冠出
　　　　版社，1988年5月初版，頁197。
〔註111〕呂秀蓮，1987年6月7日，德國AI分會全國年會，〈衝破鐵窗，奔向自由〉，
　　　　收於《我愛台灣——呂秀蓮海內外演說選》，高雄縣，南冠出版社，1988年5
　　　　月初版，頁91～93。
〔註112〕呂秀蓮，〈婦女在歷史轉捩點上〉，原載1988年7月《婦女新知》，後收錄於
　　　　《兩性問題女性觀》，臺北，前衛出版社，1990年初版一刷，頁210。

以從 1975 年呂秀蓮剛離開行政院受邀請參加美東夏令會演講，引起身份上的懷疑看出。會中當她提到婦女運動的重要時，聽眾中「有一位婦女馬上站起來，大聲喊說，這是國民黨的走狗、特務，應該將她趕出去！」，「那時陣被看作特務」，「我相信總有一天事實會證明，誰才是真正國民黨的特務，誰才是真正的台灣人。」〔註 113〕，台灣民主運動與婦女運動之間的複雜性，可以看到在民主陣營以反國民黨的名義反新女性主義，在反國民黨威權的視野下其他民主被遮蔽的情境，而呂秀蓮也以台灣人／女人作為自己身份上的雙重定位。

李元貞提到自己參與民主運動的歷程時，1979 年底「美麗島事件」使反對運動受到很大的挫折。李元貞被調查局及學校約談，面對國民黨政治力量對民主運動的抹黑與意識型態的控制，李元貞認為自己日後從事婦女運動，是因為無可宣洩的「憤怒」。真正擁抱心中的憤怒，才是民權運動的動力，當時就因為對政府和社會很憤怒，不甘心被挫折下去，才在 1982 年創辦婦女新知雜誌社，將中斷兩年的婦運嘗試接續下去，為心中的憤怒找到有意義的出口。〔註 114〕李元貞的敘述可以看到台灣婦運的政治特殊性，婦運者面對的是父權社會／政治威權社會的組合，政治力量介入婦女運動，因此推展性別民主也是推動政治民主，對抗父權體制也是對抗政治威權的方式。

綜上所述，都看見新女性主義與婦運論述發展時，台灣問題與女性問題被結合在一起，台灣／女人命運是一致的，所以必須將婦女與政治結合，而以台灣前途為名義，女性也必須加入鬥爭的行列，這也是台灣歷史情境下，新女性主義發展的特殊樣貌，也看到女性解放議題的合理化某一程度是放在民主解放的議題下被討論。

（三）性別與民主的優先順位

在台灣民主問題／女性解放問題雙重並行的歷史條件下，是否產生如前文所提及的，女性解放被視為次要問題，或者女性解放被放在國族解放的大

〔註 113〕呂秀蓮，1986 年 7 月 1 日，美東夏令會演講記錄，〈台灣人權運動的過去與未來〉，收於《我愛台灣──呂秀蓮海內外演說選》，高雄縣，南冠出版社，1988 年 5 月初版，頁 127～128。

〔註 114〕李元貞，〈從《憤怒之地》談台灣婦運〉，收錄於游惠貞編，《女性與影像──女性電影的多角度閱讀》，臺北市，遠流出版社，黑白屋電影工作室策劃，1994年，頁 186。

框架下呢？在戰後黨外追求民主的過程裡，性別民主與政治民主之間的關係如何在此要做一鋪陳。許榮淑創辦的《台灣年代》〔註 115〕週刊討論台灣婦運與黨外運動關係時，認爲「婦女運動是民主運動的一環」，但黨外政團對婦女解放運動缺乏興趣；而當時台灣婦女運動或團體，也怕和黨外沾上關係。〔註 116〕這樣的觀點認爲黨外團體的民主追求與婦運團體的民主訴求沒有形成聚焦的共同點，那麼在台灣特殊的歷史情境下，婦運與民主運動的關係爲何，是否造就了性別與民主優先順位的爭論在此進行討論。在 1970 年代到 1980 年代的相關論述中就出現分歧：

1. 台灣／女人的雙重性

呂秀蓮在 1975 年離開行政院的工作，以自由從事婦女運動的身份來美考察，並且受邀請參加美東夏令會。當時，來推展新女性主義的情況是：

> 現場有一部份的人，對我的出身與背景表示懷疑。尤其當我所講的婦女運動，引起在場鄉親的熱烈的反應後，更讓一部份高喊獨立革命的人感到不安。現場有人起來表示，現階段咱台灣人最重要的問題，就是要如何獨立建國，要如何讓台灣從國民黨的統治之下解放獨立，其餘的事都是多餘的，應該等台灣獨立完成之後，才來進行。當時的我並不贊成那種說法，於是站起來說，我同意政治有其必然的要緊性，但是一些問題，應該與政治問題同時解決。譬如說，咱以台灣人人口的比例來看，二分之一的人口是婦女，假設這二分之一的人口，與男士一樣的覺醒、努力與勇敢。我想咱共同盼望的問題，應該會卡緊得到解決，不是嗎？〔註 117〕

在 1975 年的美東夏令會上，聽眾認爲台灣根本問題是「政治」，在此脈絡下的「政治」意味推翻國民黨的政治民主。獨立建國是首要議題，其他都是次要的，認爲等台灣獨立了，一切自然解決，可以看到海外民主團體對婦女解

〔註 115〕《台灣年代》是許榮淑創辦的《生根》雜誌被禁停刊之後，原班人馬再度在《台灣年代》的旗幟下繼續出刊。參見《台灣年代》雜誌 1984 年 3 月 11 日第 6 期的雜誌封面說明。

〔註 116〕編輯室筆記，〈婦女運動是民主運動的一環〉，《台灣年代》，1984 年 4 月 11 日，第 6 期，頁 1。

〔註 117〕呂秀蓮，1986 年 7 月 1 日，美東夏令會演講記錄，〈台灣人權運動的過去與未來〉，收於《我愛台灣——呂秀蓮海內外演說選》，高雄縣，南冠出版社，1988 年 5 月初版，頁 127～128。

放運動缺乏興趣。台灣問題必須先解決的說法，可以看見當時歷史氛圍中政治民主議題的重要性是優於性別解放的，在反獨裁運動當中女性議題被忽略。對此呂秀蓮提出若擴大女性政治參與，會加速政治民主化的過程。新女性主義運動受到質疑時，呂秀蓮以「民主」作為大框架將女性納入民主化過程，並策略性地推展女性解放與政治參與，認為兩者必須同時解決。「在台灣人運動中，婦女有權利也有義務參與。新女性主義在喚醒婦女的覺醒，婦女覺醒後可以使運動加速進行。如果婦女不覺醒，兩性不平等，台灣即使獨立，婦女仍然被壓迫，難道那時候再來第二次革命不成？」〔註118〕呂秀蓮將政治民主／性別民主視為相輔相成的雙重民主運動。

　　呂秀蓮一直強調台灣／女人雙重議題並置的重要。也藉著西方民權／女權的位階關係作為警惕。在第二波婦運中民權與女權議題具有上／下位階的關係，1840 年到 1920 年與 1960 年迄今的兩次民權運動中，黑人民權優先於婦女權益。在第一波運動中時，婦女被拒絕在倫敦召開的全世界反奴隸大會與在費城成立的全美反奴隸組織。第二波的女性黑人民權運動者，女性經常擔任煮咖啡，貼郵票等被性別化的角色。另外，美國聯邦政府為種族的就業歧視設立「平等就業委員會」，女性受歧視情形遭拒絕併案考慮。在西方民權運動中，種族平等、國家利益等冠冕堂皇的議題具有優先位置時，兩性平等意義成為次要的。呂秀蓮認為人權的爭取是以男人為主體時，其爭取的結果只歸男人所享有；當人權的爭取以黑人為主體時，自然只有黑人受益。因此女人必須以自身為主體去爭取權益，台灣人運動與政治民主化運動中，「推展政治目標的同時，也把同性同胞的福祉一併提攜」，因為「女人是命運共同體」，認為民主鬥士期許的男士不應將台灣人運動視為「冠冕堂皇」的唯一議題。〔註119〕

　　為了讓台灣／女性雙重問題共同解決，呂秀蓮提出性別解放有助於民主解放，「一次革命論」才能達到真正的民主的論述。呂秀蓮的論述出現兩種層次的討論，第一種是將民主與性別結合，婦女解放也面臨了政治民主的問題，政治民主需要婦女參與，因此民主／性別問題必須一次革命。假使民主政治

〔註118〕呂秀蓮，〈婦女與台灣民主化〉，1987 年撰寫，收錄於呂秀蓮主持，《海外看臺灣》，高雄縣，南冠出版社，1988 年 5 月出版，頁 228。
〔註119〕呂秀蓮，〈婦女與台灣民主化〉，1987 年撰寫，收錄於呂秀蓮主持，《海外看臺灣》，高雄縣，南冠出版社，1988 年 5 月出版，頁 229～230。

忽略了女性意識的話，民主、自由、人權將屬於男性，必須使「民主平等、兩性平權的目標，能夠一舉完成。」〔註120〕；第二層次是說服民主運動人士想追求民主解放，也必須讓女性投入為台灣前途努力的行列，「在台灣人運動中，婦女有權利也有義務參與」，「干擾越大，我卻越相信這些不合理應該繼續反對下去——繼續喚醒台灣同胞為台灣的前途努力，無分男女。」〔註121〕，也就是以「台灣民主」為前提，提出女性解放對政治民主的意義。在行動上1988 年自北美洲各地在全美會年會籌組婦女組織，呂秀蓮認為這必須是不附屬於任何團體的獨立自主的全國性組織，於 1988 年 3 月 13 日成立北美洲台灣婦女會（NATWA），提出女性參與公共決策；開創台灣人權民主雙重議題，來展開海外台灣人／女人運動。〔註122〕將婦女解放視為有利於民主政治的論述，如同陳來紅論述女性參與政治的風潮可為台灣民主運動帶來可觀的進展。台灣女性在家庭之內仍擁有相當的影響支配力，這種傳統保守的支配力量，往往是阻礙民主進步的隱形屏障。〔註123〕，其論述也是以民主為大框架，策略地論述女性解放有助於民主解放，以批判民主運動的不足與迷思。上述可以看見台灣女性運動具有的台灣／女人的雙重性，但是第三波民主之下的台灣民主浪潮，台灣民主／性別民主結合逐漸成形，但台灣／性別民主出現的論述分歧與策略頗多，下文將進行闡述。

2. 民主議題的優位性

在新女性主義一開始產生時，1974 年由幼獅出版《新女性主義》將女性解放放在國家富強的框架下，認為台灣女性是能富厚國家，建設社會的「人力資源」，要「彌補日趨嚴重的教育浪費，心存挽救偌大的女性人才損失，因而呼籲社會各界善待女才，鼓勵婦女同胞發揮所長，貢獻所學。」〔註124〕。

〔註120〕 呂秀蓮主講，方宜整理，〈婦女在歷史轉捩點上——細數拓荒腳步‧展望婦運前程〉，《婦女新知》，第 74 期，1988 年 7 月 10 日，頁 10。

〔註121〕 呂秀蓮，1987 年 6 月 7 日，德國 AI 分會全國年會，〈衝破鐵窗，奔向自由〉，收於《我愛台灣——呂秀蓮海內外演說選》，高雄縣，南冠出版社，1988 年 5 月初版，頁 91～93。

〔註122〕 《自覺與認同——1950～1990 年海外台灣人運動專輯》，臺北，財團法人吳三連台灣史料基金會，2005 年 6 月，頁 34。

〔註123〕 陳來紅，〈創造台灣歷史的女人——談《旋乾轉坤的台灣女性》〉，收錄於游惠貞編，《女性與影像——女性電影的多角度閱讀》，臺北市，遠流出版社，黑白屋電影工作室策劃，1994 年，頁 230～231。

〔註124〕 呂秀蓮，〈台灣需不需要婦女運動？〉，《新女性主義》，高雄市，敦理出版社，1986 年 2 月 15 日，頁 60。

女性走出家庭進入勞動場域，才符合經驗法則，「特別是女性知識份子，當她被造就成爲一種專門人才時，若仍要她以相夫教子爲生活的唯一功能，不啻在暴殄天物，尤其違背了經濟法則。」〔註125〕。「國家富強」成爲女性解放的正當性前提，新女性主義論述開始發展的時候，必須以國家發展、民主進程的大框架來涵蓋女性主義論述。此外，新女性主義論述面臨的不僅是父權體制；而是黨國威權體制與父權體制的雙重結合，所以面臨了台灣重要抑或女人重要；民主優先還是性別優先的問題，新女性主義論述的展開，也出現性別解放是爲了打造新國家，女性作爲國族／民主／解放下的次要議題。

　　將民主議題優先於性別議題的，更多出現在黨外人士的論述當中。《台灣年代》曾提出「婦女運動是民主運動的一環」，認爲黨外政團對婦女解放運動缺乏興趣；而當時台灣婦女運動或團體，也怕和黨外沾上關係，是民主發展上的一大問題，指出政治民主／性別民主運動分叉的運動路線。曾代表黨外參政的許榮淑在參與「第一屆愛蘿娜‧羅斯福夫人世界婦女政治領袖會議」〔註126〕中，提出台灣雖是一個歧視女性的社會，但卻認爲民主議題優先於性別議題。許榮淑談台灣辦雜誌的經驗，提到「台灣在國民黨政權統治之下，已經戒嚴了四十多年，因此，在台灣，一定要先爭取人權，然後才能談到爭取女權。」，在政治不民主的情境，當時興辦雜誌被警總沒收的艱難，使得民主論述是以爭取言論自由與人權爲主。〔註127〕在政治高壓下，參與黨外政治的論述皆是將民主解放放在婦女解放之上。

　　即使一直將台灣／女人並置的呂秀蓮也在不同場合與不同時期出現了民主優先於性別的論述。尤其在黨外場域的論述中，台灣的位置會大於女性的位置。在 1985 年的《生根》週刊〈當我們被迫受難時〉一文中，呂秀蓮回顧1978 年幫回台探親的波士頓朋友看家；當時大量閱讀台灣歷史，這時「從一個社會工作者變成政治工作者，從女性問題的探討走向台灣問題的思考」，意識到國民黨的政治高壓與意識型態的操縱，因此在自己的政治關懷上從女性轉向台灣。認爲自己推動新女性主義，「嫉惡如仇，口快心直的個性，是絕對

〔註125〕呂秀蓮，〈台灣需不需要婦女運動？〉，《新女性主義》，高雄市，敦理出版社，1986 年 2 月 15 日，頁 79。

〔註126〕「第一屆愛蘿娜‧羅斯福夫人世界婦女政治領袖會議」中，包括四十多個國家、七十多名婦女領袖參加，她們包括來自世界各國的政治領袖、政要與國會級的民意代表婦女領袖代表。

〔註127〕吳自然，〈許榮淑參加世界婦女政治領袖會議〉，《九十年代週刊》，頁 54。

難爲政治生涯所容受的，而我居然經過七年的推展新女性主義徘徊之後，終於還是決定躍將進去，而且一躍便躍進荊棘滿佈、危機四伏的黨外政治圈中去。」，「作爲一個土生土長的台灣人」，「意識到它過去的坎坷命運，以及未來的憂患重重時，我終於忍俊不住，違反自己心意地把自己豁了出去，獻給了它。」〔註128〕。從徘徊在新女性主義轉向黨外政治圈，是因爲台灣意識的覺醒。

　　前文提到，呂秀蓮將台灣／女性兩者並置的，而且女性解放也有助於「台灣人運動」的發展，但是呂秀蓮在黨外場域的論述中，則是從新女性主義轉向黨外政治圈，認爲當時的歷史情境下，女性問題面臨的依然是國民黨威權的問題。從民主與性別兩種歷史、論述交錯與文化霸權的辯證，可以看見台灣婦運發展的同時，因爲民主問題／女性問題的擺盪，使得婦運面臨黨國父權體制時，出現該先解決民主問題抑或女性問題的難處，這種辯證關係也在台灣關於民主的論述場域帶出民主論述與性別論述兩大場域。這兩大場域也各自產生出不同的支配性、主導性（dominant）的民主議題，從而影響黨外女性論述的生產，並將黨外女性放置到民主意涵的位置或是性別意涵的位置。

3. 性別意識的民主批判

　　在台灣政治民主／性別民主的論述中，前文的討論看出論述中出現台灣／女性上下位階、兩者並置、亦或是民主爲主／性別爲輔的民主框架等三個視角，這一部份要提出的則是性別觀點的「民主」批判，性別意識的民主批判多出現在參與婦運的人士對民主運動的反思。

　　成立《婦女新知》的李元貞具備談婦運／民主運動的雙重角色時，作爲一個婦運者，除了對抗女性壓迫，也對勞工、原住民、殘障各種弱勢人權支持，也「絕對反抗政治的獨裁專制」，但在台灣七〇年代和八〇年代政治的反抗運動中，李元貞從事婦運常遭受政治進步份子以「政治問題是核心問題，婦女問題是枝微末節。」奚落。李元貞認爲政治民主化會拓展婦運的空間，卻政治民主化若未含婦運觀點在其中，男女仍然會不平等，認爲民主／性別必須「齊頭並進」。在九〇年代之前，李元貞支持的政治於社會反對運動中看

〔註128〕呂秀蓮，〈當我們被迫受難時〉，《生根週刊》，復刊第 3 期，頁 1985 年 4 月 6 日，頁 32～33。

見性別歧視，但在政治高壓為了避免讓國民黨落井下石而必須隱忍，「只在私下批評，未曾公開指責。在九○年代的今天，反對運動已經有了一定的社會基礎，我對反對運動中的性別歧視一定會大加撻伐。」，「台灣所謂進步的男性中有不少如同美國進步男性一樣充滿性別歧視的心態。」〔註 129〕，在政治高壓鬆動，反國民黨威權不再是唯一民主議題時，內部的問題才能提出批判。呂秀蓮也批判「黨外人士裡頭，許多頭角崢嶸的女性，在伴同黨外男士從事抗爭活動時，她們往往要兼顧魚與熊掌，替她們的夫婿料理外公私事宜。夫婿坐牢去了，她們才得以挺身而出，獨力發展。當然，其中也不乏單身的女鬥士，可是她們在標榜自由、平等、人權的黨外陣容中，往往感受到來自男性同志的性別歧視。」因此召開的「黨外婦女聯誼會」，指陳言行一致反對運動者應具備的兩性平等意識。〔註 130〕李元貞與呂秀蓮的論述都批判黨外運動內部的性別歧視。

　　以性別視角對於民主運動的批判，多出現在九○年代的學者論述當中。陳來紅批判從事民主運動的男士需要有積極的自覺和解放行動，台灣民主男性必須從性別意識型態解放為優先民主。〔註 131〕游惠貞國內外的民權運動，女性的聲音被淹沒、形象被扭曲、行為思想被制約，社會資源主要掌握在男性手中，成就也大都歸功於男性，美國直到六、七○代美國社會運動風湧時才受到比較廣泛的質疑與挑戰。在反對運動陣營裡的男同志竟能一面高喊反種族歧視的口號，一面剝奪女性參與決策的權利，認定女性最適合的工作是畫海報和送茶水。〔註 132〕李元貞回顧自己投身台灣婦運歷程，1976 年自美返國後，台灣的反對運動政要風起雲湧，一方面參與《夏潮雜誌》的寫稿和淡江校園中的民歌及鄉土文學運動，也關心著民主政治的發展及參加呂秀蓮的「新女性運動」，當時無論哪一派的進步男性，都對呂秀蓮的「新女性運

〔註 129〕李元貞，〈從《憤怒之地》談台灣婦運〉，收錄於游惠貞編，《女性與影像——女性電影的多角度閱讀》，臺北市，遠流出版社，黑白屋電影工作室策劃，1994年，頁 190～191。

〔註 130〕呂秀蓮，〈政治廚房中的黨外女性〉，原載於 1986 年元月號《八十年代》，後收錄於《兩性問題女性觀》，臺北，前衛出版社，1990 年初版一刷，頁 185。

〔註 131〕陳來紅，〈創造台灣歷史的女人——談《旋乾轉坤的台灣女性》〉，收錄於游惠貞編，《女性與影像——女性電影的多角度閱讀》，臺北市，遠流出版社，黑白屋電影工作室策劃，1994 年，頁 230～231。

〔註 132〕游惠貞，〈前言〉，《女性與影像——女性電影的多角度閱讀》，游惠貞編，臺北市，遠流出版社，黑白屋電影工作室策劃，1994 年，頁 12～13。

動」輕視和不以爲然。婦運者被視爲已有社會位置的女性知識份子要得太多，「新女性運動」被譏爲「少奶奶運動」。〔註133〕此外，《騷動》雜誌在1996年的專題討論女人／國家之間的關係。邱貴芬反思國家問題不僅是一個意識型態，而且是一個日常生活的議題。國族議題不應稀釋其他民主議題。台灣民主運動的父權性格需要被檢視，爲台灣民主奮鬥的男人其性別意識極其低落，他們的妻兒被迫接受他們的政治抗爭所帶來的憂心孤單的日子，卻未受到重視。〔註134〕

　　上述論述，都可以看到在九〇年代的時空中，許多論述重新檢視七〇、八〇年代黨外運動中的父權性格，一來因爲政治高壓鬆動，反國民黨威權不再是唯一的民主議題，二來也看到「政治民主」的發展不足以含括「性別民主」的推動，因此以性別意識重新批判「民主」的意涵。上述諸種性別／民主的辯證關係，可以看見台灣女性在民主運動的歷程中，性別／民主議題的複雜交錯。

第五節　黨外女性的政治行動

　　本文將從黨外雜誌、婦運論述、政治自傳探討政治女性再現論述中的

〔註133〕李元貞，〈從《憤怒之地》談台灣婦運〉，收錄於游惠貞編，《女性與影像——女性電影的多角度閱讀》，臺北市，遠流出版社，黑白屋電影工作室策劃，1994年，頁186。

〔註134〕邱貴芬認爲國家問題不僅僅是一個意識型態的問題，因爲「對一般婦女而言，中共的威脅馬上就反應在『無米可炊』的威脅上。」「先不管日後政府公佈的所謂經濟黃阿藍阿燈、什麼外銷訂單大幅減少、資金成億外流等所引發的問題，開門柴米油鹽醬醋茶，到超級市場就然買不到米！這眞的『茲事體大』！在這種情況下，你還告訴我，國家定位是『意識型態之爭』？打死我都不相信！」所以邱貴芬認爲「國家定位是這麼樣活生生的，擺在眼前的吃飯問題。」邱貴芬從性別問題看到國家對女性的重要性，所以不應該讓「國家認同議題吸納太多資源」。因爲國族議題也是一個日常生活的議題，但是不應該讓國族議題成爲一種稀釋其他民主議題的方式。提到政黨的父權性格以及台灣民主運動時，邱貴芬提到許多這些爲台灣民主奮鬥的男人，其性別意識極其低落，他們的妻兒被迫接受他們的政治抗爭所帶來的憂心孤單的日子，「愈是跟了一個選擇不認命的男人，女人愈是只能被迫認命」，「她們絕少出於自由意願走上這樣的一條人生道路。」邱貴芬，〈沒有「要不要國家」，只有「我們要什麼樣國家」的問題〉，《騷動季刊》，臺北市，財團法人婦女新知基金會，1996年10月，頁76。

性別／民主意涵，因此在這一節將從大量被再現的政治女性先進行鋪陳，
把梳她們在台灣民主運動中參與的身影以及在大歷史脈絡下的位置。從國
民黨來台之後，在台灣實行三十八年七個月又五天的戒嚴體制，1947 年到
1987 年的戒嚴制度之下，實行報禁、黨禁、限制言論、限制結社活動等，
台灣的民主運動也因此未能順利進展。台灣反對運動從 1950 年代雷震《自
由中國》雜誌以及「中國民主黨」的籌畫，可以說是戰後民主運動的開端；
1960 年《文星》雜誌成立，在文化層次上產生抵抗的聲音；1971 年《大學
雜誌》成立、1975 年《台灣政論》、1979 年《美麗島》雜誌成立，展開蓬
勃的黨外運動。1977 年中壢事件爆發、1979 年美麗島事件、1980 年林宅血
案，都是 1987 年解嚴前促使民主運動成熟的歷史條件。在黨外運動裡，黨
外女性如何以政治行動參與其中，在此先進行歷史性的陳述，把梳黨外女
性在民主化運動中的政治參與。在後文將再討論她們的歷史行動如何在不
同的場域被不同的論述與再現，從中看到黨外女性論述背後的歷史語境與
性別意識的發展。

一、美麗島事件之前

從台灣民主發展來看，黨外女性的政治參與的身影可以從 1950 年被稱為
「五龍一鳳」中的許世賢就可以看到反對陣營中的女性身影。許世賢（1908
～1983）在 1954 年的臨時省議會首次普選中當選，並四度連任議員。在 1957
年的地方選舉，與臺北市郭國基、宜蘭縣郭雨新、台南縣吳三連、雲林縣李
萬居、高雄市李源棧等無黨籍人士當選省議員，被稱為「省議會五虎將」與
「五龍一鳳」。〔註135〕

1960 年代，民主化運動主要以雷震的《自由中國》為主，雷震也聯合本
省地方菁英如李萬居、郭雨新、吳三連、高玉樹等籌組「中國民主黨」，此時
的海內外民主訴求主要抗議修正臨時條款解除憲法對總統連任的限制。後來
黨外勢力實力人物如余登發、許世賢、黃玉嬌等皆是當時中國民主黨組黨運
動的主要參與者。余登發、許世賢原為中國國民黨員，後皆脫離成為反對國
民黨的黨外主要人物，許世賢於 1960 年四月第二屆省議員選舉時，以「中國

〔註135〕張富忠、邱萬興編著，《綠色年代：台灣民主運動 25 年 1975～2000》，臺北，
財團法人綠色旅行文教基金會，2005 年 10 月 12 日出版，頁 20。

民主黨」名義參選，獲得當選（黃玉嬌亦以『中國民主黨』參選，但未獲當選）。可是國民黨政府在九月間以強力鎮壓中國民主黨，民主化運動自此轉爲「非法」。〔註136〕，1968 年許世賢當選爲嘉義市市長，成爲首位女性市長，1967 年選上嘉義市長，成爲台灣第一位女市長。

在 1970 年代，黨外女性的政治參與就包括遊行、撰寫或發行黨外雜誌、公開演講、參與選舉等政治行動。其中，1972 年呂秀蓮、陳菊、蘇慶黎及施叔青被國民黨稱爲「台灣四大女寇」〔註137〕，之後活躍於黨外陣營的陳婉眞也被視爲女寇之一。曾心儀則長期以「黨外義工」的態度參與遊行、發傳單等工作，陳菊也在此時展開黨外串連與國際團體的聯繫。

1969 年開始，就讀世界新聞專科學校的陳菊開始擔任議員郭雨新秘書，展開黨外民主運動與人權工作，並積極串連校園。陳菊在黨外運動的角色更因爲擔任黨外元老郭雨新秘書，而在 1970 年代初期扮演著黨外的老中青三代的接合劑。在參選與政治行動上，1975 年 12 月中央民意代表選舉，宜蘭縣民主老將郭雨新的競選團隊，就匯集了往後二十年民主運動的中間幹部，諸如姚嘉文、林義雄、張俊宏、陳菊、遊錫堃、邱義仁、吳乃人、范巽綠、田秋堇、林正杰等人都參與其中。1977、1978 年中，雷震先生、齊世英先生、郭雨新先生，以及新生代黨外的人士都是透過陳菊等人在聯繫〔註138〕。1975 年創刊的《台灣政論》被停刊後，黨外活動失去一個據點，陳菊工作的政大公企中心的圖書館就變成一個新的據點。田秋堇提到郭雨新有很多人脈都是靠陳菊出去外面跑的，將當時的新生代像邱義仁、吳乃德、林正杰和蕭裕珍等人聚集在一起。〔註139〕林正杰也提到他透過陳菊在當圖書館管理員時，閱讀了《台灣政論》，《文星》叢書等。「陳菊是當時黨外運動的『秘書長』，事實上她就是大家共同的介面，一個人肩負起黨外全部的秘書性工作。她帶我去

〔註136〕梁雙蓮、朱浤源，〈從溫室到自立——台灣女性省議員當選因素初探（1951～1989）〉，《近代中國婦女史研究》，中央研究院近代史，第 1 期，1993 年 6 月，頁 110。

〔註137〕報導中的「台灣四大女寇」有兩種說法，一來是指呂秀蓮、陳菊、蘇慶黎及陳婉眞，亦有報導將施叔青視爲「台灣四大女寇」之一。

〔註138〕薛化元主編，李永熾監修，台灣史料編輯小組編輯，《台灣歷史年表：終戰篇（1979～1988）》，臺北市，國家政策出版，1991 年 7 月，頁 18。

〔註139〕田秋堇口述，陳世宏、林瓊華訪問整理，《走向美麗島：戰後反對意識的萌芽》，新台灣研究文教基金會美麗島事件口述歷史編輯小組，臺北，時報文化，1999 年，頁 163～164。

認識老康（康寧祥）、郭雨新、張俊宏；也介紹我認識司馬文武。這樣結了緣分，所以我就開始搞運動。」〔註140〕。

　　1977 年，五項公職選舉後，黨外逐漸形成一個政團的趨勢。蘇洪月嬌、余陳月瑛等人都參與此次選舉。同年，爆發震撼海內外的中壢事件。〔註141〕陳菊在「中壢事件」後，也透過國外協助，把雷震先生的回憶錄拿到香港出版，並將政治犯名單透過管道送到國外〔註142〕，為此 1978 年陳菊被列入警備總部追捕名單，便衣和管區員警便以「戶口檢查」為名，進入陳菊的住所中，搜走了一些陳菊的私人文件與書報，並逮捕陳菊，不久又被釋放。

　　1979 年 1 月發生余登發事件，余登發父子被抓去，許信良、張俊宏、姚嘉文、蘇慶黎、曾心儀、陳菊、陳婉真以遊行表達不滿，發生了橋頭示威運動。作家楊青矗描述橋頭事件時，形容陳菊與陳婉真一人一邊拉著「堅決反對政治迫害」的橫幅布幕走在前面，後面曾心儀與胡萬振舉著竹竿高高豎起「立刻釋放余登發父子」布幕的場景。〔註143〕，「從戒嚴時代以來的第一次示威活動，民國六十八年一月二十二日高雄縣余登發被羅織匪諜罪名，數十名黨外人士齊集高雄縣橋頭鄉，步行抗議當局逮捕余氏父子，沿街散發傳單。在第一線，持著『堅決反對政治迫害』布條的陳菊及陳婉真、曾心儀昂首挺胸、義無反顧。女性站在第一線義無反顧，在民國七十五年九月林正杰街頭狂飆如此，民國七十五年十一月許信良闖關回台如此；甚至在『激烈派』的台灣獨立建國主張中，一大群男人吼叫，卻也只見到『台建組織』的陳婉真勇敢站在法律邊緣、站在第一線執行丟燃燒彈的『革命』行為。」〔註144〕

　　1977 年五項公職選舉之後，展開黨外的串聯以及省議會內問政的熱潮，1978 年呂秀蓮、姚嘉文、陳鼓應、張德銘、陳婉真、王拓、黃煌雄等人都投

〔註140〕林正杰口述，韋本、陳世宏、楊雅玲、林瓊華等人訪問，《走向美麗島：戰後反對意識的萌芽》，新台灣研究文教基金會美麗島事件口述歷史編輯小組，臺北，時報文化，1999 年，頁 153。

〔註141〕參考陳水源著，《台灣歷史的軌跡》，台中市，晨星出版有限公司，2000 年 12 月 30 日，頁 711。

〔註142〕陳菊，〈選舉假期結束〉，《沒有黨名的黨：美麗島政團的發展》，新台灣研究文教基金會美麗島事件口述歷史編輯小組總策劃，臺北，時報文化，1999 年出版，頁 51。

〔註143〕楊青矗，《美麗島進行曲：第一部 衝破戒嚴》，臺北，敦理出版社，2009 年 7 月 31 日出版，頁 40。

〔註144〕楊祖珺，《玫瑰盛開──楊祖珺十五年來時路》，臺北，時報文化，1992 年，9 月 25 日初版，頁 337。

入參選。呂秀蓮以民主餐會的方式籌募競選活動。其中陳婉眞 1978 年元月從美國採訪回來，六月就辭掉了中國時報記者的工作，當時臺北市有一席女性保障名額，國民黨原本提名「明星花露水」的老闆娘周文磯，陳婉眞不滿婦女保障名額只有國民黨一個人出來選，決定就拼那個名額，於是找台大教授陳鼓應組織聯合競選團隊出來參選，一個選立委，一個選國代〔註 145〕。但是 1978 年 12 月 16 日，美國總統卡特宣佈中美建交的消息，選舉到了半途因爲美國和中國建交而中斷。參與此次的黨外國大代表候選人的呂秀蓮提到此次選舉時說到，「當時在台灣進行得如火如荼的中央民意代表競選，偏偏國民黨以國家面臨重大危險爲理由，下令終止。」〔註 146〕，「選舉被取消後，黨外與國民黨當局之間引起一連串的對抗和衝突，而以高雄事件爲極致。」〔註 147〕

選舉中斷後，陳婉眞於 1979 年 7 月赴美；因爲《潮流》被禁以及相關人士陳博文、楊裕榮被逮捕。八月陳婉眞在北美事務協調委員會紐約辦事處門口進行絕食抗議，要求政府釋放因涉及印發《潮流》而被逮捕的陳博文、楊裕榮而於海外流亡十年。〔註 148〕同年呂秀蓮與張春男等黨外民意代表候選人在台中遊行，警方以三輛大型遊覽車載滿攜帶鎮暴裝備的員警陪同，並以消防車向聚集群眾噴水。〔註 149〕同年十一月，呂秀蓮、姚嘉文等人舉辦「美麗島之夜」，並爲吳哲朗舉辦坐監惜別會。

〔註 145〕陳婉眞「一九七八年元月回國後，參選「動機很簡單，因爲臺北市有一席女性保障名額，國民黨原本提名周文磯，「明星花露水」的老闆娘，她可能打算隨便選選，連任就算了。我認爲婦女保障名額只有國民黨一個人出來選，這無理阿，我想我就拼那個名額好了。與張俊宏等人花了一番工夫說服了陳鼓應，兩個就聯合參選。」陳婉眞，〈未竟的選戰〉，《沒有黨名的黨：美麗島政團的發展》，新台灣研究文教基金會美麗島事件口述歷史編輯小組總策劃，臺北，時報文化，1999 年出版，頁 85。

〔註 146〕呂秀蓮，1986 年 6 月 7 日，AI 美國分會全國年演講記錄，〈與您共用希望〉，《我愛台灣——呂秀蓮海內外演說選》，高雄縣，南冠出版社，1988 年 5 月初版，頁 79。

〔註 147〕呂秀蓮，1986 年 6 月 7 日，AI 美國分會全國年演講記錄，〈與您共用希望〉，《我愛台灣——呂秀蓮海內外演說選》，高雄縣，南冠出版社，1988 年 5 月初版，頁 79。

〔註 148〕陳婉眞，〈未竟的選戰〉，《沒有黨名的黨：美麗島政團的發展》，新台灣研究文教基金會美麗島事件口述歷史編輯小組總策劃，臺北，時報文化，1999 年出版，頁 85。

〔註 149〕陳菊，〈選舉假期結束〉，《沒有黨名的黨：美麗島政團的發展》，新台灣研究文教基金會美麗島事件口述歷史編輯小組總策劃，臺北，時報文化，1999 年出版，頁 51。

　　1979 年年底，美麗島事件發生，呂秀蓮當時為美麗島雜誌社副社長，描述了當時站在大卡車上演講，一長排裝備嚴密的鎮暴車亮著強光，噴放瓦斯正快速駛向聽眾當中。〔註150〕後警備總部以「涉嫌叛亂」逮捕了呂秀蓮、陳菊、蘇慶黎等人。蘇慶黎在 1979 年 12 月 25 日被捕，後因罪證不足釋放。呂秀蓮與陳菊被判刑入獄。美麗島事件作為黨外運動重要的分界點，開啟了另一階段的民主運動。

二、美麗島事件與代夫出征

　　1979 年美麗島事件，黃信介、施明德、姚嘉文、張俊宏、林義雄、林弘宣、呂秀蓮及陳菊在 1980 年以「叛亂罪」判刑入獄。〔註151〕而國民黨判決五十一人中，除了呂秀蓮與陳菊之外，尚有張溫鷹、施端雲與林文珍因涉及施明德逃亡案而入獄。呂秀蓮提到林文珍等人時，認為她們在風聲鶴唳中挺身為施明德護衛藏匿，尤其將施藏匿家中的林文珍女士，為此而傾家蕩產，慘澹營生，卻鮮少受到海內外鄉親的關懷和致敬。

　　美麗島事件及 1980 年 2 月 28 日林義雄家中發生林宅血案之後，受刑人家屬「代夫出征」〔註152〕。其中周清玉〔註153〕（姚嘉文之妻）、許榮淑（張俊宏之妻）、方素敏（林義雄之妻）、高李麗珍（高俊明之妻）等人走上政治之路。當時菲律賓發生艾奎諾事件，柯拉蓉站出來選舉受到民眾的支持，並喊出「people's power」的口號。許榮淑提到菲律賓的政治轉變影響台灣的民

〔註150〕呂秀蓮，1987 年 12 月 10 日，哈佛 AI 組織演講記錄，〈台灣民主化的代價〉，收錄於《我愛台灣——呂秀蓮海內外演說選》，高雄縣，南冠出版社，1988 年 5 月初版，頁 108。

〔註151〕參考陳水源著，《台灣歷史的軌跡》，台中市，晨星出版有限公司，2000 年 12 月 30 日，頁 713。

〔註152〕在美麗島事件之後，被冠以「代夫出征」名義或政治修辭參選包括周清玉、方素敏、許榮淑、翁金珠、高李麗珍等人。但是本文認為「代夫出征」不僅僅是一個歷史現象，之後也演變成為一種政治修辭。比如跟政治犯有關的參政女性，都是代夫或代父出征，如翁金珠、余陳月瑛都在媒體或出版品上如此被呈現。

〔註153〕歷任增額國大代表 1980～1992）、民進黨中常委、彰化縣縣長（1989）、第十屆省議員（1993）、第四屆不分區立委（1998）、彰化區立法委員（2002）、臺北生命線協會會長、家扶中心副主委等職。」周清玉口述，張炎憲等人訪問，許芳庭整理，〈周清玉女士訪談錄〉，張炎憲主編，《民主崛起：1980's 台灣民主化運動訪談錄 1》，臺北縣新店市，國史館，2008 年 4 月，頁 182。

主與女性政治參與，利用菲律賓的局勢，台灣黨外要求組黨。〔註154〕。1980
年12月6日恢復中央民意代表補選增額立委及國代選舉：美麗島事件家屬周
清玉、許榮淑、黃天福當選。其中周清玉與許榮淑美麗島事件後於1980年底
以全國最高票當選國大與立委。黨外人士於1981年9月籌組「黨外推薦團」，
以黨外立委爲主幹，輔以監委尤清、國代周清玉、林應專等人組成。一樣在
美麗島事件之後出來參選立委的許榮淑（張俊宏之妻），接下《深耕》雜誌。
1982年9月28日周清玉發表〈美麗島受難人共同聲明〉。方素敏回國參選並
將林宅改爲義光教會。1983年底的立委選舉，臺北縣與宜蘭、基隆爲同一選
區，當時，黨外主要人士都身陷囹圄，黨外人士的太太們全都『代夫出征』，
藉此擴大立法院內黨外的聲音。〔註155〕除了政治參選之外，美麗島事件發生
後，周清玉開始進行受刑人家屬的串連。〔註156〕高李麗珍也展開受刑人家屬
的關懷行動。

　　呂秀蓮提到美麗島事件之後躍登民主運動舞臺的女性時，「一般人較易肯
定的是許榮淑與周清玉，因兩人皆以政治受難家屬身份高票當選中央民代，
她們在大逮捕後代夫出征，突破政治恐怖，促進民主運動的復甦」，認爲形成
「代夫出征」問政模式，莊姬美、藍美津、翁金珠、呂洪淑女與吳淑珍，皆
是此一模式的水到渠成，在掌摑國民黨的政治迫害上，自別有意義，〔註157〕
婦女覺醒與台灣民主化的關係下，台灣歷經卅八年的戒嚴統治，終於民國七
十六年七月十五日解嚴。在美麗島事件一代反對菁英繫獄，也使許多女性置
身民主化運動的行列。〔註158〕

〔註154〕張炎憲等人訪談，許芳庭記錄整理，〈許榮淑女士訪談錄〉，《民主崛起：1980's
　　　　台灣民主化運動訪談錄2》，臺北，國史館，2008年4月，頁92。

〔註155〕陳品，《非常女人》，臺北市，大村文化，1996年，頁91。

〔註156〕周清玉提到美麗島事件發生後，她設法支援時，一開始「我也不認識這些家
　　　　屬，就從報紙一個一個找，那時候開始有聯繫的就是許榮淑、方素敏和黃信
　　　　介的太太（張月卿），我想黃信介的太太可能是比舊的系統，我這邊又是另外
　　　　一個，不熟的就開始聯繫，互相尋求支持，一起努力。」「之後我就開始寫陳
　　　　情書，三更半夜就一個人拿陳情書到處請人簽名」周清玉口述，張炎憲等
　　　　人訪問，許芳庭整理，〈周清玉女士訪談錄〉，張炎憲主編，《民主崛起：1980's
　　　　台灣民主化運動訪談錄1》，臺北縣新店市，國史館，2008年4月，頁205。

〔註157〕呂秀蓮，〈婦女與台灣民主化〉，一九八七年撰寫，收錄於呂秀蓮主持，《海外
　　　　看臺灣》，高雄縣，南冠出版社，1988年5月出版，頁226～227。

〔註158〕呂秀蓮，〈向黨外姊妹致敬〉，原爲1986年在臺北市元穠茶藝館的致詞內容，
　　　　後收錄於《兩性問題女性觀》，臺北，前衛出版社，1990年初版一刷，頁179。

1986 年 2 月 4 日陳菊等美麗島事件受刑人出獄，陳菊出獄，先到周清玉的「台灣關懷中心」幫忙，後來江鵬堅和一群律師成立「台灣人權促進會」，擔任專職的主任職務。另外，余陳月瑛於 1985 年當選為高雄縣縣長。1987 年 2 月，楊祖珺因林正杰的司法新廈滋擾案「連續侮辱公署」罪名判刑八個月，宣佈發起「司法改造運動」，並訂於 3 月 12 日成立「司法改造運動全國委員會」〔註159〕。1988 年，7 月 24 日，陳婉真企圖闖關入境不成。試圖挑戰國民黨刑法一百條以及海外黑名單的禁忌。其後又出任立法委員，1981 年再度競選嘉義市長。〔註160〕許世賢的政治參與從 1950 年代延續到 1980 年代，算是政治生涯很長的政治女性。梁雙蓮、朱浤源提到「從中壢事件至解除戒嚴，這一段政治環境急劇變遷的時期，其間經歷省議員會第六、七、八屆省議員的選舉，最明顯的變化是黨外省議員當選人數的增多。大環境如此，女性省議員亦同。第六屆時，桃園縣的『老黨外』黃玉嬌，首次當選省議員，其他參與黨外政治運動的雲林縣蘇洪月嬌、高雄縣余陳月瑛及高雄市的趙綉娃均獲當選。第八屆黨外女性省議員共四人，分別為黃玉嬌、蘇洪月嬌、余玲雅及新竹市的莊姬美」。〔註161〕都可以看到民主變遷下，女性在政治參選上的身影。

三、參與黨外雜誌

1975 年之後，黨外雜誌日漸發展，更不乏黨外女性的參與。如蘇慶黎於 1976 年四月接手的《夏潮》雜誌，擔任雜誌總編輯。《夏潮》雜誌在黨外雜誌中的特殊性是在言論內容上深入的工農議題，亦談台灣史的問題。當時在官方的監督下「台灣」相關論述會冒著被扣上「台獨」帽子的危險，但《夏潮》依然重新檢視台灣史和日據時代台灣文學的歷史意義，以社會的、鄉土的、文藝的為訴求，刊物 1979 年 1 月該雜誌被勒令停刊。〔註162〕1978 年元月陳

〔註159〕薛化元主編，李永熾監修，《台灣歷史年表：終戰篇Ⅲ（1979～1988）》，臺北，財團法人張榮發基金會國家政策研究中心，1991 年 7 月，頁 262。

〔註160〕吳密察監修，遠流台灣館編著，《台灣史小事典》，臺北市，遠流，2000 年 9 月 10 日，頁 182。

〔註161〕梁雙蓮、朱浤源，〈從溫室到自立——台灣女性省議員當選因素初探（1951～1989）〉，《近代中國婦女史研究》，中央研究院近代史，第 1 期，1993 年 6 月，頁 110。

〔註162〕在一九七〇年代提及台灣史以及日治時期台灣文學是冒著被扣上「台獨」帽子的危險。參見〈蘇慶黎：為弱者說話的女強人〉，《新生代》，創刊號，1982 年 4 月，頁 16～17。

婉眞從美國採訪回來，辭掉了中國時報記者的工作，創辦《潮流》，美麗島事件後參與台灣建國聯合陣線，並擔任《美麗島週報》執行總編輯，追求言論自由。1979 年，《美麗島》雜誌社成立，副社長黃天福和呂秀蓮，編輯委員會成員則蘇慶黎、呂秀蓮、陳菊等。

　　1980 年代，周清玉於 1981 年 10 月 25 日創刊的《關懷》雜誌〔註 163〕。除了《關懷》雜誌之外，也創立與「關懷中心」，投入政治受刑人及其家屬的關懷工作。〔註 164〕並在 1982 年 9 月 28 日發表〈美麗島受難人共同聲明〉。一樣在美麗島事件之後出來參選立委的許榮淑（張俊宏之妻），在 1981 年 6 月 1 日接下《深耕》雜誌。江詩菁在研究中提及《深耕》雜誌與許榮淑時，認為身為美麗島受刑人張俊宏的妻子的許榮淑，關懷議題頗為重視人權議題、婦女運動與婦女參政等議題。〔註 165〕1983 年的 3 月《前進》週刊創辦出刊，楊祖珺則在進入婚姻之後，投入《前進》週刊的事務中，是《前進》雜誌的重要推手。〔註 166〕

　　上文企圖在史料的整理當中，耙梳黨外女性的參政身影，看臺灣民主運動的歷程中，黨外女性的政治行動有哪些。但可以發現目前對於有關黨外女性的紀錄皆以年表式或是平面紀錄的方式紀錄單一化這些女性，但是未呈現其性別／民主身份的關係。下文則將從其再現論述中，細緻去討論黨外女性論述中其政治行動如何在黨外歷史時空下被詮釋，又如何在婦運場域中被論述，到九〇年代的傳記回憶錄中，如何詮釋自己的民主參與，在不同時空的再現論述呈現了不同的性別／民主意義，將在下文一一闡述。

第六節　小結

　　第二章主要以大的時代脈絡下，討論性別／民主的幾種辯證關係。在許

〔註 163〕《關懷》從 1981 年 10 月 25 日創刊，至 1993 年 4 月 28 日停刊，共發行 110 期，無停刊。

〔註 164〕周清玉口述，張炎憲等人訪問，許芳庭整理，〈周清玉女士訪談錄〉，張炎憲主編，《民主崛起：1980's 台灣民主化運動訪談錄 1》，臺北縣新店市，國史館，2008 年 4 月，頁 182。

〔註 165〕江詩菁，《宰製與反抗——中時、聯合兩大報系與黨外雜誌之文化爭奪（1975～1989）》，臺北縣板橋市，稻香出版，2007 年 7 月，頁 171。

〔註 166〕楊祖珺，《玫瑰盛開——楊祖珺十五年來時路》，臺北，時報文化，1992 年，9 月 25 日初版，頁 44。

多論述中，都可以看到去性別化的「民主」是民主概念一開始發展的侷限，民主的論述在一開始就落入反威權又擬威權的弔詭邏輯。去性別觀念的「民主」也已經在女性主義論述中廣被挑戰。其次，女性作爲國族／民主解放下的次要議題也是早期民主論述中父權性格的展現。而具有性別視角的民主觀點，則強調性別民主／政治民主並置的「單一革命論」。

　　台灣處於第三波民主與第二波女性主義的交錯，婦女運動與民主運動也一樣具有台灣／女性雙重性的辯證關係。台灣民主運動與婦女運動都面對黨國／父權的政治／性別的雙重壓迫關係，使得民主／婦運一開始就面臨了黨國體制的特殊性。在歷史特殊性下，民主／婦運論述出現幾層不同的辯證，一方面看到台灣／女人具有共同性以及不可分割的革命論述；第二種論述則是在政治高壓下，反國民黨威權成爲首要議題，使得性別議題成爲次要的革命論述。第三種論述則是在九○年代政治高壓鬆動之後，許多論述重新檢視黨外運動的父權性格，提出政治民主運動的不足。在民主與性別交錯下的黨外女性，從參選、串連、遊行、代夫參選，到舉辦黨外雜誌等政治行動，具有民主與性別上的歷史意義。

　　在民主論述與性別論述之間的辯證當中，也帶出民主化下的「民主論述場域」與「婦運論述場域」兩大言論場域。這兩個場域面臨了什麼是首要的、支配性的民主議題上的選擇。在不同的團體、不同場域中，會出現論述爭奪文化霸權（hegemony）以建立起主導性民主論述的形成，在討論民主發展下的黨外女性論述，必須放置在歷史的情境中（situated in specific historical moments）來理解。三、四章要討論的便是在全球第二波婦運與第三波民主；本土的黨外運動與婦女運動交錯的歷史情境下，產生出的兩大論述場域，而這兩大論述場域如何因爲支配論述的差異，產生黨外女性論述的不同觀點，這種差異觀點會影響黨外女性被放置到民主意涵或是性別意涵當中。而在九○年代優先／次要議題的邊界鬆動時，性別視角的論述開始批判黨外文化的父權性格時，第五章也將從九○年代的女性政治自傳去重新檢視以及重新詮釋政治女性的性別／民主身份的視角。在不同的時空下的再現論述亦生產了不同意義的性別／民主意義。

第三章　女人作爲一種隱喻：
黨外雜誌中政治女性的民主隱喻

　　在關於 1975 年到 1986 年黨外雜誌裡，政治女性的再現論述以兩大類別反覆出現：即陰柔／陽剛、反性別常規／符合性別常規的兩種面向呈現。陽剛／反女性傳統形象的論述以呂秀蓮、陳菊、陳婉眞與蘇慶黎「四大女寇」爲主。「四大女寇」原本是國民黨對黨外運動四位女性的汙名，將未進入婚姻體制的單身女性；或是陽剛特質的反對運動女性進行汙名。後來黨外雜誌以及黨外人士挪用了「四大女寇」來稱呼呂秀蓮、陳菊、陳婉眞與蘇慶黎四人，並視爲一種反叛國民黨的黨外力量，以「四大女寇」呈現的陽剛性與反對力量的象徵來彰顯民主運動的反對勢力。相對的，「代夫出征」論述則符合社會規範下強調女性特質必須陰柔、純潔、堅忍的特質，以「悲苦的」、「受難的」、「代夫出征」的女性來象徵民主的苦難之路。陰柔特質與民主苦難結合在一起形成一種隱喻。從「代夫出征」轉化到「鐵娘子」與「旋風現象」則暗示了黨外力量的再生。

　　本文認爲黨外論述將政治女性放置在對立於國民黨威權體制的行動者，而未從女性的主體與性別身份來詮釋其政治行動，政治女性的再現所要詮釋與指涉的是台灣民主的發展與歷史。當政治女性具備女性／反對者雙重身份時，黨外論述將政治女性放置在民主運動者的位置。這樣的論述與黨外雜誌作爲民主論述場域，「反國民黨威權」是唯一優位性民主議題有關。在以「反國民黨威權」的自由民主爲主導論述的黨外雜誌中，黨外女性的主體其實隱喻民主力量的再生。黨外女性在黨外雜誌中的論述，可以看見她們被放置在

民主論述中，民主身份大於性別身份，「女性描述」其實是一種「民主闡述」。
黨外女性在黨外雜誌出現幾種論述模式，其中包括具備奉獻犧牲精神、強悍
俠義形象的「四大女寇」、民主苦難象徵的「代夫出征」女性、形單影隻的「受
刑人太太」、強硬的「鐵娘子」形象、重新站起來的「某太太」與「旋風現象」，
在這些論述當中，可以看見凡是出現陽剛特質的隱喻，都指向民主力量的出
現與復興；而當出現柔性、淚水與悲情等待，都是指向台灣民主運動的受挫。
黨外女性被放置在民主論述的位置，或者可以進一步說，黨外女性論述所隱
喻的是民主歷程的發展。黨外女性出現戰士型與受難型；陽剛與陰柔特質的
兩種對照，這兩種對照所進行的是一種民主反叛、受挫與再生的表述，而這
兩種論述都是對台灣民主力量的隱喻

　　在戒嚴時期黨禁與報禁的情況下，黨外雜誌是民主運動過程中最重要的
媒介。在台灣民主運動的呈現中，政論雜誌在政治參與運動中，佔了很重要
的份量。〔註1〕陳翠蓮在〈黨外書籍與台灣民主運動（1973～1991）〉一文中，
提到戰後台灣的政治史是一部追求民主的運動史，而「政治運動可分為兩個
層次，一是言論，一是行動。前者透過報紙雜誌書籍的發行，後者成展現在
組黨的作為上。」〔註2〕。黨外雜誌是承載民主論述的主要場域，支配性、主
導性（dominant）的民主議題是反對國民黨法統、言論自由、開放黨禁報禁、
公平的選舉等議題，這些議題所指涉的都是以「反國民黨體制」為目標；然
而可以發現，在 1970 年開始的黨外雜誌，已經吸收第二波女性主義與台灣新
女性主義的論述在其中，性別議題也在黨外雜誌的議題呈現，但是可以看見
性別議題在篇幅上稀少，明顯看出來是黨外民主場域中的次要議題。當時呈
現的性別意識可以區分為符合父權框架，針對新女性主義的反對言論；雖也
有強調女性主體意識的重要；但大致將女性價值放置在家／國之下。黨外民
主論述可以看見性別議題的關切，但其實首要目標還是以國民黨威權為批判
的中心。黨外雜誌作為民主論述的場域，黨外女性如何被論述與再現，在再
現論述中又呈現什麼民主意涵便是本文所要討論的。

　　雷蒙・威廉斯（Raymond Williams）在討論文化與意識型態時，認為文化

〔註1〕 林清芬，〈一九八○年代初期台灣黨外政論雜誌查禁之探究〉，《國史館學術集
刊》，第 5 期，頁 259。

〔註2〕 陳翠蓮，〈黨外書籍與台灣民主運動（1973～1991）〉，《台灣文獻》，第 55 卷
第 1 期，頁 3。

力量之間會出現主導的、殘留的、新興的三種力量。〔註3〕在黨外運動裡，黨外提出「反國民黨威權」是以反抗的、新興的意識型態對抗「主導的」國家機器意識型態；但是在黨外民主論述作爲場域時，「反國民黨威權」成爲首要的民主議題，「反國民黨威權」論述在這個場域中成爲一種「主導的」論述。葛蘭西（Gramsci）的文化領導權基本上是指生產一種社會其他從屬的和結盟的階級與團體都接受的世界觀、哲學和道德看法，形成知識、道德和哲學的領導特質的文化霸權，以知識領導取得同意、願意服從對抗以武力爲基礎的國家的宰制。〔註4〕在黨外雜誌作爲一個領域，可以看到內部支配性的論述是以反國民黨法統與反國民黨威權爲中心，訴求拆除國民黨法統的秩序，建立起自由主義式的民主觀點。以自由派知識份子爲主的民主論述當中，企圖在民主論述場域中建立起民主秩序與文化霸權。

在闡述文化霸權的概念時，必須釐清文化霸權的概念。領導權（leadership）與政治文化霸權（political hegemony）都佔據一個被認同的領導位置（a recognized leading position）。〔註5〕在文化上的文化霸權（cultural hegemony）或語言上的文化霸權（linguistic hegemony）通常指具有威望（prestige）與卓越（primacy），其所具有的權力（power）與國家相關，卻未必是一種負面或是壓抑性質的（oppressive）。文化霸權是與中產階級社會、知識份子、普羅階級在與國家對抗的過程當中，取得領導角色（leading role）與領導權（leadership）。〔註6〕取得領導權的階級與其他階級結盟（alliance）中具有領導的位置（leadership position）。這種領導權會建立起知識份子的角色，知識份子透過贏得同意（consent）與說服（persuasion）建立組織，成爲從屬群眾（subordinate groups）和菁英（the elites）之間的聯結，並藉此形成獨裁體制對抗的一股力量。文化霸權（hegemony）的有無也可區分爲市民社會（civil

---

〔註3〕 Raymond Williams, *Marxism and Literature*, Oxford, Oxford University Press, 1977, pp.121～128.

〔註4〕 波寇克（Robert Bocock），田心喻譯，《文化霸權》，臺北，遠流出版社，1991年10月16日初版一刷，頁13～114。

〔註5〕 Derek Boothman, "Hegemony: Political and Linguistic Sources for Gramsci's Concept of Hegemony", *Hegemony: Studies in Consensus and Coercion*, edited by Richard and Kylie Smith, Routledge, New York, 2008, pp.31～36.

〔註6〕 Hiroshi Matsuda and Koichi Ohara, "Hegemony and the Elaboration of the Process of Subalternity", *Hegemony: Studies in Consensus and Coercion*, edited by Richard and Kylie Smith, Routledge, New York, 2008, ppp.51～54.

society）／政治社會（political society）的區別。文化霸權是在市民社會中運作的，在政治社會則是以權力起作用的直接支配（domination）或是命令（command），所以市民社會中知識份子會扮演重要的角色。簡圖如下：

政治社會與市民社會的比較

國家作為力量（state as force）	國家作為同意（state as consent）
政治社會（political society）	市民社會（civil society）
獨裁（Dictatorship）	文化霸權（Hegemony）

將上文的圖表解釋國民黨國體制與企圖建立政治民主的黨外組織，可以看見國民黨是以國家作為一種力量的獨裁政治社會，而台灣社會因為中產階級興起，形成反對運動的力量之一，林正杰的口述訪談中亦提及「中產階級本來就是黨外民主運動裡很重要的一股力量」〔註7〕。在黨外運動中認為民主觀念與國家權力必須在民意的同意下才能擁有權力，企圖去建立「國家作為同意」的政治權力。在市民社會當中，同意（consent）被產生（manufactured）；一致性（consensus）得以運作，都仰賴大眾的支持。市民社會通過支持（support）和同意（consent）與意識型態的產生才得以完成。〔註8〕文化霸權是要透過同意（consent）／說服（persuasion）／意見（opinion）對抗獨裁的力量（force）和支配（domination）。所以在葛蘭西的概念當中，文化霸權不是支配（domination），而是在各種交錯的社會、政治、經濟關係中所產生的關係結盟，形成節點（nodal points）而聯結（aligned）在一起。〔註9〕文化霸權意味著「道德與哲學的領導權」，這個領導權是透過社會主要團體積極同意而取得的。

本章要分析的黨外雜誌論述當中，論述的軸心是以「反國民黨威權」為論述核心，以「反國民黨威權」作為文化霸權取得黨外民主運動的領導位置，

〔註7〕 林正杰口述，韋本、陳世宏、楊雅玲、林瓊華等人訪問，《走向美麗島：戰後反對意識的萌芽》，新台灣研究文教基金會美麗島事件口述歷史編輯小組，台北，時報文化，1999年，頁153。

〔註8〕 Benedetto Fontana, "Hegemony and Power in Gramsci", *Hegemony: Studies in Consensus and Coercion*, edited by Richard and Kylie Smith, Routledge, New York, 2008, pp80～94.

〔註9〕 Kylie Smith, "Hegemony, Subalternity, and Subjectivity in Early Industrial Sydney", *Hegemony: Studies in Consensus and Coercion*, edited by Richard and Kylie Smith, Routledge, New York, 2008, p108.

在既存的社會與權力關係中，取得參與者的同意與領導權去對抗國家作爲支配力量。此外，論述中的文化霸權意指論述（discourse）的社會力量，會在再生產（reproduce）、再結構（restructure）中對既有的權力進行挑戰與抗爭，然後論述會隨著社會、文化的改變與文化霸權的轉移而產生改變，產生文化霸權的抗爭（struggle）與意識型態的爭奪。放在台灣脈絡來看，可以看到1975年的黨外運動在「政治民主」作爲首要、優位的民主議題，成爲民主運動人士的集結點，但是意識形態的霸權並非定於一尊，隨著社會力的轉變，支配團體／支配的意識型態不斷面臨從屬團體／從屬的意識型態所提出的挑戰與抗爭，反國民黨威權從原本的核心議題轉移成與其他社會問題並置的民主議題，而在文化霸權、意識型態的爭奪與權力關係的改變中，隨著歷史與民主的發展，論述軸心會在1980年代與1990年代產生改變。

　　黨外雜誌論述的核心議題視爲文化霸權（hegemony）的成立。文化霸權（hegemony）意指建立起聯結（alliances）並且進行整合（integrating）的力量展現，其概念不應是支配（dominate）的力量，而是贏得群體的同意（consent）與認同，去建立或維持聯結支配／從屬（domination／subordination）的關係。〔註10〕在黨外雜誌以「反國民黨威權」作爲主導性、首要性的民主議題時，取得同意而形成文化霸權（hegemony）的位置，黨外女性在黨外雜誌中的發聲與民主訴求同意「反國民黨威權」作爲民主首要議題，符合「反國民黨威權」這項主要前提。黨外女性以民主人士的身份介入反對運動當中，可以發現黨外女性的政治訴求是符合主導性的民主論述，其民主人士的身份大於女性身份；民主議題大於性別議題。因此在黨外雜誌以「反國民黨威權」爲首要的民主議題，再現黨外女性時，黨外女性是被放置在民主運動的位置中；黨外女性再現的隱喻所要指涉的是台灣民主運動的發展。

第一節　黨外雜誌與民主發展

　　台灣七〇年代國民黨的壓制性權力與基礎行政權力的擴張同時進行，但是1970年代末期之後，中產階級社會、政治反對運動興起以及對民主化要求的社會，造就台灣階級結構的變化以及市民社會的興起，1980年代興起的社

〔註10〕 Norman Fairclough, *Discourse and Social Change*, Polity Press in association with Blackwell Publishers, UK, 1992, pp.101～136.

會運動也與反對運動結合，衝擊國民黨政府的威權體制。〔註11〕中產階級的興起是「現代性」的展現，「現代性」具有多層次複雜的矛盾意涵。其中「社會現代性」、「世俗現代性」、「資產階級現代性」是隨著社會的現代化和工業化進程以及佔主流地位的價值觀和社會規範，如啓蒙主義、工具理性與科技萬能觀念等等。〔註12〕這一階段可以看到國民黨獨裁體制在以支配控制的意識型態下，社會力量對第三波民主自由主義、追求選舉以及開放的市民社會的訴求，但此一階段黨外論述的民主追求依然在自由主義民主政治的框架下。趙剛認爲制度化的自由主義民主並不能保證自由，假使「公共」（the Public）被等同於國家及它的政黨政治、大眾選舉、官僚與專家政治，那推翻舊制度的大革命未必能達到「眞正的」民主。〔註13〕黨外雜誌便是將「公共」與「民主」等同於政黨政治與大眾選舉的框架。

　　1970年代黨外雜誌是承載黨外民主論述最主要的媒介，孫寅瑞提到1975年《台灣政論》出版之後，一系列的黨外雜誌在十多年之間紛紛出籠，主要是因爲報禁的緣故，因爲在報禁未開放之前，雜誌成爲不同立場，異議之聲的主要論述場域。〔註14〕1975年的《台灣政論》上承《大學》雜誌，下啓《美麗島》與《八○年代》，是黨外雜誌很重要的分界點。在美麗島時代之前的黨外運動，產生政治民主論述的方式主要就是「選舉」與「辦雜誌」兩種。〔註15〕稍後的高雄事件發生，黨外雜誌更是紛紛出現。

　　李筱峰提到黨外雜誌早先由擔任公職的民意代表所創辦，藉著雜誌來宣傳問政成績，並建立他們的知名度，以突破現實的新聞環境（報禁及新聞封鎖等）。高雄事件後，康寧祥的《八十年代》月刊因遭停刊一年，司馬

〔註11〕王振寰，〈現代國家的興起：從殖民、威權到民主體制的國家機器〉，收錄於黃金麟、汪宏倫、黃崇憲編，《帝國邊緣：台灣現代性的考察》，臺北市，群學出版，2010年12月，頁125～126。

〔註12〕伍方斐，〈現代性：跨世紀中國文學展望的一個文化視角〉，收錄於張頤武主編，《現代性中國》，中國開封，河南大學出版社，2005年3月，頁217～218。

〔註13〕趙剛，〈不確定性、公眾、與民主：杜威對於自由主義和民族主義的批判〉，收錄於石元康等作，《市民社會與民主的反思》，臺北，桂冠出版，1998年，頁201。

〔註14〕孫寅瑞，〈「黨外」一詞意義之歷史考察〉，《史匯》第五期，2001年8月，頁105～106。

〔註15〕如《深耕》雜誌提到在美麗島時代之前的黨外運動，所使用的手段就是「選舉」與「辦雜誌」兩種。深耕雜誌社，〈黨外運動的目標與路線座談會〉，《深耕》半月刊，第18期，1982年，9月25日，頁5。

文武（江春男）發行的《亞洲人》繼之，不久《亞洲人》又遭停刊，復以康文雄任發行人的《暖流》接棒。《八十年代》——《亞洲人》——《暖流》這一系列（俗稱八十年代系列），是高雄事件之後初期（1970 年）在黨外圈內一枝獨秀的雜誌。自 1970 年黨外勢力逐漸復甦以後，許多公職人員也辦起雜誌，例如：周清玉辦《關懷》；許榮淑辦《深耕》、《生根》、《台灣年代》；蘇秋鎮辦《代議士》；黃天福辦《鐘鼓樓》、《蓬萊島》；林正杰辦《前進》；尤清辦《博觀》；黃煌雄辦《開創》……許多黨外知識青年投入這些雜誌社，擔任雜誌的編寫與採訪的工作。此外，未參與選舉的黨外青年如鄧維楨、鄧維賢兄弟主編的《政治家》、《民主人》；鄭南榕所主辦的「自由時代」系列週刊（包括《自由時代》、《先鋒時代》、《民主時代》、《開拓》、《發展》、《發揚》、《民主天地》等等；邱義仁、吳乃仁、劉守成等新生代創辦《新潮流》，1983 年黨外雜誌更是蓬勃發展。〔註 16〕檢視黨外雜誌的論述，承襲自由主義的思想脈絡，Albert Weale 提到「大多數現代的民主國家都是自由主義的傳人」〔註 17〕，而黨外雜誌的論述也承襲自由主義民主傳統，看出其政治民主論述的不足。

一、民主作為一種現代化：反一黨獨大的威權體制

　　十八世紀以來，啟蒙的現代性在自由主義的傳統中的意義，是認為國家不得干涉個人權利，國家的統治必須得到被統治者的同意。〔註 18〕政治上的民主化與市民社會的興起都是「現代化」的指標。〔註 19〕紀登斯（A. Giddens）認為現代化是一個「總是和傳統作對」的態度，現代性在政治層面的展現則是一系列的民主政治制度。〔註 20〕。尚塔爾‧墨菲（Chantal Mouffe）認為現

〔註 16〕 參考李筱峰，《台灣民主運動四十年》，臺北，自立晚報，1988 年 5 月，二版。

〔註 17〕 Albert Weale 著，謝政達譯，《民主政治》，臺北，韋伯文化出版社，2001 年 9月，頁 195。

〔註 18〕 黃崇憲，〈「現代性」的多義性／多重向度〉，收錄於黃金麟、汪宏倫、黃崇憲編，《帝國邊緣：台灣現代性的考察》，臺北市，群學出版，2010 年 12 月，頁53。

〔註 19〕 黃崇憲，〈「現代性」的多義性／多重向度〉，收錄於黃金麟、汪宏倫、黃崇憲編，《帝國邊緣：台灣現代性的考察》，臺北市，群學出版，2010 年 12 月，頁31。

〔註 20〕 安東尼‧紀登斯（Anthony Giddens）、皮爾森（Christopher Pierson）著，尹宏毅譯，《現代性：紀登斯訪談錄》，臺北，聯經出版社，2002 年 4 月，頁 69～93。

代性已經有許多不同的標準，而現代性必須在政治的層面上加以界定，「現代性的基本特性無疑是民主革命的到來。」〔註 21〕在現代化的論述當中，現代性被視理性化、除魅的過程。在政治層面上談現代化，可以看到民主訴求、去除國民黨威權魅影與傳統便是台灣政治民主現代化的訴求。

在中國 1978 年提倡四個現代化時，魏京生張貼〈第五個現代化〉於民主牆，訴求「第五個現代化——民主」作爲進步與改革的要求。〔註 22〕在台灣在黨外雜誌的論述當中，也可以看見政治民主化被視爲政治現代化的重要進程。賈克・洪席耶（Jacques Ranciere）在提出「民主」概念時，認爲民主是一種體制；一種生活方式；一種政治性存有，不應以治安管理與其分配部署的概念來理解政治。民主必須是政治主體化，而非以人民之名進行統治的寡頭政府形式，也不是一種治理商品權力的社會形式。面對寡頭政府與迫害生活的財富威權，民主必須不斷地與壟斷公共生活的權力進行角力。〔註 23〕黨外運動時期，追求的便是政治主體化的過程。

從 1968 年 1 月出刊《大學》雜誌開始，便提出政治社會各層面「革新保台」，〔註24〕是台灣七〇年代是以美國「現代化理論」來推動政治社會改革的青年知識份子聚集之處。〔註 25〕在當時的時局之下，提到「民主」的意涵時，指的是一種西方自由主義式民主的概念，引介自由主義的思想，追求言論自由、政治民主、大學體制與學術自由的權利等問題〔註 26〕，強調言說的自由，破除威權式的家長制度以及國家體制。安東尼・紀登斯（Anthony Giddens）提到現代性時，認爲國家會藉由傳統的存留和再造進行權力的合法化，並藉此才得以把自己強加於順從的「臣民」之上。擁有權威的人是一個「主子」，而不是一個比別人優秀的人，而是傳統文化的守護者，其傳統領導權的穩定

〔註21〕 尚塔爾・墨菲（Chantal Mouffe），王恆・臧佩洪譯，《政治的回歸》，南京：江蘇人民出版社，2001 年 10 月，頁 13。

〔註22〕 Jugen Kremb 著，葉慧芳譯，《魏京生前傳》，臺北市，捷幼出版社，1998 年 9 月出版，頁 171～198。

〔註23〕 賈克・洪席耶（Jacques Ranciere）著，劉紀蕙、林淑芬、陳克倫、薛熙平譯，《歧義》，臺北，麥田出版，2011 年 5 月 12 日，頁 50～262。

〔註24〕 蔡盛琦，〈《深耕雜誌》之研究（1981.6～1983.2）〉，《國史館學術集刊》，第 15 期，頁 165。《大學》創刊號，1968 年。

〔註25〕 鄭鴻生，〈台灣文藝復興年代：七十年代初期的思想狀況〉，《思想 4：台灣的七十年代》，頁 98。

〔註26〕 如陳少廷〈論現代大學的社會責任〉一文，《大學雜誌》，第 4 期，1968 年 4 月 20 日，頁 4～5。

性也依賴於必要的「光環」永存的符號。〔註 27〕而現代性的訴求便是對傳統的撤離。1975 年之後的《台灣政論》、《八十年代》、《美麗島》三種黨外雜誌中，《台灣政論》代表性的議題主要是批評時政、提出建言，主要關懷在民主、法治、保障自由與人權等議題。批判國民黨一黨獨大、以傳統領導權的方式違背民主浪潮，因此提倡民主與法治。鄭鴻生認爲 1975 年《台灣政論》的出現，是以美國的「現代化理論」與新興政治勢力結合的象徵。〔註 28〕1979 年6 月創刊的《八十年代》〔註 29〕，主要議題在改革國民黨體制與要求政府民主化；《美麗島》關注較多的是選舉民主這件事，皆展現對自由主義民主政治制度的追求，以及對國民黨老法統的撤離。當政治現代性追求公共領域的「世俗性」展開，不再相信有神聖的、特殊的根源的時刻，而是對於自我的瞭解以及共同行動的正當性論據。〔註 30〕此「世俗性」的追求即是對國民黨威權神話的破除。

　　黨外雜誌的發展從 1980 年至 1986 年，可稱之爲黨外雜誌發展的第三階段。從 1980 年代初，歷經增額中央民意代表與省市議員選舉，黨外新生代與美麗島受刑人家屬、辯護律師當選公職，爲了爭取言論自由紛紛創辦政論雜誌，可說是黨外雜誌數量最多，最蓬勃發展的時期〔註 31〕。《中流》半月刊創刊於 1981 年的高雄市，民主議題主要在開放黨禁以及要求充分的政治參與，認爲國民黨統治的民主欠缺使合法性出現危機，提出實行民主政治，開放黨禁、解除報禁，才能使言論自由能發揮最有效的作用。〔註 32〕《深耕》〔註 33〕

〔註 27〕安東尼・紀登斯（Anthony Giddens），〈生活在後傳統社會中〉，收錄於《自反性現代化：現代社會秩序中的政治、傳統與美學》，貝克（Ulrich Beck）、紀登斯（Anthony Giddens）、拉什（Scott Lash）著，趙文書譯，北京，商務印書館，2001 年 8 月，頁 73～105。

〔註 28〕鄭鴻生，〈台灣文藝復興年代：七十年代初期的思想狀況〉，《思想 4：台灣的七十年代》，頁 98。

〔註 29〕1979 年 6 月創刊。以康寧祥爲社長，江春男爲總編輯。

〔註 30〕蔡英文，〈公共領域與民主共識的可能性〉，收錄於黃俊傑、江宜樺編，《公私領域新探：東亞與西方觀點之比較》，臺北市，台大出版中心，2005 年 8 月，頁 229～230。

〔註 31〕蔡盛琦，〈《深耕雜誌》之研究（1981.6～1983.2）〉，《國史館學術集刊》，第 15期，頁 166～167。

〔註 32〕鄧維賢，〈只有民主，才能使台灣繼續安定和進步——和張旭成教授談台灣和前途〉，《中流》半月刊，高雄市，1981 年，10 月 1～16 日，頁 34。

〔註 33〕《深耕》停刊之後，原《生根》週刊改變爲雜誌類型，取代原來的《深耕》雜誌，許榮淑再以《生根》的名字，提出一份新的刊物。《生根》又被查禁，

雜誌創辦於 1981 年，由黨外公職人員許榮淑擔任發行人，社長爲林正杰。《深耕》雜誌後來由許榮淑接手。同一系列的《生根》週刊於 1983 年創刊，認爲創刊目的是要追求民主政治，批判國民黨一黨獨大「法統」，解除黨禁、報禁與臨時條款等問題。〔註34〕《關懷》爲周清玉創刊，以關懷受刑人動態與推展社會福利工作爲主。《政治家》半月刊於 1981 年創刊。其主要內容爲介紹黨外人士的活動，以人物報導爲主，以及對於台灣政治改革的問題。《亞洲人》週刊於 1980 年 8 月 1 日創刊，發行人爲江春男（司馬文武），內容主要在批判國民黨的查禁風，言論自由的界限。《第一線》雜誌創辦人爲吳祥輝，在 1985 年 12 月 28 日出刊，到停刊爲止共出刊二十期，停刊之後，與《自由台灣》結合。鄭南榕在 1984 年 3 月創辦《自由時代週刊》，這一系列雜誌包含鄭南榕創辦的《自由時代》系列。包括《先鋒時代》、《民主時代》、《民主叢刊》、《開拓》、《發展》、《發揚》、《民主天地》、《開拓時代》，這系列雜誌爲《自由時代》被停刊之後，以其他名字再發行刊物。〔註35〕自由時代系列週刊共出刊五年又八個月，出刊了三〇二期，訴求打破蔣家神話、軍方弊端、二二八、台灣獨立四大禁忌〔註36〕。組黨議題也是《自由時代》不斷出現的議題。〔註37〕

　　黨外運動的目的，是要推行民主，自由、民主、人權、法治、制衡〔註38〕，本文以這些雜誌提出的民主議題做一個概述，並論述黨外論述中核心議題的產生。從前文的整理與耙梳中，可以看到從《大學雜誌》開始，台灣七〇年代的現代化訴求是政治民主。民主作爲一種現代化，所要除魅的對象，便是

　　於是更名爲《台灣年代》、《台灣廣場》、《台灣展望》等，從 1981 年 6 月 1 日《深耕》開始一系列到 1986 年 4 月 28 日，共發行 143 期。見彭琳淞，〈黨外雜誌與台灣民主運動〉，《二十世紀台灣民主發展：中華民國史專題第七屆討論會論文集》，頁 773。

〔註34〕見許國泰，〈發行人的話──在深耕之後生根〉，《生根》週刊，創刊號，1983 年 2 月 13 日，頁 1。

〔註35〕彭琳淞，〈黨外雜誌與台灣民主運動〉，收入於《二十世紀台灣民主發展：第七屆中華民國專題論文集》，臺北，國史館，2004 年。

〔註36〕《自由時代》系列雜誌結合運動，企圖以密集的攻勢突破官方四大禁忌：蔣家神話、軍方弊端、二二八、台灣獨立。見陳翠蓮，〈黨外書籍與台灣民主運動〉，《台灣文獻》，第 55 卷第 1 期，頁 19。

〔註37〕見陳煒翰，〈從《自由時代》系列雜誌看 1986 年的黨外運動〉，《台灣史學雜誌》，第 6 期，2009 年 6 月，頁 169。

〔註38〕顏尹謨，〈黨外運動的目標與路線座談會〉，《深耕》，1982 年 9 月 25 日，第 18 期，頁 11。

國民黨威權體制傳統與魅影。誠如吳鴻淼所言，「黨外之所以蓬勃興起，憑藉的是對國民黨強而有力的批判。」〔註39〕，1978 年 12 月 11 日桃園中壢「增額國大代表選舉私辦政見會」中，呂秀蓮提到「民主是現代政治的基礎，政府的產生是為著人民的共同需要。」〔註40〕，可以看見民主議題主要訴求突破國民黨一黨獨大，這也是黨外雜誌與黨外運動最重要的政治現代化訴求，也就是必須對國民黨威權體制進行改革，社會才能邁入民主化的進程。

黨外運動時期的民主現代化進程幾乎是以美國「現代化理論」來推動政治社會改革。在當時的時局之下，提到「民主」的意涵時，指的是一種西方自由主義式民主的概念，追求言論自由、政治民主、大學體制與學術自由的權利等自由主義的思想問題。鄭鴻生談到台灣民主化的特質時說，「在七十年代之初，大陸與美國的開始和解預示著改弦更張，而台灣在陷入國際孤立，不再能代表中國之際，美國現代化理論成了當道之學。這真是一個全新的局面，以『現代化』為訴求的思潮，在那時取代了早期雷震、殷海光等人對自由與民主的素樸訴求。」〔註41〕，黨外運動時期的民主議題是西方自由主義式民主的概念。

綜上所述，黨外運動的「民主」意涵，都是著重在自由選舉、民主憲政等議題上，自由主義式的民主論述佔據文化霸權（hegemony）以及主導性（dominant）的位置。以「民主主義」為主軸，「民主主義的對手是極權主義，或至少是政治威權主義（political authoritarianism）。」〔註42〕，對抗政治威權主義就是黨外論述的核心，但「當民主意見成為普查與擬像時，人民不再是不被整算的奇數（impair）、不再是不可數的（incomptable）或無法再現的，而成為總是同時全部在場，又徹底缺席。」〔註43〕，自由主義選舉式不只將

〔註39〕吳鴻淼，〈許信良輔娘鍾碧霞將代夫出征〉，《客家風雲》，第 11 期，1988 年 9 月 1 日，頁 27。

〔註40〕呂秀蓮，1978 年 12 月 11 日桃園中壢「增額國大代表選舉私辦政見會」，收於〈暴風雨前的信息〉，《我愛台灣——呂秀蓮海內外演說選》，高雄縣，南冠出版社，1988 年 5 月初版，頁 44。

〔註41〕鄭鴻生，〈台灣的文藝復興年代：七十年代初期的思想狀況〉，《思想 4：台灣的七十年代》，頁 99。

〔註42〕Gerard Delanty，駱盈伶譯，《現代性與後現代性：知識、權力與自我》，台北縣永和市，韋伯文化國際，2009 年，頁 125。

〔註43〕賈克・洪席耶（Jacques Ranciere）著，劉紀蕙、林淑芬、陳克倫、薛熙平譯，《歧義》，台北，麥田出版，2011 年 5 月 12 日，頁 170。

民主單一化亦將人民隱形。直到較晚期的反省當中，才重新檢視台灣民主運動內涵的不足。現代性作為一種進步、理性、具備創造力的象徵，「黨外」相較於國民黨則是進步、民主、理性的現代化過程，呂秀蓮提到黨外民主運動時說，「『黨外』一詞，是指相對於國民黨，而從事民主化運動的人士而言，它在台灣的現代化史頁裡，有它獨特的異采」〔註44〕，上述都看到黨外論述將黨外運動視為現代化中重要的一頁。

　　黨外運動以「反國民黨威權」形成論述的整體，如安德森（Benedict Anderson）提出「想像的共同體」概念，民族主義是想像的共同體，〔註45〕行動團體也必須透過文化取得認同形成「想像的共同體」，而共同體的劃分並不根據它們的不實／真誠，而是根據它們被想像的風格〔註46〕。在此本文借用並修正「想像的共同體」的概念，認為黨外運動成為一個「反國民黨運動」時，可視為一種抵抗外在威權、內部卻充滿分歧的「想像的共同體」。在台灣在黨外運動時期，幾乎沒有議題協商的可能性，從黨外雜誌場域來看，黨外人士形成一種「想像的共同體」，口徑一致地對向國民黨政權。黨外運動若為一種認同（X identity）；國民黨則為一種非認同（not-X identity），從黨外女性的民主訴求可以看到符合主導議題的一致性。黨外女性在民主的議題上，指涉的依然是改革國民黨體制當中的選舉、法統、言論自由、新聞自由等議題。如許榮淑所言，黨外雜誌以「與國民黨御用傳播工具捉對廝殺」是首要目標〔註47〕，或如呂秀蓮所說黨外運動的「共同的目標，是向國民黨爭取民主」。〔註48〕黨外論述場域，主導性的議題是「反國民黨威權體制」，而這個主導性議題之所以成為文化霸權的主導論述，勢必是由各方同意而具有被認可的領導權。在上文的耙梳中看見在黨外主要論述與黨外女性的政治關懷，擁有一致性，這種一致性也是當時的歷史情境的必然。

〔註44〕呂秀蓮，〈政治廚房中的黨外女性〉，原載於1986年元月號《八十年代》，後收錄於《兩性問題女性觀》，臺北，前衛出版社，1990年初版一刷，頁185。

〔註45〕石之瑜、黃競娟，《當代政治學的新範疇——文化、性別、民族》，臺北市，翰蘆圖書，2001年元月，頁74。

〔註46〕班納迪克.安德森（Benedict Anderson），吳叡人譯，《想像的共同體：民族主義的起源與散》，臺北市，時報文化，1999年。

〔註47〕《生根》週刊，1983年創刊，發行人為許國泰，社長為許榮淑。見許榮淑，〈許榮淑的話〉，《生根》週刊，創刊號，1983年2月13日，第1版。

〔註48〕呂秀蓮，1986年7月1日，美東夏令會演講記錄，〈台灣人權運動的過去與未來〉，收於《我愛台灣——呂秀蓮海內外演說選》，高雄縣，南冠出版社，1988年5月初版，頁140。

二、性別作為民主場域的次要議題

　　黨外雜誌的民主論述場域中，是在一黨獨大的時期進行反對論述的重要場域。上文提到最重要的民主論述是「反國民黨威權」為核心議題，在破除威權體制的禁忌之外，依然有次要的議題或是性別關懷的出現。法國年鑑學派的歷史學者布勞岱爾（Fernand Braudel）認為歷史其實是有斷裂、突兀、不連接之處的，但是若為了一種敘述的完整性，而將符合預設的事件標示出來，那麼突兀之處就會消失，一切歷史的發展會成為巧合、進步與線性的敘述。〔註49〕然而，巧合、進步與線性的歷史敘述會是一種陷阱。性別論述在黨外雜誌中的出現，可能便是在主導論述中的另一種民主的聲音。在 1960 年代到 1970 年代，正是西方第二波女性主義興起的時間點，新女性主義也在台灣展開論述與第二波女性主義思潮的引入。黨外雜誌必然也受到當時風起雲湧的第二波女性主義思潮的影響，在黨外雜誌的論述裡包含哪些性別政治議題，性別議題如何在台灣民主論述的發展，將在本文做耙梳。

　　在 1969 年的《大學雜誌》裡，就引介了第二波重要的婦運人士西蒙・波娃（Dr Simone de Beduvoir）討論女性自我的問題〔註50〕。1969 年在《大學雜誌》中就翻譯第二波婦運的性別論述。雖然黨外雜誌也針對性別議題進行論述，但論述內容稀少之外，大部分都是將女性「獨立」與「自主」的意義置放在家／國大框架下談論。在 1968 年的《大學雜誌》，將女性放在家庭的私領域角色當中，將女性權益／賢妻良母／相夫教子／公民身份結合，女性的公民身分是為了以私領域的母職角色，進行相夫教子來對國家付出貢獻。〔註51〕即使提到女性的受教權利，也是放在傳統家庭教育的框架下。〔註52〕將女性置放在家庭私領域當中去發揮教養的責任。〔註53〕。上述可以看見當時性別意識將女性放置在私領域當中。就算要談女性貢獻與女性解放，也是在家／國為前提的範疇下談論。在 1960 年代的時空下，女性在教育與公共參與上

〔註49〕Fernand Braudel, *On History*, 1980, London: University of Chicago Press.

〔註50〕Dr Simone de Beduvoir，順惟摘譯，〈愛情與女性〉，《大學雜誌》，第 18 期，1969 年 6 月，頁 15～17。

〔註51〕如冷月、黃昏，〈談「女性讀大學」〉即是此種觀點。見《大學雜誌》，第 18 期，1969 年 6 月，頁 30～31。

〔註52〕《大學雜誌》，第 9 期，1968 年 9 月，頁 32～38。

〔註53〕如蘇慶黎在〈魚與熊掌能兼得嗎〉一文，見蘇慶黎，〈魚與熊掌能兼得嗎〉，頁 24～25。

依然不被重視，而將女性放在私領域的場域中，或者將公共領域的參與賦予母職的角色，公民身份才能得到認可。討論女性與政治時，也多以「點綴式」與「反國民黨」導向的性別議題為主。「點綴式」的性別討論便是僅僅在婦女節前夕等特殊節日，才出現性別與政治的文章，可以說是點綴式、節慶式地討論女性與政治的問題。「反國民黨」導向的性別關懷如 1983 年鄭南榕在〈國民黨忽視女性的高級政治地位〉一文，文中提及國民黨忽視女性黨員的地位，所以女性同胞的政治力量，必須留待黨外人士來開發及重視。到目前為止，這方面的「開發」工作，是黨外先勝。如果要改善「男女黨員政治地位不平等」、「忽視女性高級政治地位」這一類的政治現狀，國民黨應該學習黨外：把女性提任在重要的政治職位上。〔註 54〕鄭南榕認為女性參政不足的問題，並非女性人才的不存在，而是國民黨的問題，若國民黨應該學習黨外，才能有較好的性別政治。其論述中將女性參政的問題視為威權體制與人權問題，而不是性別民主問題，是一個國民黨威權的政治民主問題。其言論可以看見民主運動中的男性民主觀念，是將性別問題視為政治問題，認為只要政治問題解決了，性別問題也跟著解決。

　　不論是以「婦女節專題」來討論女性參政的議題，或是批判國民黨的體制問題，可以看到女性參政是點綴式、批判國民黨導向的思考方式。鄭南榕對女性參政的論述批判，最終是要批判國民黨，認為國民黨忽視女性黨員，所以需要向黨外學習，表面的性別議題其實是民主議題。另外，在黨外雜誌性別議題多出現在婦女節才出現相關文章，可以看到女性議題在黨外雜誌場域出現的時候，是一種節慶式的、點綴式的議題與討論，或者將女性受到不公平的待遇放置在「國民黨威權」的問題之下，呼應了黨外論述中的主導性議題。

　　黨外雜誌論述在提到參政女性時，會出現「去性別化」的平等與「對女性特質的強調」兩種面向。「去性別化」的女性參政觀點，即「參政無關性別」論述之說；「對女性特質的強調」則本質化女性為具備愛心、細心等特質，將社會規範下性別差異視為有利於政治風氣的本質特殊性。在黨外雜誌的場域中，性別議題的討論相對之下內容份量較少，議題也出現不一致的情況。許多論述雖已出現女性獨立自主的觀點，但也有許多文章將女性放在家／國之

〔註 54〕鄭南榕，〈國民黨忽視女性的高級政治地位〉，《政治家》半月刊，臺北，1982年 3 月 1 日，24 期，頁 27～28。

下，或者對新女性主義出現反挫論述；在討論女性參政問題時，會導向是國民黨威權使得女性參政不足的問題，符合黨外主導的民主議題。女性參與政治則出現「強調女性特質」與「去性別化」的兩種面向。可以看到黨外雜誌作為民主論述場域，在民主議題是一致性的推翻國民黨體制為目標。「自由主義的一個基本觀點認為，要使個體能夠有一個享受公共入侵的私人生活，憲政就是最為重要的」〔註55〕，在此種自由主義的觀點下，「民主」被馴化（domesticated）為自由憲政和靜態視角。黨外論述的侷限都會影響到在黨外雜誌論述中黨外女性論述的形成。

第二節　黨外雜誌場域的黨外女性

在黨外雜誌的民主話語當中，「民主」作為一種現代性是主要的核心議題，在此論述核心之下，黨外女性如何被論述，將在這一節進行討論。戴維斯（Yuval-Davis）從性別／國族角度切入談再現與女性文化象徵，提出性別／國族的幾種關係。其中女性不僅扮演了國族的生物性再生產，作為族群跟國族群體裡邊界的再生產者；在文化的象徵性，是意識型態的再生產與文化傳遞者的角色；成為國族差異的象徵符碼；此外，女性也必須擔起公民身份的建立幾個重要面向。在國家、經濟、政治跟軍事鬥爭的參與者—國族之母的角色等幾種角色〔註56〕。不同於前述的男性理論家，戴維斯（Yuval-Davis）是從性別觀點看女性如何成為文化象徵的理論。〔註57〕在台灣黨外運動論述當中，政治女性的參政論述也產生文化象徵性的意識型態，黨外運動民主論述中，女性的母親、妻子的形象、陰柔特質不斷出現，文化指涉的是需要保護、需要重建的台灣民主。

一、「四大女寇」——陽剛性與反對力量的象徵

在黨外女性的論述中，黨外女性被區分為陰柔特質／陽剛特質的展現放置在民主化的意涵當中，陽剛特質／陰柔特質的意義背後所要象徵的是台灣

〔註55〕約翰・S. 德雷澤克（John S. Dryzek），丁開傑等譯，《協商民主及其超越：自由與批判的視角》，北京，中央編譯出版社，2006年9月，頁5。

〔註56〕Nira Yuval-Davis. *Gender and Nation.*

〔註57〕石之瑜、黃競娟，《當代政治學的新範疇——文化、性別、民族》，臺北市，翰蘆圖書，2001年元月，頁53。

民主力量的挫敗與展現，可以看見性別作爲文化上的隱喻進行修辭上的運用
與民主意義的打造。其中陽剛特質的展現以「四大女寇」的論述爲主。

　　呂秀蓮、蘇慶黎、陳菊、陳婉眞四人在黨外運動時期被國民黨稱爲「黨
外四大女寇」〔註58〕。四人當中，國民黨將非「四大女寇」視爲「像男人」，
給予較多陽剛特質的想像。〔註59〕後來出現在黨外文獻與黨外運動的用語中
時，「四大女寇」所帶出來的論述是一種反叛性、強悍、反國民黨力量的隱喻。
被視爲是「積極投入黨外運動對抗國民黨威權體制」。〔註60〕，許榮淑的文章
也提出她們四個人在黨外運動裡面發揮很大的功能。〔註61〕。「四大女寇」一
詞出現的歷史時間點，是在美麗島事件到 1980 年代左右，此時也是被視爲是
黨外勢力空前高漲的時刻。在近幾年新聞報導、回憶敘述中，提到陳菊、呂
秀蓮與蘇慶黎時，報導依然以「四大女寇」作爲一個政治標籤，其中在黨外
論述的政治隱喻是一種反抗國民黨威權、積極挑戰政治場域的女性形象。那

〔註58〕呂秀蓮提到在推動婦女運動時期，開了「拓荒者之家」咖啡廳，認識施叔青，
　　　　她那個時候已經跟陳菊有所關連；陳菊是郭雨新的秘書，還是黨外運動者的
　　　　聯繫人。因爲陳菊的關係，呂秀蓮認識了許多黨外人士，包括後來編《夏潮》
　　　　（1976 年 2 月創刊）的蘇慶黎。結果國民黨把我們四個人列爲『四女寇』」呂
　　　　秀蓮口述，章本、張建隆、陳世宏、黃建仁訪談整理，《走向美麗島：戰後反
　　　　對意識的萌芽》，新台灣研究文教基金會美麗島事件口述歷史編輯小組，臺
　　　　北，時報文化，1999 年，頁 107。2009 年的自由時報描述「蘇慶黎是日治時
　　　　代台灣共產黨領袖蘇新的女兒，投身台灣的農民及勞工運動，與陳菊、呂秀
　　　　蓮等有數年的革命情感，被國民黨稱爲『黨外四大女寇』」侯承旭，〈陳菊：赴
　　　　中爲高雄利益〉，《自由時報》，2009 年 5 月 23 日。許榮淑在談到 1979 年余登
　　　　發事件時，提到當時國民黨稱「四位單身的小姐：陳菊、陳婉眞、蘇慶黎、
　　　　呂秀蓮爲『黨外四大女寇』」，見張炎憲等人訪談，許芳庭記錄整理，〈許榮淑女
　　　　士訪談錄〉，《民主崛起：1980's 台灣民主化運動訪談錄 2》，臺北，國史館，
　　　　2008 年 4 月，頁 14。在 1999 年的蔡慧菁的〈溫柔鐵娘子〉一文提到，「呂秀
　　　　蓮生平做過的許多事，都強烈挑戰女性的傳統定位。從國民黨時代的『四大
　　　　女寇』之一、女性主義運動者、美麗島事件受難人、立法委員，到北台灣第
　　　　一位女縣長，呂秀蓮大膽闖進政治這個「男人世界」，所到之處激起洶湧波濤。」
　　　　見蔡慧菁，〈溫柔鐵娘子〉，《遠見雜誌》，1999 年 3 月，153 期。
〔註59〕顧燕翎老師於 2011 年女學會年會中提出國民黨論述將單身／非婚姻或短暫婚
　　　　姻等女性視爲「四大女寇」，是以父權文化汙名未進入婚姻體制的角度來解讀
　　　　「四大女寇」／像男人的政治女性論述。
〔註60〕何榮幸，〈曾與呂秀蓮、陳菊、施淑青並稱「黨外四大女寇」抗癌 11 載蘇慶
　　　　黎病逝北京〉，《中國時報》，2004 年 10 月 20 日，a13。
〔註61〕張炎憲等人訪談，許芳庭記錄整理，〈許榮淑女士訪談錄〉，《民主崛起：1980's
　　　　台灣民主化運動訪談錄 2》，臺北，國史館，2008 年 4 月，頁 14。

麼在黨外雜誌場域中出現「四大女寇」的相關論述時，所出現的形象以及隱含的政治意義與性別意義爲何，在此本文以黨外雜誌中的相關文本作爲觀察。

在 1982 年的《新生代》創刊號裡，指出 1979 年冬天「高雄事件」發生前，正值黨外勢力空前高漲，「當時有關單位曾將陳菊、陳婉眞、呂秀蓮和蘇慶黎等四位黨外人士，羅列爲「台灣四大女寇」，光從這種政治標誌來看，他們四人在政治上的敏感度極強悍性，眞是不可言喩。目前「四大女寇」中，陳菊、呂秀蓮已是階下囚，陳婉眞也早亡命海外，只留下蘇慶黎一人在台灣尚是自由之身，這若不是政治的現實，多少也是歷史的無奈。」〔註62〕在此「四大女寇」是反國民黨體制「強悍」、因政治民主而成爲「階下囚」、或海外流亡的「亡命之徒」等爲民主犧牲的形象出現。以下將就呂秀蓮、蘇慶黎、陳菊、陳婉眞等四人的相關論述，探討這四人論述中陽剛特質與民主意涵的關係。

在以「反國民黨威權」爲核心論述的場域中，黨外雜誌的場域主要要對抗的是國民黨獨裁與黨國的意識型態。呂秀蓮在黨外雜誌的論述中，是一個熱情的社會改革者，回國後投身反對事業，走政治異議者的坎坷路，一步步走上爲民主人權而犧牲的路。〔註63〕呂秀蓮被呈現爲具有爲黨外犧牲的偉大情操，認爲雖然呂秀蓮從她廿七歲起，就開始極力提倡新女性主義，但是「呂秀蓮這三個字最後會家喩戶曉，卻是在民國六十七年她競選國大代表以後。」〔註64〕。呂秀蓮在黨外論述的場域，雖然會被提及婦女運動者的身份，但是認爲呂秀蓮被家喩戶曉卻是競選國大之後的事。可以看出在黨外民主論述中，黨外女性的「民主人士」的身份位置被強調。其形象是憂慮台灣前途；爲台灣尋求答案；「台灣性」大於「女性」的政治人物。

台灣共產黨員蘇新的女兒蘇慶黎，幼年看到美軍在台灣進行性消費時，對於身處第三世界的台灣女性處境印象深刻。〔註65〕在黨外論述當中，蘇慶黎被政治評論者歸爲「黨外左派」〔註66〕、「黨外女強人」、〔註67〕「爲弱者

〔註62〕〈蘇慶黎：爲弱者說話的女強人〉，《新生代》，創刊號，1982 年 4 月，頁 16。
〔註63〕孔傑榮，〈呂秀蓮的心路歷程〉，《鐘鼓鑼》，第 1 卷，第 7 期，1983 年 7 月 20 日，頁 29。
〔註64〕《生根》週刊特別報導，〈呂秀蓮回來了！〉，《生根》週刊復刊第 3 期，1985 年 4 月 6 日，頁 31。
〔註65〕見〈蘇慶黎：爲弱者說話的女強人〉，《新生代》，創刊號，1982 年 4 月，頁 18。
〔註66〕〈蘇慶黎：爲弱者說話的女強人〉，《新生代》，創刊號，1982 年 4 月，頁 17。

說話的女強人」，對「夏潮」的貢獻及她對黨外民主運動貢獻甚大。「沒有蘇慶黎，便沒有所謂「夏潮」的影響力存在」。不但是前衛理論的工作者，而且是很進步的政治行動者；且具有第三世界關懷的視野。〔註68〕「女強人」之說常見於政治女性的再現論述中。父權文化將「女性」與「柔弱」進行勾聯與指涉，女性被放置在女性／柔弱／私領域當中。相對的，政治領域被視爲強悍／陽剛／男性的領域，當女性步入政治展現陽剛性時，「女強人」一詞意味是從陰柔跨越邊界闖入陽剛的領域，其陽剛性一方面吻合政治具有陽剛特質的期待，在政治論述中其陽剛性被讚揚；另一方面也顯示女性／陰柔才是常態，「女性」與「強悍」兩者之間是不合常俗，因此女強人一詞的弔詭也因此產生。

　　1950 年出生於台灣彰化的陳婉眞，師大社教系新聞組畢業，進入中國時報擔任記者；1977 年爲許信良參選桃園縣長之需，替他編寫《風雨之聲》一書，1978 年辭去待遇優渥的報社工作，與前臺大教授陳鼓應組織聯合競選團隊，參選臺北市立法委員，選到半途因爲美國和中國建交而中斷。台美斷交後積極投入民主運動，並於 1979 年 4 月與吳哲朗辦地下報《潮流》。1979 年與數十位黨外人士到余登發的老家高雄縣橋頭鄉遊行抗議，1979 年 7 月赴美；「高雄事件」後參與台灣建國聯合陣線，並擔任《美麗島週報》執行總編輯。於海外流亡十年，曾任國大代表。黨外雜誌在論述陳婉眞時，強調陳婉眞強烈訴求言論自由、反政治迫害的形象。一步一步踏上『反政治迫害』的抗議之路。軒轅平〈折筆傳奇——陳婉眞的心路歷程〉也提到：

> 陳婉眞在近年的台省政壇有一個流傳頗廣的封號：「姑奶奶」。對於
> 這個稱呼，陳婉眞的感受是複雜的，她說：「在傳統的觀念裡，這個
> 形同『厲害』的代名詞，對女孩子而言，並非很好的恭維。不過，
> 基於新聞記者的特殊職責，我寧願以擁有這個綽號爲榮。」〔註69〕

可以看見，陳婉眞在黨外雜誌中，以國民黨的「喉中鯁、眼中釘」，以「姑奶奶」的強悍的姿態反政治迫害的形象被論述。「姑奶奶」／「厲害」不屬於傳統女性值得讚揚的特質，但是在文化中陽剛／陰柔有上／下位階的關係，因

〔註67〕 李蓮英，〈蘇慶黎赴美深造〉，《政治家》，頁 39。

〔註68〕 〈蘇慶黎：爲弱者說話的女強人〉，《新生代》，創刊號，1982 年 4 月，頁 16
　　　　～19。

〔註69〕 軒轅平，〈折筆傳奇——陳婉眞的心路歷程（上）〉，《美麗島》，美麗島雜誌社
　　　　出版，1979 年 9 月號，第 1 卷第 2 期，頁 42～45。

此當陳婉眞被視爲強悍的姑奶奶時，一方面其強悍是對抗國民黨威權的反叛性；另一方面強悍則從位階低的陰柔特質轉向位階高的陽剛特質。

被稱爲「永恆的黨工」、「走於老、中、青之間」的陳菊早期擔任郭雨新的秘書，在美麗島事件前後陳菊是老中青三代人串連起來的主要人物，被視爲是一個「忠實的反對者」〔註 70〕，是在崎嶇不平的民主道上行走，放棄一般女孩所過的生活，逛街、郊遊、約會甚至婚姻。強調陳菊放棄一般女孩子的生活，而爲台灣民主犧牲奉獻的形象。

田秋堇敘述陳菊於 1979 年 12 月 13 日第二次被捕時，談到陳菊被捕的前一晚，陳菊「突然自顧自的往前踏去，我從斜後側看到她龐然的身影，抬著頭，迎著風，傲視一切似的唱起歌來。」，「那時已經十點多了，雖然路橋下不斷有車子駛過來駛過去，但是四周相當安靜，頗有高處不勝寒之感。路橋旁邊台大校園的椰子樹搖阿搖的，陳菊蓬蓬的頭髮被吹得有點揚起。她的歌聲低低的，不像女孩子的歌聲，有點悲壯，好像戰士要出征似的，有點自我吟唱，不管別人聽得見聽不見。」「她當時的整個身影，給我一種風蕭蕭兮，易水寒的感覺。」蕭裕珍停了一下，「我想，只有她自己懂得歌聲低沈的聲音代表了什麼。」〔註 71〕。陳菊在上述論述中，呈現的是一個身體力行，無所畏懼的「黨工」、悲壯的「出征戰士」；是一心爲台灣民主犧牲「女孩子應有的生活」的女性。「女子應有的生活」屬於家庭、屬於私人情感，但是陳菊「不像女孩子」的悲壯形象，因爲台灣的政治高壓，爲台灣民主犧牲的了原有「應有的女孩子的生活」。

縱上所述，可以看見在出現「四大女寇」這一詞的論述時，所要強調的是爲民主運動掀起波濤洶湧的女性。在四大女寇——呂秀蓮、陳菊、陳婉眞、蘇慶黎的相關敘述中，出現「強悍得不可言喻」、「亡命之徒」、「女強人」、「厲害」、「姑奶奶」、「戰士出征」的形象，論述未將她們放置在性別框架上的突破，反而認爲其突破傳統的性別形象是一種政治不民主下犧牲了「應有的女孩子的生活」。「四大女寇」的強悍性格所要對抗的是國民黨體制的威權。前文提過，在 1970 年代、1980 年代女性獨立個體的論述已經影響黨外雜誌中的性別論述，但其中不少將女性置放在私領域或是國家的富強之下，女性獨立

〔註70〕林龍溪，〈黨外的「苦力」，新生代的「褓母」——爲理想無私奉獻的陳菊〉，《第一線》，1986 年 5 月 24 日，頁 36。

〔註71〕邱小如整理，〈陳菊，我們感念你！〉，《台灣年代》，1985 年 6 月 2 日，第 8 期，頁 45～46。

性才獲得較多肯定。而「四大女寇」的形象，可以看見具有強烈的反叛、強悍、戰士般的形象，所要強調的不是女性自主的身份，而其實是黨外力量反國民黨體制的力量。若考古「女戰士」論述的生產，可以發現在中國的現代化論述中，「女戰士」形象是新女性與家國論述的結合。「女戰士」帶有濃厚的政治色彩，是「一個為革命理想與事業而勇於奮鬥」，「以救國救民為己任，有崇高的理想和使命感，有高昂的革命熱情」，是中國現代化中新女性形象向革命者轉化的論述。〔註 72〕而黨外女性的女戰士形象亦是對抗國民黨的民主與家國論述。

在政治領域中，男性被視為上戰場捍衛國家的武裝公民（citizen-in-arms）與「戰士英雄」（warrior-hero）；女性被視為某人的太太、某人的媽媽、某人的女兒等給予照顧的關係性角色，並由關係性角色形成女性生活的不同階段。男性（manhood）和女性（womanhood）在性別相聯結（sex-linked）的差異上建立起性別分工，男性被視為戰士與獵人。〔註 73〕公民作為戰士英雄是一種有力的象徵，而女戰士（warrior females）與「鐵娘子」（Iron Girls）的典型，強調原本歸屬於男性陽剛性的強壯（strong）、堅強（tough）、具有攻擊性格（aggressive personalities）等特性。康乃爾（R. W. Connell）在對陽剛特質的討論中，陽剛特質（masculinity）與陰柔特質（femininity）視為對立的且具有位階性質的。陰柔特質被與脆弱（weakness）進行聯結；陽剛特質則與強勢進行聯結，產生了上／下；主導／從屬的位階性質。而陽剛特質作為複數多樣的型態，也會有具有主導地位的陽剛特質；從屬的陽剛特質的差別，也就是陽剛特質並非單一存在的。在陽剛特質當中，也有主導與從屬陽剛特質的差別。〔註 74〕黨外論述中，四大女寇則是「女戰士」、「階下囚」、「厲害的姑奶奶」的身份被論述，是強壯（strong）、堅強（tough）、具有攻擊性格（aggressive personalities）等陽剛特性，在文化象徵上，並非性別意義的越界，而是在政治不民主下犧牲原本應有的性別特質，形成反叛國民黨的民主力量，也可以看出「民主力量」與位階高的「陽剛特質」結合的文化意義。

〔註 72〕 鄭永福、呂美頤，〈關於近代中國「女國民」觀念的歷史考察〉，鄧小南、王政、游鑑明主編，《中國婦女史讀本》，北京：北京大學出版社，2011 年 4 月，頁 285。

〔註 73〕 Nira Yuval-Davis, "Gendered Militaries, Gendered Wars", *Gender & Nation*, SAGE Publication Ltd, London, 1997, p.73.

〔註 74〕 Connell. R. W., *Masculinities*, University of California Press, 1995, pp.16～70.

二、從「代夫出征」到「鐵娘子」、「旋風」現象
　　——民主創傷到民主重振的隱喻

　　與「四大女寇」相對應的論述就是「代夫出征」的黨外女性了。在第三波民主論述中，將「寡婦現象」和「女兒情結」視爲全球第三波民主特色。杭亭頓（Samuel P. Huntington）提到「性質不同的反對派團體簇擁著已成烈士的國民英雄的女性親屬：如艾奎諾夫人、碧娜芝布托（Benazir Bhutto）、查莫洛夫人、翁山蘇姬（Aung San Suu Kyi）。這些領袖以戲劇化的手法展現了善良的義舉，對照現任政權之邪惡，同時給人以一種具有吸引力的象徵和人格，而各種流派的異議團體正是環繞這種人格而團結起來。」〔註75〕。台灣的「代夫出征」論述亦成爲對立於邪惡國民黨的民主化身，是政治不民主下的受難者；台灣苦難的象徵；正義的旋風等形象。「代夫出征」從字面上就可以讀出是「代替丈夫出征」的接班者、替代者的角色，丈夫是參政主體；妻子是參政代替與接班者，「代夫出征」論述是非女性政治主體的論述。在民主受挫之後，「代夫出征」現象與論述隨之而起。

　　在黨外雜誌的「代夫出征」論述在不同的歷史時間點出現幾個層次的轉變。1979 年美麗島事件後，悲情的「望你早歸」的受難者家屬與「太太」現身；接著在 1980 年之後的幾次選舉勝利，則出現「鐵娘子」與政壇「旋風」現象。「代夫出征」論述出現的歷史時間點是在美麗島事件後的受難家屬競選時；「鐵娘子」與「旋風」則是競選成功後，對於黨外民主力量重振的展現。這些受難者家屬「代夫出征」當選後，又被視爲「周清玉旋風」、「方素敏旋風」〔註76〕等現象，美麗島受刑人家屬在民主受挫到高票當選，到打開政治案件受刑人家屬參政的風氣〔註77〕的幾個歷史轉變。在此將針對論述的陰柔特質與民主意涵；論述的轉折與歷史意義進行闡述。陽剛／陰柔特質的上／下位階中，位階高的陽剛特質被視爲民主力量的展現；位階低的陰柔特質則是民主力量的受挫。

〔註75〕 Samuel P. Huntington，劉軍寧譯，《第三波：二十世紀末的民主化浪潮》，台北，五南出版社，2005 年 10 月，出版，頁 200。

〔註76〕 如公孫龍在〈周清玉的痛苦——對政治沒有興趣竟成爲「黨外樣版」〉一文，即談到周清玉在民國六十九年增額中央民意代表選舉時，在臺北市造成一股「周清玉旋風」。民國六十九年方素敏參選，也製造了一股「方素敏旋風」。見公孫龍，〈周清玉的痛苦——對政治沒有興趣竟成爲「黨外樣版」〉，《深耕雜誌》，第 23 期，1982 年 12 月 10 日，頁 30～31。

〔註77〕 李筱峰，《台灣民主運動四十年》，臺北，自立晚報，1987 年 10 月，頁 170。

1.「代夫出征」中的陰柔與悲情──民主創傷的隱喻

（1）望你早歸：陰柔特質與民主創傷

前文提到在民主運動的歷程中，「四大女寇」的陽剛特質被視為是反國民黨的力量；那麼黨外論述「代夫出征」則以陰柔特質來隱喻台灣黨外運動與台灣歷史的悲情。在台灣殖民歷史當中，陰柔特質經常被用來描述被殖民、被入侵與歷史悲情，殖民化與受壓迫過程被陰性化地隱喻。在眾多文化民族主義論述的文化編碼中，性別符碼起著特殊的作用，如中國民族的民族主義文化編碼中，「大地母親」、「黃河母親」等女性化／母性化修辭與象徵。〔註78〕在台灣黨外運動論述性別化的民主隱喻繁多，如台灣近代歷史是「被遺棄的苦命的台灣童養媳。」〔註79〕、台灣被殖民是一種「舞女」命運〔註80〕、尤清也將台灣比喻成民主難產的「產婦」與「老母親」〔註81〕。邱義昌在全美會為聲援台灣國家正名運動聯盟的「511」大遊行中，聲明要以「為正名來打拼」做最高貴的獻禮給「咱共同的母親」與「阿母」：「台灣」〔註82〕等。克內則威克（Knezevic, Djurdja）提到國家論述經常以女人／女人的身體為隱喻，以女人作為國家人格化象徵。女人被表示為一個團體，充滿著想像出來的特徵，如「祖國母親」或「故鄉母親」便是例子。〔註83〕上述政治語言都是將土地與母親結合，以修辭的運用進行國族的打造。在民主論述中，凡見以性別作為一種政治隱喻，將性別權力關係下的產物挪用為台灣受壓抑的政

〔註78〕 陳順馨，〈導言一：女性主義對民族主義的介入〉，陳順馨、戴錦華編選，《婦女、民族與女性主義》，北京，中央編譯社，2002年，頁9。

〔註79〕 吳文就，〈郭雨新與台灣的政治犯〉，收錄於郭惠娜、林衡哲編，《郭雨新紀念文集》，臺北，前衛出版社，1988年9月15日出版，頁93。

〔註80〕 被殖民的命運仿如「舞女」一說見《美麗島》雜誌。

〔註81〕 尤清提到民進黨成立過程時，「我是去學人家怎麼組黨，這是有計畫的，所以我很不服他們說民進黨組黨的時候是早產，我就叫簡錫堦畫一個漫畫：產婦台灣老母親，年齡400歲，懷孕40年，生下民進黨。這麼老才生出來，你還說我早產？」尤清口述，張炎憲等人訪談，許芳庭紀錄整理，〈尤清先生訪談錄〉，張炎憲主編，《民主崛起：1980's 台灣民主化運動訪談錄1》，臺北縣新店市，國史館，2008年4月，頁117。

〔註82〕 見邱義昌，〈千禧年代全美台灣同鄉會在海外台灣人社團中扮演的角色〉，《自覺與認同──1950～1990年海外台灣人運動專輯》，台北，財團法人吳三連台灣史料基金會，2005年6月。

〔註83〕 克內則威克（Knezevic, Djurdja），北塔、薛翠譯，〈情感的民族主義〉，陳順馨、戴錦華編選，《婦女、民族與女性主義》，北京，中央編譯社，2002年，頁143。

治話語，但卻僅是台灣命運的比喻未進行性別民主的思考。「代夫出征」女性的論述成爲民主的悲情與苦難的象徵，是另一種將陰柔特質與民主苦難進行結合的政治論述。

「代夫出征」在台灣的政治論述中，不僅指涉美麗島事件之後的受刑人家屬，也將其他國家民主發展過程中，丈夫受難、妻子從政的現象都稱爲「代夫出征」，如菲律賓的柯拉蓉。「代夫出征」被視爲台灣追求民主運動中關注政治犯家屬時，不能遺忘的歷史記憶。王丹在〈打造政治犯家屬的歷史群像〉提到「台灣美麗島大審之後，政治犯的妻子們集體代夫出征投入政治犯對運動……沒有這些家屬的支持，歷史的這一頁就不是完整的。」〔註 84〕。在美麗島事件後，周清玉、方素敏、許榮淑、高李麗珍等人被視爲「受難者家屬」以「代夫出征」之姿參政。在「代夫出征」的論述中，直接參與政治行動而入獄的男性被視爲「政治受難者」；而被視爲妻子、母親、女兒等「關係性角色」的女性則被視爲「受難者家屬」，可看出歷史論述以性別關係角色的家屬身份定義其政治受難的位置。「代夫出征」一詞本身即有政治「接班者」、非參政主體、受難者「家屬」的意味。而受迫害政治女性如周清玉、許榮淑與方素敏在「代夫出征」前，被論述爲平凡的弱女子，只希望能安穩地當平凡的家庭主婦與妻子，但因爲政治民主的代價，而走向從政之路。女性／私領域的意識型態下，女性放置在私領域才是正常的生活與民主的表現，走向政治之路是因爲政治不民主下所付出的代價。

「代夫出征」女性論述中，政治女性是以「血與淚」的代價爲民主運動付出犧牲。如周清玉的相關報導中，1980 年競選增額國大、立委選舉時，一聽到「望你早歸」的錄音帶，就在演講臺上泣不成聲。〔註 85〕「受迫害政治家屬」等待、悲情的苦難等同於「民主的苦難」，《九十年代週刊》中描述台灣婦女在政治有一席之地，都是一群被迫害的「政治犯家屬」，「她們的地位，都是用血與淚爭取來的。」〔註 86〕。1980 年的中央民意代表選舉是美麗島事件發生後的第一場選舉，黨外候選人受難女性以家屬身份「低姿態的悲情訴求」爭取選票，與高雄事件前強烈的批判氣氛截然不同，充分反映出當時政治氣

〔註84〕 王丹，〈打造政治犯家屬的歷史群像〉，《自由時報》，副刊版，2010 年 6 月 16
日。

〔註85〕 葉鴻英，〈忍著辛酸含著微笑──訪尚在服刑的美麗島事件受難者家屬〉，《前
進》週刊，第 22 期，1984 年 8 月 23 日，頁 30。

〔註86〕 吳自然，〈許榮淑參加世界婦女政治領袖會議〉，《九十年代週刊》，頁 54。

氛的凝重。〔註 87〕張俊巨集在〈張俊巨集給許榮淑的一封信〉一文中的許榮淑「拖著疲憊身軀，帶著稚女，扶著舉步履維艱的父親，目送你們逐漸消失在鐵門外，……需走入風濤險浪的世界，一個平凡的弱女子，你沒有非凡的能力，卻需要挑非凡的重擔，願上帝賜給你足夠的堅強來承擔時代的苦難！」〔註 88〕張俊宏給許榮淑的信中，敘述平凡的弱女子若在正常的民主體制之下，原本應該歸屬於安穩的私領域中，但因為政治不民主而必須參與政治並承擔時代的苦難。

政治受難女性在黨外氛圍中被置放在私領域的平凡女性與妻子，卻因為承擔民主苦難而必須堅強起來，「代夫出征」女性的悲情，便是來自於時代的苦難。另外，當畢業於台大社會系的周清玉則被形容為披著寫有「姚嘉文的太太」的彩帶，出現在政見會臺上，以如泣如訴的感性音色，敘說高雄事件後的政治氣氛及美麗島受刑人家屬的際遇，〔註 89〕周清玉被視為憂患、悲情的角色。〔註 90〕「姚嘉文的妻子」周清玉在「高雄事件」審判後的論述，是一名傷心、流淚、脆弱、難過、無助、不解，覺得自己是「弱女子」的受難者家屬。〔註 91〕陳若曦〈再出發的黨外〉一文，高雄事件的創傷中，周清玉「一提及姚嘉文眼眶就紅，喉嚨馬上哽咽……，似乎姚嘉文不回來，地球會停止轉動一般。」〔註 92〕葉鴻英提到 1984 年時，見不到周清玉本人時，彷彿又看到「民國六十九年增額國大、立委選舉時，一聽到「望你早歸」的錄音帶，就在演講臺上泣不成聲的「姚嘉文的妻子周清玉。」〔註 93〕

另一位「代夫出征」女性方素敏，在陳若曦筆下是很典型台灣家庭婦女，樸實無華、溫良賢淑，對政治沒有興趣也不懂政治，「原想本本分分地做個賢

〔註 87〕 陳孟元，〈台灣一九七〇年代後期黨外運動的發展——凝聚、頓挫與再出發〉，頁 93。

〔註 88〕 張俊巨集，〈張俊巨集給許榮淑的一封信——分擔苦痛、維護公道〉，《台灣潮流週刊》，第 1 期，1984 年 8 月 20 日，頁 53。

〔註 89〕 李筱峰，《台灣民主運動四十年》，臺北，自立晚報，1988 年 5 月，二版，頁 166～167。

〔註 90〕 陳奇，〈周清玉徘徊選立委與來年大選之間〉，《這一代》，臺北市，這一代雜誌社，第 30 期，1983 年 3 月 5 日，頁 5。

〔註 91〕 鄧維賢，〈周清玉旋風〉，頁 15。

〔註 92〕 陳若曦，〈再出發的黨外〉，《深耕雜誌》，第 9 期，1982 年 5 月 9 日，頁 32～33。

〔註 93〕 葉鴻英，〈忍著辛酸含著微笑——訪尚在服刑的美麗島事件受難者家屬〉，《前進》週刊，第 22 期，1984 年 8 月 23 日，頁 30。

妻良母」，出於對丈夫的敬愛，卻不幸捲進了政治的漩渦。〔註94〕其論述意義是將女性擔任「賢妻良母」視爲政治民主的表現，但現狀卻因著政治不民主而失去在私領域擔任「賢妻良母」的安穩生活。政治民主下的女性是「賢妻良母」；政治不民主下的女性則「代夫出征」。「賢妻良母」與「代夫出征」成爲政治民主與否的女性形象，而也可以看出黨外民主論述中民主僅意涵政治民主；而未包含性別民主與女性參政意義在其中。方素敏在政治受難後論述呈現出一個「嬌小纖弱，卻又寬宏大量，極識大體的婦女、忍辱負重」的女性〔註95〕，其嬌小的女性身影與傳統女性的美德也幾乎是台灣民主苦難的象徵與承擔。許多男作家如林雙不、陳芳明也以男性作家的身份模擬方素敏的口吻，爲民主苦難寫下文學作品。如以陳嘉農爲筆名的陳芳明在美國時寫下寫下〈迎方素敏〉一詩：

> 這次迎接你／是望你早歸的歌聲／那是台灣最長的期待
> ／你衷心低唱
>
> 望君的心情／是連綿不斷的長空／一片雲，
> 攜帶無語的思念／總是停留在鐵窗外徘徊
>
> 望子的胸懷／是激盪不止的海洋／一股浪，
> 蘊藏多少悲愴／你的愛與慟是漲滿的潮水
>
> 望鄉的眼睛／是深夜不眠的視窗／一盞燈，
> 燃燒熊熊的希望／你從不輕易撚熄
>
> 這次迎接你／是望你早歸的歌聲／假使那是台灣最苦的期待
> ／我們與你齊聲低唱。〔註96〕

陳芳明模擬方素敏的口吻寫出一個等待、望夫早歸的政治受難女性。女性在過往文化中被視爲是等候在家／私領域的守候者，等待丈夫歸來；相對的，當台灣民主受難時，女性以等待之姿期待政治參與主體的丈夫歸來。歷史論述中女性是爲離家的男性而等待；也爲政治民主而等待。陳芳明在這首詩所呈現的一個女性歸屬於私領域；也歸屬於傳統性別中的等待者、守候者身份。另外，作家林雙不以「方素敏」爲名義寫下〈盼望〉一詩，之後收錄於《方

〔註94〕陳若曦，〈我見到林義雄的太太〉，頁 17。
〔註95〕陳若曦，〈我見到林義雄的太太〉，頁 18。
〔註96〕陳嘉農，〈迎方素敏〉，《台灣文藝》，90 期，1984 年 9 月。

素敏的抉擇》中，一直被誤認為方素敏所寫，可是實際為林雙不以「方素敏」
之名所寫，男作家之筆模擬黨外女性主體的作品。

〈盼望〉

人家說你是好漢

我就哭了

我寧願你

只是孩子的父親

你握緊民主的火把

要追求鄉土的光

他們卻說你

拿火要放

喪失了的，不僅是自由

喪失了的，不僅是母親

不僅是女兒

還傷害了

鄉土的信心與希望

從泥沼裡來

一步一掙扎

一動一攤血

多麼渴望啊下一代

大家的下一代

不要陷入無知的泥沼

家鄉的風無情

無情地吹

家鄉的海無情

無情地翻

風啊海啊為什麼

為什麼無情

一直這樣盼望

在家鄉長住

你下田

我燒飯洗衣

確信你會在

一定的時刻回來

長久的寂寞我不怕

無情的海風我不怕

母親和女兒的眼神

母親和女兒的眼神啊

是我永遠的創傷

人家說你是好漢

我就哭了

我寧願你

只是孩子的父親 [註97]

林雙不在 1980 年 2 月 28 日林義雄先生家人命案後，以悲痛的心情更改筆名爲「林雙不」，並以「方素敏」之名，寫下的〈盼望〉一詩，其「盼望」的身影便是「望你早歸」的政治女性身影。林雙不在《安安靜靜想到他》一書中自陳是爲了詩的效果，才借用方素敏的姓名，實際上是寫自己的心情 [註98]。然而詩的效果其實也產生論述的效果，文中寫著方素敏期待自己可以「燒飯

[註97] 林雙不，〈盼望〉，《台灣新樂府》，臺北，草根出版，1995 年 2 月初版，頁 32 ～34。（完稿於 1981 年二月。）本詩以「方素敏」爲名，收錄於《方素敏的抉擇》一書，頁 37。亦刊登於 1981 年 2 月（七十年三月《八十年代》）。

[註98] 林雙不談到「一九八一年二月，我寫下〈盼望〉一詩。全詩共分九段四十行，以上四行就是這首詩的開頭和結尾，往後幾次選舉中，一再被女性候選人拿來做文宣的素材。這首詩是用女性的口吻寫的，爲了加強詩的張力，發表時借用了林律師夫人的姓名。自然而然，詩句『我就哭了』的『我』，一般讀者朋友便以爲是方素敏了。事實上不是，詩中『我』是我自己，當年我三十一歲，大男人，感情不應這麼脆弱的人夫人父；而且林家的不幸已經是一年前的舊事了！但是沒辦法，只要念頭觸及這個慘案，我就忍不住心如刀割，淚水直流，不管人前人後，不論夜晚白天。」，而方素敏問林雙不爲何寫得如此眞切，林雙不回答到「林太太忘了，在我們身上，有一樣共同的東西。不論識與不識，熟或不熟，一旦苦難來臨，這樣共同的東西立刻就會把我們緊緊拉在一起。這樣東西是，我們身上都留著台灣人的血液。」見林雙不，〈每次一想到他〉，《安安靜靜想到他》，台北，草根出版社，1996 年 7 月出版，頁 98。（1983 年 2 月 28 日，員林完稿）。

洗衣」；丈夫則「下田」工作，單純地僅擔任「孩子的父親」。在威權體制下，參與反對運動的男性被剝奪私領域的生活，因為政治高壓而入獄；女性則因為政治不民主而從日常丈夫守候者成為更漫長的民主守候者，甚至為政治不民主必須從私領域步上公領域。林雙不將筆下的女性，可以擔任傳統性別分工角色才是政治民主下的理想生活。上述兩位男作家筆下的方素敏，是一個等待丈夫歸來、為丈夫洗衣煮飯，「嬌弱的身體承擔這麼重的負荷」〔註99〕承擔台灣苦難的女性。方素敏則是這個苦難命運的象徵。」，因為「方素敏的苦難，是全體台灣人民的苦難。」〔註100〕。方素敏的「嬌弱身體」、「望你早歸」的悲慟，其女性化的身影成為台灣苦難的象徵與隱喻。

上述論述中，「代夫出征」女性如許榮淑、周清玉、方素敏等人，在論述再現中是原本希望本本分分地做個「賢妻良母」，「賢妻良母」的身份才是民主生活的方式。其民主論述上，陷入一種矛盾的狀態，一方面鼓催「自由」與「民主」，另一方面卻鼓催傳統的家庭意識型態。認為女性處於私領域中，才是民主幸福的圖像。從中可以看到黨外民主論述中，「民主」的意涵是政治民主，未包含女性走入公領域與政治參與的性別觀點，在性別意義上女性被置放在私領域才是政治民主的展現。在女性身影的呈現上，威權政治使得「平凡的弱女子」、「喉嚨馬上哽咽」的女性必須擔起「時代苦難」。在台灣追求民主化與政治現代性的過程中，國民黨的威權帶給台灣民主創傷與苦難，「悲苦的」、「柔弱的」、「平凡的」、「望你早歸」的「代夫出征」女性是政治不民主的受害者。原本在民主社會下，女性應該是幸福平凡的家庭主婦與「家中天使」，原本期待的是當一名洗衣煮飯平凡的女性，但因為血與淚的民主創傷而「忍辱負重」地走上政治道路。因為政治的苦難，女性必須「代夫出征」，成為望夫早歸的受難者。其論述觀點將政治女性視為原應在非威權的社會下，可以在私領域擔任家庭主婦是一種民主社會的幸福，但因為民主創傷與非常態的生活而扛起重擔，這些論述都去形塑黨外女性的嬌弱；也以女性原本應該在私領域中，步入政壇的無奈是因為黨外民主的受挫。女性歸屬於私領域等同於政治民主的展現；女性步入政治則是政治不民主的創傷。上述論述都可見民主再現論述有傳統的性別意義在其中。此外，當強調「嬌弱」、「等待」、「悲傷」、「無助」、「陰柔」等強加在女性身上的性別特質展現時，一方面要

〔註99〕〈在義光教會〉，頁82。
〔註100〕方素敏，〈盼望〉，收錄於《方素敏的抉擇》，頁62。

強調的女性生命的悲情；另一方面則是民主苦難的展現，其陰柔特質展現的是民主的創傷。

（2）走一條未走完的路：民主創傷後的「接班者」

「代夫出征」女性在丈夫入獄後，以「政治受難家屬」的身份參與選舉。參政女性被視爲是民主的「接班者」，繼續走「一條未走完的路」。這些論述是將女性放置在「接班者」位置，是接替丈夫的政治之路，繼續走一條丈夫未走完的民主之路。其「接班者」論述一方面是指民主之路受創傷後必須再延續；另一方面也是將男性視爲民主之路的主體，女性是民主之路的「接班者」與「接替者」。

台灣最早出現「代夫出征」一詞出現與論述的時間點，是蘇洪月嬌在1977年的五項公職選舉當中，代替被關15年的政治受難者蘇東啓出來競選開始。〔註101〕1979年美麗島事件之後，周清玉、許榮淑以「受難者家屬」身份「代夫出征」，以最高票當選增額國代和立委，「代夫出征」的黨外女性論述大量呈現，並延續到日後關於翁金珠、葉菊蘭等人的再現論述中〔註102〕。在1980年之後的方素敏、高李麗珍，甚至較晚期進入政治場域的葉菊蘭、吳淑珍等人都被以「代夫出征」，都以「延續黨外香火」的民主人士身份被論述。

「代夫出征」的黨外女性一開始幾乎是以「民主接班者」的身份被再現。1983年底的立委選舉，「黨外主要人士都身陷囹圄，黨外人士的太太們全都『代夫出征』，希望能擴大立法院內黨外的聲音」〔註103〕，1975年到1986年黨外雜誌裡出現關於黨外女性的論述中，可以發現「代夫出征」反覆出現。在針對美麗島事件受難家屬的歷史定位上，也將她們視爲民主的接班者。

〔註101〕陳翠蓮在〈黨外書籍與台灣民主運動（1973～1991）〉一文，便直接以「代夫出征」形容蘇洪月嬌的參選。見《台灣文獻》第55卷第1期，頁11。

〔註102〕方素敏一開始便是以受害者「林太太」的身份出現在政治場域。方素敏編著，《對臺灣的愛：方素敏的抉擇》，臺北市，方素敏，1983年11月。周清玉在姚嘉文入獄之後，出來競選國大，選舉海報上以「姚嘉文的妻子」作爲標榜，並在政見會上播放〈望你早歸〉這首歌周清玉競選海報檔案，收錄於〈周清玉女士訪談錄〉，張炎憲主編，《民主崛起1980's台灣民主化運動訪談錄1》，2008年4月國史館，頁227。翁金珠也被以「代夫出征參加省議員選舉」來形容。顏幸如，〈始終未被命運擊垮的彰化媽祖〉，《溫柔的革命：女性政壇明日之星》，臺北市，月旦，1998年4月，頁67。

〔註103〕陳品，《非常女人》，臺北市，大村文化，1996年，頁91。

美麗島事件後，周清玉以〈薪火相傳〉的傳單，傳單上印著「民主的香火並沒有中斷」。〔註104〕儘管民主受重創，但是「受難者家屬」接替而起，民主的香火並不會因此中斷。另外，周清玉在〈走那沒有走完的路〉的另一張選舉傳單上寫著，「繼續走那嘉文沒有走完的路，希望下一代能有機會享受自由民主的果實。……只要求一個民主的政治環境，一個法治的社會。……黨外民主運動就是在為這個必須付出犧牲的改變而奉獻。希望全體民眾一起走那沒有走完的路。」〔註105〕。代夫出征女性的傳單上，皆以民主受挫後的民主接班者自居，接續民主路上「未走完的那一條路」，周清玉是接續姚嘉文未走完的政治之路，繼續黨外運動的民主犧牲。參政女性是參政男性的「接班人」，參政男性作為參政主體，參政女性則是政治副手，以接班者身份接替了反對運動男性未走完的民主之路。

姜靜惠在〈方素敏的抉擇〉一文中，描述「溫婉嫻靜」的方素敏，在美國兩年多的隱居生活後，更真實、更冷靜，決定回台參選時，是「要用她小小的力量，來幫助台灣的民主前途。」〔註106〕。以「小小的力量」去描述方素敏的女性／受難以及對抗國民黨威權的位置。另外，張俊宏在美麗島大審當天，寫下一份告白給許榮淑，文中大意是「不要讓和平成為絕響」〔註107〕，許榮淑則說「俊宏這個告白，一千個日子以來，一直迴繞在我的心中。這些話使我抱著『和平改革者』的精神，來繼續完成俊宏的心願。」「毫無怨言的為整個台灣的民主運動來努力。」〔註108〕，許榮淑接下張俊宏在美麗島大審之後的告白，走上政治不讓和平成為絕響，意味著成為民主路上的接棒者。

即使九〇年代論者與歷史學者，也延續 1980 年黨外時期將「受難者家屬」、「民主接班者」的歷史觀點。如彭琳淞提到「美麗島事件後，黨外菁英入獄，受難家屬、辯護律師與前述黨外新生代這三類人才，適時出現，因應時局，填補空位，進行接棒；他們繼續運用黨外雜誌，累積運動能量，衝撞

〔註104〕李筱峰，《台灣民主運動四十年》，臺北，自立晚報，1988 年 5 月，二版，頁 168～169。

〔註105〕轉引自李筱峰，《台灣民主運動四十年》，臺北，自立晚報，1988 年 5 月，二版，頁 166～167。

〔註106〕姜靜惠，〈方素敏的抉擇〉，頁 73。

〔註107〕參見鄭南榕，〈不要使和平改革成為絕響〉，《深耕雜誌》，第 23 期，1982 年 12 月 10 日，頁 23。

〔註108〕鄭南榕，〈不要使和平改革成為絕響〉，《深耕雜誌》，第 23 期，1982 年 12 月 10 日，頁 23。

威權體制，在後來民進黨的成立與解嚴後民主運動的加速過程中，也都扮演起重要角色。」〔註109〕。又如李筱峰談到黨外運動的組成份子當中，若以高雄事件後的黨外來看，其重要主導份子大致可歸納出四種類型的人「1 因數次以黨外身份從事競選活動而崛起的專業公職人員；2 高雄事件或其他政治性案件的家屬；3 政治案件被告的辯護律師；4 多年從事助選及文宣工作的年輕新生代。」〔註110〕。陳孟元，〈台灣一九七〇年代後期黨外運動的發展——凝聚、頓挫與再出發〉也提到 1980 年的中央民意代表選舉分別競選立委及國代的許榮淑、周清玉，均以「延續黨外香火、追隨前輩腳步」爲主題政見。〔註111〕上述論述，將「代夫出征」視爲塡補民主空位、延續黨外香火、追隨前輩腳步的政治行動。其論述的歷史觀點，僅著重在民主創傷後，政治受難、民主延續的歷史觀點，而「民主」指涉是國民黨威權下政治受挫的黨外力量。

在台灣美麗島事件之後，「代夫出征」女性站上政治舞臺，「代夫出征」一詞不斷反覆出現。在提到美麗島事件，姚嘉文的妻子周清玉參選國大代表，張俊宏的妻子許榮淑參選立法委員。周清玉在臺北市以最高票當選國代，許榮淑也以高票當選立委，也打開了日後政治案件受刑人的家屬參與選舉的風氣。黨外論述將周清玉和許榮淑的當選，視爲台灣民眾對於國民黨政府處理美麗島事件的作法，以及用手中的選票表達了人民眞正的心聲。〔註112〕楊青矗 2009 年出版的小說《美麗島進行曲：第三部政治審判》亦描述「選舉結果除了高李麗珍因被作票些微之差落選之外，其餘律師與家屬都全部高票當選。人民以選票審判美麗島高雄事件受難者無罪！」〔註113〕女性參政與當選，是一場威權的反抗與民主的審判，女性參政的意義被置放於「政治民主」的論述之下。選舉後，「代夫出征」女性所到造成一股旋風。「代夫出征」是民主創傷之後，民主之路的「接班者」，接替入獄的丈夫從政。從政之後，代夫

〔註109〕彭琳淞，〈黨外雜誌與台灣民主運動〉，胡健國主編，《二十世紀台灣民主發展：第七屆中華民國史專題論文集》，臺北縣，國史館，民 93 年，頁 746。

〔註110〕李筱峰，《台灣民主運動四十年》，臺北，自立晚報，1988 年 5 月，二版，頁 273。

〔註111〕陳孟元，〈台灣一九七〇年代後期黨外運動的發展——凝聚、頓挫與再出發〉，頁 93。

〔註112〕張世瑛訪問紀錄，〈李勝雄先生訪談紀錄〉，收錄於《勇者的身影——江鵬堅先生行誼訪談錄》，臺北縣新店市，國史館，2004 年 5 月，頁 97。

〔註113〕楊青矗，《美麗島進行曲：第三部政治審判》，台北市，敦理出版社，2009 年，7 月 31 日，頁 1039。

出征則從悲苦的「望你早歸」與民主「接班者」的無奈，一躍成為「民主旋風」與「鐵娘子」。

2. 從「太太」到「鐵娘子」與「旋風」現象──黨外力量的重振

（1）從「太太」到女性主體──民主主體的壓抑到浮現

「代夫出征」女性一開始經常是以「某人的太太」的身份被認識。如周清玉是「姚嘉文的妻子」；許榮淑是「張俊宏的太太」；方素敏是「林義雄的太太」被認識。「太太」身份是女性在婚姻體制中，因性別身份而扮演著關係性、無名的、附屬的角色。政治受難女性一開始則是因為參與黨外運動男性的身份被悉知。

呂秀蓮在其新女性主義論述中提到，「女子結婚後，一方面被戴上夫姓的帽子，另方面又穿著『太太』的鞋子，一上一下的結果，『×太太』竟取代她原有的姓什名誰了，她彷彿是看得到鞋帽卻見不著身子的隱形人。男子卻不然，打從出生時起，他是某某人便是某某人，而且從東到西，自始自終，永遠被喚『『先生』，連名帶姓，一字不改。」〔註114〕。「某人的太太」是以「民主人士背後的女人」被認識，可以看到女性在性別角色上是關係性的角色；在民主場域中也被視為附屬的角色。然而在民主論述場域中，受難者的「太太」角色，不僅僅作為性別上的關係性角色，亦成為民主路上一個苦難而悲情的象徵，而當從「×太太」的關係性角色到女性成為主體時，更有民主力量的再興的隱喻。

許榮淑在1980年底中央民代的選舉當中，台灣的民眾第一次知道有許榮淑這麼一位女性，因為長期以來，許榮淑被以「張太太」身份熟知。從「張太太」到「許榮淑」的論述轉變有其政治意義：

> 從「張太太」到「許榮淑」是一條血淚交織、堅苦卓絕的旅程。在這一段時空內，也是台灣民主運動的轉折期──從地域性、草莽性到全省性而且邁向更現代的民主運動。長期以來，在重重壓力──來自政治、社會、經濟的，張家跟著台灣的民主運動逐步成長，而「張太太」也逐漸成長為「許榮淑」。
>
> 在六十四年「台灣政論」創刊前，張俊宏已為「大學雜誌」的編輯

〔註114〕呂秀蓮，〈新女性主義的內涵〉，《新女性主義》，高雄市，敦理出版社，1986年2月15日，頁175。

工作付出他大部分的精力，這時，從家庭的生計──到朋友們的招呼便由張太太一手擔起來。那時她在南門國中執教，除了教學，為了負擔生計，她還得利用任何空檔做任何可能做的生意。家庭的生計並不是一個太大的難題，最大的擔子還是她先生以及朋友們從事政治活動上的經費──從辦雜誌、出書，到選舉和各種各類的政治活動，都是非錢莫辦。張俊宏是一個木訥型的人，朋友的招呼和團結工作便落到張太太身上，在運動過程中，這是一項最艱苦的工作，但長期以來，張太太不但勝任而且頗具成果。許多朋友都說張俊宏的成就一半是許榮淑的功勞。

在長期的磨練下，張太太基本上已具備一位政治人物的條件。六十七年，她曾出馬登記選監委，而六十九年的中央民代選舉雖然她的出馬多少有「代夫出征」的意義，但也是「張太太」到「許榮淑」必然的結果。

從「張太太」到「許榮淑」，是賢妻兼同志的最佳典型。〔註115〕「張太太」到「許榮淑」的成長過程，也是台灣政治從不民主到民主現代化的過程。「張太太」是性別關係上的附屬位置；「許榮淑」則是政治前臺的參政主體，一方面說明女性從關係性角色走上前臺，是性別角色現代化的過程；另一方面指涉的是政治民主從壓抑到現代化的過程。許榮淑從只是成功男人背後的一雙推手到政治主體，強調脫離幕後籌錢招呼的賢妻「張太太」，逐漸走出女性政治人物自我的特色，其實可以看到女性從關係性的角色活出自我，成為一個參政主體，所伴隨的是台灣民主運動的成長。民主運動的過程，賦予參政女性主體；女性主體的成長，是以民主主體的發展為基礎。

周清玉一開始參與選舉，是以「姚嘉文的妻子」身份參選。「黨外」人士因此知道她是「高雄事件」主要被告姚嘉文的妻子。競選活動展開後，周清玉所有的傳單和擺在街上的廣告牌都註明她是「姚嘉文的妻子」。藉此，「大部分人立刻懂得周清玉參加競選的意義及本錢所在。」〔註116〕政治受難者妻子以接班者的角色參選，以延續姚嘉文尚未走完的民主道路，選票多寡彰顯的是對國民黨威權的反叛強度。1980 年底中央民代選舉投票

〔註115〕陳文茜、蘇逸凡，〈為黨外奉獻的六位女性〉，《政治家》半月刊，臺北，1982年 3 月 1 日，第 24 期，頁 22～23。

〔註116〕鄧維賢，〈周清玉旋風〉，頁 15。

的結果，「周清玉以十五票高票當選，很快地她便從只有一小群黨外人士所認識的「姚太太」一躍而成為萬人矚目的政治人物。」〔註117〕。周清玉從「姚太太」的身份，成為「周清玉旋風」。從「姚太太」到「周清玉」，是周清玉從妻子身份走向政治參與；從幕後到前臺；從「姚太太」的「受難」到「周清玉」的「旋風」；可以看見敘述方式呈現從民主創傷、主體受壓抑到民主力量展現的過程。

　　方素敏在黨外論述中，是從傳統典範中走入政治領域的女性。在當時的歷史氛圍裡，方素敏原本是被定義為受呵護與寵愛的溫馴女性，如林雙不與陳若曦筆下，皆將方素敏形容為等待丈夫林義雄的歸來，想安安份份當賢妻良母的女性〔註118〕。在《方素敏的抉擇》一書中，田秋堇等人在方素敏未參選時，一直以「林太太」稱呼方素敏，在家庭私領域的「林太太」身份是她被媒體與外界認識的方式。在1980年228的林宅血案發生時，方素敏以「林太太」的身份；以及歷史的受害者角色被定義。〈最長的一日——記林義雄先生的家門慘變〉一文中，描述「林太太強忍著悲傷」，〔註119〕田秋堇在〈愛與死——給我的小朋友奐均〉一文中，「到景美軍法處辦交保之前，林太太拿輔佐人印章，她從病床上撐起身子，等待丈夫歸來的妻子。」〔註120〕田秋堇在〈對過去的一個注目禮〉裡，「林太太迎著風，站在我前面，我仔細看了看她，發現她的頭髮好多都白了，白髮交纏著黑髮，在風中瑟瑟飄動。」〔註121〕

　　當方素敏以「林太太」的身份被論述時，出現了是強忍著悲傷，在風中蕭瑟的女性。在方素敏決定出來參選時，她的個人身份逐漸替代關係性的身份被認知。當「林太太」轉變為「方素敏」時，則是方素敏回國競選。如在《亞洲人》第5卷第6期社論〈支持方素敏高票當選〉為標題形容方素敏的參選。「林宅血案發生於四年前的二月廿八日，方素敏回來的日子剛好是十月廿五日台灣光復節。「如今方素敏決心獻身民主運動的行列，我們支持她選

〔註117〕陳奇，〈周清玉徘徊選立委與來年大選之間〉，《這一代》，臺北市，這一代雜誌社，第30期，1983年3月5日，頁5。

〔註118〕陳若曦，〈我見到林義雄的太太〉，頁18。

〔註119〕林南窗，〈最長的一日——記林義雄先生家門慘變〉，收錄在方素敏編著，對台灣的愛——方素敏的抉擇，臺北市，三捷印刷廠，1983年11月出版，頁5。

〔註120〕田秋堇，〈愛與死——給我的小朋友奐均〉，收錄在方素敏編著，對台灣的愛——方素敏的抉擇，臺北市，三捷印刷廠，1983年11月出版，頁9～11。

〔註121〕田秋堇，〈對過去的一個注目禮〉，收錄於《方素敏的抉擇》，頁71。

舉，不論爲林義雄、爲美麗島或爲民主政治，我們都希望她高票當選，她非
高票到選不可。」〔註122〕，方素敏高票當選是一種民主力量的展現。

　　當方素敏走入政治參選時，出現的不再是強忍著悲傷、平凡家庭主婦的形
象，而是冷靜、堅強、有決心、獻身民主的形象。在方蘭的〈支持方素敏，釋
放林義雄〉（原刊載於前進廣場 13 期）一文中，也用「冷靜、堅強、普受支持」
來形容方素敏。而方素敏回台參選立委更是爲了自由與民主的「自主決定」。文
中提到「方素敏變得冷靜而堅強，與四年前的她，迥然不同，每一個人想到『痛
苦使人成長、痛苦使人堅強』，都有感到一種欲哭的心痛，方素敏林家的犧牲畢
竟太大了」〔註123〕，方素敏從嬌弱的、溫馴的、苦難的、賢妻良母的「林太太」
變爲冷靜、堅強、自主性高的「方素敏」自己，其性別形象的轉變，表面是描
述方素敏的轉變；實則隱喻民主從創傷走向重生。〈在義光教會〉一文中，許榮
淑發言中，提到「林義雄的太太回來了。看到她堅忍、堅毅，滿懷信心」「我們
看到她跟兩年前，有很大的不同。兩年前，她去美，很軟弱；現在她很堅強。」
「我希望我們來學林太太的精神，她的精神就是代表台灣人的精神，就是沒有
驚惶、有希望的台灣人」〔註124〕。從軟弱到堅強；從受創到沒有驚惶，方素敏
成爲台灣人學習的典範，方素敏也成爲「台灣苦難的象徵」到「台灣民主的象
徵」，其隱喻所要指涉的也是民主力量的再生與重振。

　　方素敏的「台灣苦難的象徵」亦在九〇年代的紀錄如此被闡述，楊青矗
在《美麗島進行曲：第三部政治審判》中寫到：

　　　　方素敏出現時響起雷鳴的掌聲，久久不絕。方素敏的演講低沈淒涼，
　　　　台下的聽眾簌簌飲泣。（中略）方素敏從苦難中站起來那是人道及勇
　　　　氣的表現。她身受別人所無法忍受的苦難回來參選，她在演講時說：
　　　　「願我家的悲劇不要再發生在任何人頭上。」這是她的人道精神，
　　　　是她參選奮鬥的目的。她在苦難中離開唯一倖存的愛女回來競選。
　　　　那是她在苦難的煉獄中看破生與死的浩劫，將個人生死置之度外，
　　　　化眼淚爲勇氣，絕不是哭調仔政治，是苦難的昇華，大仁大勇的表
　　　　現。〔註125〕

〔註122〕〈支持方素敏高票當選〉，第 5 卷第 6 期社論，《亞洲人》。
〔註123〕方蘭，〈支持方素敏，釋放林義雄〉，頁 78～79。
〔註124〕〈在義光教會〉，頁 81。
〔註125〕楊青矗，《美麗島進行曲：第三部政治審判》，台北市，敦理出版社，2009 年，
　　　　7 月 31 日，頁 1035～1039。

在其論述中，方素敏的「苦難」到「大仁大勇」，背負的是台灣民主的發展與期待，女性成爲男作家與黨外論述中的民主象徵。江鵬堅提到方素敏回國參選是「回來參加爲民主與人權奮鬥的行列」。〔註126〕在宜蘭記者會方素敏〈就走這條路吧！〉受訪中，也提到自己剛開始家人認爲不適宜自己參選，「但是最近他們見我意志堅強，不怕走這條路，他們也就表示不反對。我先生林義雄，10月26日與我在景美看守所會見時，曾有如下對話——

　　我先生說：「這條路會很辛苦」

　　我回答說：「沒關係，重創之後，再辛苦我也可以忍受」

　　「你認爲這條路有意義嗎？」

　　「我有責任去走這條路」

　　最後他說：「那就去走！」〔註127〕

方素敏的敘述中，也看見女性從受傷的「太太」成爲可以忍受痛苦，堅強的民主主體。上述論述中，當公／私、男／女、陽剛／陰柔具有上／下位階關係時，黨外論述出現私領域的「某太太」此性別附屬角色的論述方式時，一方面將女性放在位階低／私領域／陰柔的位置當中時，指涉民主受創；但當政治受難女性從「某太太」變成連名帶性的位階高／公領域／陽剛的某人時，論述意義也從政治受難成爲民主力量的展現。此外，「代夫出征」女性的悲情經常隱喻台灣民主的苦難；其力量的展現又成爲台灣人的典範。論述中「代夫出征」女性的成長與黨外運動的成長是相伴的，「代夫出征」女性的主體，是民主發展的結果，而非性別意義上女性主體的生成。

（2）沈默與堅忍——「政治受難者之妻」

　　在政治受難女性的論述當中，另一種「太太」角色便是未直接走上政治領域的「受難者家屬」。「受難者之妻」或「受難者家屬」的歷史詞彙，呈現的史觀是男性行動者是「政治受難者」；女性則是因爲關係性角色而爲「受難者家屬」，忽略政治受難女性雖然沒有直接因政治案件入獄，但沒有坐小牢卻是坐大牢地承擔國民黨威權的壓迫，是不同層次意義上的政治不民主的受害者。在黨外論述中，皆以「政治受難者之妻」形容政治受難女性，在論述時則從其女性身影呈現台灣民主的悲情。〈熱忱助人的周大嫂——周平德之妻〉

〔註126〕〈在義光教會〉，頁82。

〔註127〕〈在義光教會〉，頁86。

在高雄事件發生之初，遭到一群「愛國者」肆無忌憚，「在領隊有效指揮下，手持木棍將『大韓參藥行』全部玻璃打碎，周大嫂孤零零隻身維護四個孩子安全倖免於難；在那一刻周大嫂便知道，今後將有一段路要獨自撐下去，周平德入獄後，一家頓失所靠，幸而心中早有準備的周大嫂堅強地維持這搖搖欲墜的家庭。平日，周大嫂將自己投入忙碌之中，藉以減輕那份望夫之苦。」〔註 128〕。周平德的妻子以孤零零的周大嫂被認識，必須在社會擔起維持家庭的艱辛。此外〈忍著辛酸含著微笑——訪尚在服刑的美麗島事件受難者家屬〉描述魏朝廷妻子「孤苦的魏太太早已習慣於從中壢趕到景美監獄的那條道路」。被軍法判刑十四年的黃信介妻子張月卿「是一位樂觀和藹的日式教育下的傳統婦女，自從黃信介被捕後，她除了一些必要場合的參加外，對於黨外運動並沒有參與。張黃月卿在訪談過程中，話語不斷出現了一些日語的語助詞，她一直在斟酌如何用語言來表達自己矛盾的心情。『怎麼說呢？我替被放的人感到快樂，但是又覺得爲什麼其他人不一齊放呢？會不會和獄中絕食有關係呢？』黃太太清柔細語地道出她難奈的心情。」談到因美麗島事件判刑十二年的林弘宣的妻子林黎爭堅定認爲自己與林弘宣對民主政治的關心是差不多的，意志並不比他弱，「甚至覺得外面世界給我的痛苦，比起我們夫妻分離的痛苦還大。」〔註 129〕。

　　六十七年競選國大代表王拓的妻子林穗英現在任職電力公司，四年多來，林穗英照顧婆婆「金水嬸」及兩個年幼的孩子；多年來，無論在任何場所，林穗英總是堅定地站在一旁。在基隆黨外朋友的聚會中，大夥談到了王拓，無論男女都傷心地流下淚來，只見這時的穗英靜靜地坐在一旁，表情凝重但不忙不亂地安慰所有在場的朋友；〔註 130〕此外，〈沈默的楊青矗太太〉「平素黨外朋友的聚會中，楊太太一則做裁縫很忙，加之個性原本沈默，若非朋友來訪，幾乎不出門」。「三年來一切、一切的打擊，楊太太皆默默地承受，中國女性傳統的美德在先生受難後完全發揮。如今大女兒就讀台南女中，小小的年紀寫的一手好文章，不讓乃父專美於前。其他小孩個個乖順懂事，目

〔註 128〕　〈熱忱助人的周大嫂——周平德之妻〉，《關懷》雜誌社，〈關懷人權通訊〉，《關懷》，第 12 期，1982 年 12 月 5 日，頁 12。
〔註 129〕　葉鴻英，〈忍著辛酸含著微笑——訪尚在服刑的美麗島事件受難者家屬〉，《前進》週刊，第 22 期，1984 年 8 月 23 日，頁 31。
〔註 130〕　葉鴻英，〈忍著辛酸含著微笑——訪尚在服刑的美麗島事件受難者家屬〉，《前進》週刊，第 22 期，1984 年 8 月 23 日，頁 31。

前，楊太太最大的希望便是將孩子好好扶養，楊先生能趕回來過個團圓年。」
〔註131〕

上述受難者之妻呈現了具有堅忍、沈默、孤伶伶扶持家庭的形象，也表達台灣在民主受挫時，政治受難女性因妻子、家屬的身份所受的苦與民主創傷的結合。對於性別特質上會去強調受難女性是「日式教育下的傳統婦女」、「清柔細語地道出她難奈的心情」、「中國女性傳統的美德」、「個性沈默」等陰柔特質，強化「受難者之妻」的陰柔特質，並將陰柔特質與台灣民主受挫結合的論述。

（3）再出發的黨外——「鐵娘子」與「旋風」現象

上文提到當「代夫出征」的論述，「代夫出征」女性從關係性的「某太太」成為「某人」的參政主體時，是民主力量的生成。當選舉大勝時，「代夫出征」論述轉向了「鐵娘子」論述與「旋風」現象，從「代夫出征」到「鐵娘子」與「旋風」現象，幾乎是一種民主重振的隱喻。其實，在台灣的政治話語中，時常見到用「鐵娘子」來形容中西方女性政治人物。如英國首相柴契爾夫人被視為西方鐵娘子、2010年台灣媒體也以〈母性訴求 鐵娘子成就總統之路〉巴西總統蒂瑪·羅塞夫〔註132〕。都可以看到「鐵娘子」一詞以是陽剛特質的修辭來形容越界、強悍的政治女性。許榮淑在黨外論述中，也不斷被以「鐵娘子」的形象被論述。方素敏與周清玉則被描述為「方素敏旋風」、「周清玉旋風」，其中都暗喻民主道路的轉型與重振。

在1980年底的增額中央民意代表選舉，周清玉從「一位鮮為人知的弱女子，挾著千軍萬馬之勢」，風靡了臺北市，席捲了十五萬餘選票。「國民黨的傳聲機構在面子盡失之餘，竟說這完全是『同情票』、『眼淚票』」，「差一點哭到了國民黨的長城。這就是所謂的『周清玉旋風』」。周清玉女士由一個平凡的家庭主婦，變成了一個「公眾人物」。〔註133〕旋風時期的周清玉，是從「望你早歸」的悲情與眼淚，到挾著「千軍萬馬」之勢，哭倒了國民黨的長城，是重新肯定生命的意義與價值的女性。選舉大勝之後，黨外雜誌出現論點相

〔註131〕〈沈默的楊青矗太太〉，《關懷》雜誌社，〈關懷人權通訊〉，《關懷》，第 12 期，1982 年 12 月 5 日，頁 12。

〔註132〕見謝如欣，〈母性訴求，鐵娘子成就總統之路〉，《自由時報》，2010 年，11 月 2 日，國際新聞。

〔註133〕申生，〈化悲痛為關懷——訪周清玉女士〉，《深耕雜誌》，第 23 期，1982 年 12 月 10 日，頁 21。

當一致的「周清玉旋風」報導。〔註134〕早期周清玉被放置在位階較低的柔弱的、平凡的、私領域的家庭主婦位置；「周清玉旋風」則放置在位階高、陽剛性、千軍萬馬之勢展現出公共／陽剛性以表達民主力量重振與國民黨威權的動搖。鄧維賢〈周清玉旋風〉描述周清玉吸引了三、四萬人的人潮，「是『周清玉旋風』高潮的開端。」〔註135〕「政治家」創刊號也以「周清玉旋風」爲題刊出周清玉在公開信。周清玉提到「我的信念裡，民主政治不應有暴烈的疾風，也不應有英雄式的旋風；民主只是善良老百姓，所應享有的平靜的生活方式，民主是空氣、陽光和水，是上帝放手讓人類自行設計的另一份天然物」。文中寫著自己「秉持著『絕對奉獻，毫無怨言』的信念，忘掉個人微不足道的苦難與哀愁，做一名盡責的國大代表。」〔註136〕鄧維賢也描述周清玉打破「沉悶」，「奮不顧身地站出來」，「國代選情方面，周清玉一馬當先，勢不能擋。周清玉的文字宣傳攻勢極爲成功，爲她往後所向披靡的選戰鋪下坦途。她在演講場合的表現是「一位強者」；這跟她在「高雄事件」審判後私底下的表現，形成尖銳的對照。……是「純眞」、「勇敢」的化身。〔註137〕

　　周清玉從受害者成爲勇敢的強者形象，甚至成爲純眞、勇敢的化身。在陳若曦〈再出發的黨外〉、狄灰心〈周清玉再考第一！〉等文現階段的台灣黨外已經從高雄事件的創傷中脫穎而出，擺脫了政治受迫害的形象，以政治活動家和政權的制衡者要求自己。兩位受刑人家屬便是最佳典範。其中淚如泉湧的周清玉前後判若兩人，顯得堅強而且穩健，早走出了家庭，大踏步走進社會，以社會工作者的胸懷去關懷時局和國家大事。〔註138〕「周清玉旋風」擺脫過去只會流淚的淒苦形象，政見訴求也由堅定、高亢而至於充滿歷史感。〔註139〕是從政治受迫害的形象，成爲堅強而穩健的政治人物。陳若曦一開始就說明「現

〔註134〕如陳文茜、蘇逸凡則撰文「六十九年底中央民代選舉投票的結果，周清玉以十五票高票當選，很快地她便從只有一小群黨外人士所認識的「姚太太」一躍而成爲萬人矚目的政治人物。」，見陳文茜、蘇逸凡，〈爲黨外奉獻的六位女性〉，《政治家》半月刊，臺北，1982年3月1日，第24期，頁23。

〔註135〕鄧維賢，〈周清玉旋風〉，頁15。

〔註136〕周清玉，〈周清玉的第一封公開信——向臺北市民及熱愛民主的同胞致敬〉，《進步雜誌》，第1卷，第1期，1981年4月，頁83。

〔註137〕鄧維賢，〈周清玉旋風〉，頁16。

〔註138〕陳若曦，〈再出發的黨外〉，《深耕雜誌》，第9期，1982年5月9日，頁32～33。

〔註139〕狄灰心，〈周清玉再考第一！〉，《薪火》週刊，1986年12月12日，頁25～27。

階段的台灣黨外，以我的觀察，已經從高雄事件的創傷中脫穎而出」，周清玉形象的轉變，也是「黨外歷史的再出發」。在 1986 年的國大文宣上，周清玉的文宣以「台灣的柯拉蓉」、「新黨的催生者」〔註 140〕周清玉、許榮淑從台灣人苦難的形象，成為奮不顧身、純真勇敢的強者、台灣人典範、黨外歷史再出發的形象。論述將女性的形象轉變描述民主運動的從重創到勝選的轉變。

另外，方素敏回國參選，黨外雜誌也出現「方素敏旋風」論述。方素敏被視為激起不下於周清玉當選時所激起的旋風。公孫龍說到方素敏在民國六十九年參選，造成一股「方素敏旋風」〔註 141〕，方素敏拒絕整天埋沒在悲痛流淚痛苦之中，且為了對自由生活的信念，所以堅決回台灣參選。對台灣形勢有了深一層的瞭解，「由於受到許多痛苦，政治對我打擊很大」，不希望台灣再有任何人發生 1980 年 228 的悲劇，「所以我決心站起來」〔註 142〕。方素敏從「生活在象牙塔中」，「受盡眾人的呵護」，「個性內向與世無爭」，到走出象牙塔〔註 143〕，站起來成為一股「方素敏旋風」，黨外女性的創傷修復，也是黨外民主力量的重振。

另外，被視為代夫出征中的許榮淑從「美麗島」受刑人家屬，成為兼代夫職且能在立法院均能針對政府行政弊端，具有魄力與能力的形象。「劇力萬鈞，咄咄逼人的許榮淑」，在張俊宏判刑十二年時，出馬競選而當上中央級的立法委員。〔註 144〕在代夫出征高票當選之後，許榮淑被以「女強人」、「鐵娘子」、「頑強的」、「大姊頭」的風格的形象出現，黨外圈內也以以「女中孟嘗」稱呼許榮淑。〔註 145〕「台中市政的女強人。」〔註 146〕負責、熱忱、不妥協而搏得「黨外鐵娘子」「與國民黨高官常因糖尿病、高血壓等富人病住院相比」，黨外政治人物才是真正在為民服務。〔註 147〕「鐵娘子」在論述生產的脈絡中，

〔註 140〕當時周清玉文宣的設計為復興美工畢業的小邱。
〔註 141〕公孫龍，〈周清玉的痛苦——對政治沒有興趣竟成為「黨外樣版」〉，《深耕雜誌》，第 23 期，1982 年 12 月 10 日，頁 31。
〔註 142〕〈方素敏回國記者會〉，頁 74～75。
〔註 143〕方素敏，〈這一年來〉，收錄於《方素敏的抉擇》，頁 21。
〔註 144〕編輯部，〈許榮淑對上林洋港〉，《新生代》創刊號，1982 年 4 月，頁 39～40。
〔註 145〕三林，〈把民主帶到立法院——訪許榮淑委員〉，《深耕雜誌》，第 2 期，1981 年 7 月，頁 7。
〔註 146〕《民主天地》週刊選舉小組，〈許榮淑聲勢壯，國民黨內力強〉，《民主天地》週刊，第 37 期，1985 年 11 月 11 日，頁 24～27。
〔註 147〕「黨外黨外」報導，〈鐵娘子許榮淑病倒入院〉，《台灣廣場》，1984 年 8 月 13 日，第 10 期，頁 54。

是論述強壯、堅強、具有攻擊性格的政治女性。女性的傳統性別位置被置放在陰柔、無攻擊性格的性別特質當中，「鐵娘子」的形容一方面指許榮淑未符合傳統性別框架；一方面也指稱從政女性突破政治的邊界；也在黨外雜誌將許榮淑與國民黨老法統相對照的敘述脈絡，「鐵娘子」更隱喻黨外力量的強悍。

　　「鐵娘子」論述呈現黨外力量的紮根與老法統的衰落。許榮淑的「黨外鐵娘子」形象，相對照的是「國民黨高官常因糖尿病、高血壓」的老法統，鋼鐵般的強悍與不妥協所要代表的是黨外的強悍與不妥協，並形成對抗國民黨的力量。在〈鐵娘子大發雌威——許榮淑締造立委最高記錄〉描述許榮淑於 1986 年當選立委，原因爲選戰策略應用得宜、辛勤耕耘基層、政治手腕靈活，儼然有「大姊頭」的風格。〔註148〕〈許榮淑不愧「鐵娘子」——全國最高票的立委當選人〉一文提到許榮淑得到全國最高票的立委當選人，助選陣容比以往強，許榮淑選票激增，「美麗島家屬」起家，其立場從未被懷疑過，六年以來，各地反對陣營新銳不斷崛起，唯獨中部地區，從未見新人出頭，「許榮淑理所當然的就被視爲中部地區最傑出的黨外代表人物。」經過六年的努力，「許榮淑已將反對勢力紮根在中部地區了，這項成績爲都不能否認，『黨外鐵娘子』的美譽，絕非浪得虛名。」〔註149〕「鐵娘子」論述更象徵黨外力量強悍、鋼鐵、再生的化身，如陳若曦談到許榮淑時：

> 長期的孤軍奮戰，她所以能堅持下來，依賴的是對民主的信心和民眾對她的支持。

> 許榮淑經過化妝而容光煥發的臉，使我看到了黨外的化身。黨外長期處於民意不受重視，荊棘叢生的逆境中；現階段的黨外，更是大病初癒。然而黨外絕不自傷自憐，而是用理智和毅力包起了創傷，以希望的笑容迎接挑戰。黨外頑強的，她必定取得勝利。〔註150〕

黨外在逆境中絕「不自傷自憐」，因此悲情的、苦難的、望君早歸的「代夫出征」論述勢必轉型，取而代之的是「鐵娘子許榮淑」、「周清玉旋風」、「方素敏旋風」的頑強形象。因對民主發展的信心而產生的堅強，許榮淑更成爲「黨外的化身」，是一種黨外力量再興的象徵。「代夫出征」許榮淑到鐵娘子許榮

〔註148〕何路，〈鐵娘子大發雌威——許榮淑締造立委最高記錄〉，《領先》，1986 年 12 月 12 日，頁 24～25。

〔註149〕王霞，〈許榮淑不愧「鐵娘子」——全國最高票的立委當選人〉，《薪火》週刊，1986 年 12 月 12 日，頁 41～43。

〔註150〕陳若曦，〈再出發的黨外〉，《深耕雜誌》，第 9 期，1982 年 5 月 9 日，頁 33。

淑，成為「黨外象徵的堡壘。」〔註151〕黨外雜誌大量出現許榮淑台中服務處已成黨外象徵的堡壘，帶動了地方民主運動風潮的文章。此堡壘推動台灣民主政治的健全發展，貢獻卓著，「在許多民眾心中，它是精神堡壘，但在國民黨市黨部民情、特機關的眼中，則是令他們頭痛的民主聖地。〔註152〕」。鐵娘子許榮淑／精神堡壘／民主聖地的相互指涉，以「代夫出征」的悲情到「鐵娘子」的「旋風」力量進行政治民主創傷到復興的隱喻。

鄭南榕在〈不要使和平改革成為絕響〉認為許榮淑，把自己的心血、時間、精神，都花在民主政治的推動上。〔註153〕〈把民主帶到立法院來——訪許榮淑委員〉中描述許榮淑有時候都忘了自己是個女人投入民主運動中〔註154〕。文中許榮淑「忘了自己是女人」，家中孩子等不到「媽媽不回家吃晚飯」；〔註155〕其中道出了參政裡外肩扛的辛酸，但也認同女人屬於私領域的範疇，強調自己內內外外一肩扛。這裡許榮淑以女性屬於私領域，但自己卻走出私領域走上政治，以自己對於性別的顛覆與走出私領域來描述對黨外的付出。美麗島事件之後，受難者家屬和大審辯護律師被視為除康寧祥之外廣義「黨外主流派」，受刑人家屬則被視為具有草根性的反抗意識，強調反國民黨意識，經常以人權作為訴求。〔註156〕「代夫出征」女性從悲情的「望你早歸」形象，走向「鐵娘子」的陽剛形象，站起來的勇敢身影，是純真、勇敢與黨外力量的化身，其中性別特質的隱喻指向民主力量的展現。

第三節　小結：政治民主的隱喻

本文以黨外雜誌作為觀察，認為黨外雜誌作為民主論述的場域，佔據文

〔註151〕如黨外雜誌提到「地方人士將立委張俊雄服務處擴大，容納新當選的市議員，並改名為高雄市黨外聯合服務處，許榮淑台中服務處一樣，乃成為黨外象徵的堡壘。」，見〈高雄將舉辦林弘宣、陳菊出獄歡迎會〉，頁55。
〔註152〕〈許榮淑台中服務處已成黨外象徵的堡壘〉，頁40。
〔註153〕鄭南榕，〈不要使和平改革成為絕響〉，《深耕雜誌》，第23期，1982年12月10日，頁23。
〔註154〕三林，〈把民主帶到立法院——訪許榮淑委員〉，《深耕雜誌》，第2期，1981年7月，頁7。
〔註155〕三林，〈把民主帶到立法院——訪許榮淑委員〉，《深耕雜誌》，第2期，1981年7月，頁7。
〔註156〕趙常，〈黨外主流流向何方〉，《前進廣場》，19期，1983年12月17日，頁15。

化霸權的主導論述是「自由民主論述」，其「民主」意涵指涉的是政治民主的現代化。法農（Frantz Fanon）提到國家若更軍事化與極權化，會使得父權文化加劇。〔註157〕在國民黨威權體制下，政治民主／性別民主具有上／下位階，國家威權下，父權文化議題被忽視。政治理論家懷海德（Laurence Whitehead）則提出政治的對立，容易使「不民主」被刻意凸顯某一原因，並減弱其他因素的影響。〔註158〕黨外雜誌一致性地以「反國民黨威權」爲目標，黨外女性也在政治訴求中同意黨外論述場域中的文化霸權。黨外雜誌雖然也出現性別議題的討論，但將女性放置在家／國之下的論述居多。民主場域中的性別論述，則出現女性附屬於私領域；強調女性主體論述；女性從政的去性別化／女性從政的陰柔特殊性相互交錯的性別意識。從女性主義立場上看可以看到「主導的」、「殘留的」「新興的」三種力量是互相交錯與共存，性別意識在黨外雜誌的論述場域是欠缺一致性。〔註159〕這些都影響黨外女性被放置在民主位置的論述方式。未受國民黨迫害的黨外女性原本應安穩地在私領域中，但因爲民主的創傷，所以成爲「望你早歸」的女性，其陰柔特質展現民主的無辜與受創，之後因爲女性主體產生，成爲陽剛強悍的鐵娘子形象，象徵黨外力量的再生。而「四大女寇」的強悍特質，是反國民黨力量的象徵。本文發現陽剛／陰柔；上／下；民主受挫／民主重振；連名帶姓的某人／某太太都具有上／下位階，且是相互指涉、相互隱喻的。

　　黨外雜誌以「反國民黨威權」的自由民主爲主導論述，其實「共識正是政治的結束。」「政治的本質是非共識（dissensus）。共同體基本上不可具有可共量的原則或基礎。」〔註160〕，黨外論述則在追求共識下呈現受限的「陽剛民主」，其黨外女性的主體其實隱喻民主力量的再生。黨外女性在黨外雜誌中的論述，可以看見她們被放置在民主論述中，民主身份大於性別身份，「女性描述」其實是一種「民主闡述」。黨外女性在黨外雜誌出現幾

〔註157〕弗朗茲・法農（Frantz Fanon），《黑皮膚，白面具》，臺北，心靈工坊，2005年，頁237。

〔註158〕Laurence Whitehead，朱柔若譯，《民主的代價：冷戰後全球的民主化運動》，臺北，國立編譯館，1995年12月，頁3。

〔註159〕Raymond Williams, *Marxism and Literature*, Oxford, Oxford University Press, 1977, pp.121～128.

〔註160〕賈克・洪席耶（Jacques Ranciere）著，劉紀蕙、林淑芬、陳克倫、薛熙平譯，《歧義》，臺北，麥田出版，2011年5月12日，頁240。

種論述模式，其中包括具備奉獻犧牲精神、強悍俠義、戰士出征形象的「四大女寇」；望你早歸、民主苦難象徵的「代夫出征」女性、形單影隻的「受刑人太太」、強硬的「鐵娘子」形象、重新站起來的「某太太」與「旋風現象」，在這些論述當中，可以看見凡是出現陽剛特質的隱喻，都指向民主力量的出現與復興；而當出現柔性、淚水與悲情等待，都是指向台灣民主運動的受挫。黨外女性被放置在民主論述的位置，或者可以進一步說，黨外女性論述所隱喻的是民主歷程的發展。黨外女性出現「戰士型」與「受難型」；陽剛與陰柔特質的兩種對照，這兩種對照所進行的是一種民主反叛、受挫與再生的表述。

　　倪炎元談到政治女性的媒體再現時，認為政治女性一直承受著雙重「他者化」的壓力。一方面在政治領域面臨著長期被排擠、被邊際化的待遇；另一方面在大眾媒體中承受被刻板印象化、被曲解塑造的待遇。〔註161〕史料與歷史檔案的生產都脫離不了知識／權力之間的關係，歷史沒有單一的記述方式，因為過去的任何敘述與資料都不是過去真實的再現，而是有其當下的意識形態。〔註162〕檢視黨外民主論述對女性參政的論述、女性主義論述，可以看見女性被放置在非參政主體的「接班者」；非受難主體的「受難者家屬」身份。在政治民主論述下政治女性被刻板化為獨身／陽剛；家屬／受難／陰柔的兩種典型。只見其政治位置，不見其性別主體，其形象都以「政治民主」為前提來生產其論述。民主化的歷史中，民主的進展幾乎總是原於那些扮演反對派角色的公民社會的反抗，國家很少或從來都不會主動推動民主的進展。然而反對派若未深化「民主」，民主仍被限制在政治生活的憲政層面，那麼就無法實在對民主真實性再次關注。〔註163〕而政治女性論述的再現與背後的性別／政治意義，也呈現女性僅成為政治隱喻的侷限性。黨外論述在建立起現代國家的想像時，企圖進行主體與歷史的創造，論者李楊提出「個人要找到在歷史中的位置，必須通過國家才能實現，必須首先找到國家的位置。」

〔註161〕倪炎元，〈台灣女性政治精英的媒體再現〉，70 期，頁 17～58。

〔註162〕在歷史學的思考當中，近年許多研究著重在歷史論述生產的權力／知識關係，如劉靜貞，〈歷史記述與歷史論述──前後《漢書》中的王昭君故事辨析〉，收錄於鄧小南、王政、游鑑明主編，《中國婦女史讀本》，北京：北京大學出版社，2011 年 4 月，頁 51。

〔註163〕約翰・S. 德雷澤克（John S. Dryzek），丁開傑等譯，《協商民主及其超越：自由與批判的視角》，北京，中央編譯出版社，2006 年 9 月，頁 79～165。

〔註164〕，然而民主國家位置建立的同時，個人卻會消失在民主大論述當中。形成女性受害者／台灣受難者；女性力量／民主重振的雙重指涉。

〔註164〕李楊，〈毛澤東文藝思想與現代性〉，收錄於張頤武主編，《現代性中國》，中國開封，河南大學出版社，2005 年 3 月，頁 184。

第四章　第二波女性主義與
「黨外女性」論述

　　戴錦華論述十九世紀末西方的女權運動時，認為女性主義是歐美現代性
規劃建構內部的一次「內爆」，一次反現代性的現代性話語延伸，一次針對現
代性規劃核心的、現代性話語的延伸與實踐。〔註1〕台灣婦運論述的發展便是
以「性別現代性」反思過往「民主現代性」的不足。錢永祥在談到民主發展
時，認為隨著政治領域的擴大，政治議題的擬定與陳述不再停留在國家主義
的架構中，社會中的不同力量可以開始形成自主的論述，自由主義與民族主
義的一元人民觀點將受到修正。〔註2〕本章將從《婦女新知》雜誌探討「民主」
概念的轉變與批判。在詮釋民主的脈絡下生產的黨外女性論述，及再現論述
背後的性別／民主意涵。政治哲學家賈克‧洪席耶（Jacques Ranciere）認為「民
主」的歧義是詮釋者對這個詞產生分歧的定義，但非對「民主」的錯誤認識。
〔註3〕在《婦女新知》的論述中，「民主」意識型態不再只是黨外雜誌中的「政
治民主化」，而是「政治民主化」與「性別民主化」並行才會發展成真正的民
主。

　　本文第二章中討論了性別／民主的辯證關係時出現幾種論點，包含去性

〔註1〕戴錦華，〈兩難之間或突圍可能？〉，陳順馨、戴錦華編選，《婦女、民族與女
　　　　性主義》，北京，中央編譯社，2002年，頁32。
〔註2〕錢永祥，〈人民與民主：如何理解民主制度裡的人民〉，收錄於石元康等作，《市
　　　　民社會與民主的反思》，臺北，桂冠出版，1998年，頁70。
〔註3〕賈克‧洪席耶（Jacques Ranciere）著，劉紀蕙、林淑芬、陳克倫、薛熙平譯，
　　　　《歧義》，臺北，麥田出版，2011年5月12日，頁11。

別化的「民主」觀點；政治民主／性別民主具有上／下位階的優先順位，以及女性主義論述重新檢視「民主」的發展時，批判民主的父權性格。在台灣的政治特殊性下，不可能擺脫政治壓力獨自推動婦運，因此在《婦女新知》的論述中，強調「政治民主」與「性別民主」的雙重性。「政治民主」依然在自由主義式民主爲基礎；「性別民主」則是以第二波自由主義女性主義爲論述核心。新馬克思主義者拉克勞和莫菲（Laclau & Moffe）的文化霸權理論中，將文化霸權視爲文化與象徵中的論述力量核心；以及論述集結觀點的波節點（nodal points）。第二波自由主義女性主義思潮作爲《婦女新知》的論述核心，形成波節點（nodal points）提供了接合的實踐來建構意義的核心價值〔註4〕，並產生可以集結形成凝聚價值的共識。

在《婦女新知》的論述中，提倡的是性別現代性、民主的性別視角、女性參政的現代化等觀點。在強調女性自覺、女性參政主體的訴求下，對於台灣「代夫出征」參政模式進行批判，修訂、反駁、重新論述「代夫出征」的民主／不民主的意義。亦重新將政治女性的台灣／性別意義重新論述。現代性標誌與過往的斷裂或一個時期的當前性或現代性，意指傳統社會秩序的衰落。性別現代性則是要與傳統父權文化進行斷裂。現代性的發展並非是單一的過程與結果，而是「充滿了矛盾和對抗。」，〔註5〕如同在台灣的民主現代性的過程中，「政治現代性」／「性別現代性」產生不同時期的位階，論述也產生反駁、修訂、重新辯證的關係。在《婦女新知》場域則以「性別現代性」重新批判政治民主的不足。烏爾裏希・貝克（Ulrich Beck）認爲現代性是改變世界也改變自身的力量。當婦女走出家庭，參與到工作與政治扮演公／私領域的雙重角色，是在傳統與個人秩序中引發劇變的現代性現象。〔註6〕性別現代化的過程，在公／私領域的邊界因此鬆動，家庭／政治領域也都產生改變。

〔註4〕 波寇克（Robert Bocock），田心喻譯，《文化霸權》，臺北，遠流出版社，1991年10月16日初版一刷，頁142～143。

〔註5〕 周憲、許鈞，〈現代性研究譯叢總序〉，收錄於《自反性現代化：現代社會秩序中的政治、傳統與美學》，貝克（Ulrich Beck）、紀登斯（Anthony Giddens）、拉什（Scott Lash）著，趙文書譯，北京，商務印書館，2001年8月，頁2～3。

〔註6〕 烏爾裏希・貝克（Ulrich Beck），〈再造政治：自反性現代化理論初探〉，收錄於《自反性現代化：現代社會秩序中的政治、傳統與美學》，貝克（Ulrich Beck）、紀登斯（Anthony Giddens）、拉什（Scott Lash）著，趙文書譯，北京，商務印書館，2001年8月，頁7～21。

　　黨外論述中，民主／性別具有上／下位階的優先順位；在《婦女新知》則形成性別民主／政治民主的雙軸線民主論述。其雙軸線論述還有兩個層次的定義，意味「政治民主化」必須含有「性別民主化」才是眞正的「民主現代性」；此外，也強調推動「性別民主化」才能促成「政治民主化」的發展，性別解放可以促進民主解放，兩者是相輔相成。在第二波女性主義的影響下，「政治主體」與「性別覺醒」是「性別民主化」的重要觀念，因此黨外政治女性的論述中，以性別現代性觀點批判「代夫出征」、「後勤女工」、「保障名額」等女性參政現象，並對黨外論述有了反駁、修訂、重新論述的意義。其再現政治女性時，也在這樣的核心觀念下生產再現論述生產。

第一節　婦運論述的性別與民主

　　在婦運的發展上，第一波女性主義詮釋出新的性別關係，女性議題進入現代化系統（modern system）中。〔註7〕在政治層次上，去突破父權文化下女性的議題被視爲軟議題（soft issues）的困境。〔註8〕女性主義論述一開始便是具備政治性的，關注性別政治論述能否被包含進國家的公共論述中，並修正政治論述以及政治現實。〔註9〕

　　第二波女性主義（second-wave feminism）解放運動受到 1960 年代新左派、反越戰、黑人民權運動、性解放影響，是在各種解放議題交錯生產出來的論述，具有複雜的族群與階級等解放議題的交錯關係。〔註10〕1980 年代的

〔註7〕　第一波女性主義從 Mary Wollstonecraft 的〈女權辯〉開始，爭取女性在教育、工作、財產上的權利。第一波女性主義的問題則在要求社會平權的同時，卻忽略體制面上依然屬於父權體制的問題。第二波女性主義則針對第一波的問題，發展出進行體制批判的第二波婦運思潮。第二波女性主義也在 1970 年代受到民運、反越戰、以及 1968 年學生運動之後風起雲湧的社會氛圍所影響，產生新一波女性主義的思維，這一階段將個人的經驗進行政治的思考，所以提出「個人的就是政治的」爲口號。

〔註8〕　Anne Stevens, "Do Women Make a Difference", *Women, Power and Politics, New York*, PALGRAVE MACMILLAN, 2007, pp.144.190.

〔註9〕　Molly A. Mayhead and Brenda Devore Marshall, *Women's Political Discourse: A 21ˢᵗ-Century Perspective*, USA, Rowman& Littlefield Publishers, 2005, p.2.

〔註10〕　劉亮雅提到「一九六八年蘇聯以坦克車鎮壓捷克民主運動，結束布拉格之春，引發各方面譴責聲浪。同年巴黎學生運動五月暴動，這些事件以及反越戰活動、黑人民權運動均顯示六〇年代末期新左派在西方國家的風行。較諸老左派，新左派既反威權政體，又比較接納改善個人生活，追求自我實現、歡愉、

女性主義理論家 Gloria T. Hull、Barbara Smith、Benita Roth、Stephanie Gilmore
等人重新追溯被視爲白人中產階級女性主義的第二波女性主義，耙梳其發展
中長期被忽略的另一種聲音，舉證 1970 年代的愛麗斯‧沃克（Alice Walker）
的黑人女性書寫已論述處在交錯權力族裔女性的複雜性。〔註 11〕重新檢視第
二波的婦運，可以發現 1979 年到 1980 年間，黑人女性在族裔上的多元性，
而 NOW 也參與了勞工運動，從此可以看到左派團體、黑裔、西裔團體的左翼
與族裔觀點，是重新檢視第二波女性主義的歷史發展視角。族裔與左翼女性
主義在 1960 年代就已經對白人女性主義觀念中的普世性的性別壓迫有所批
判。〔註 12〕在重新檢視論述發展，批判假使將第二波女性主義與白人女性主
義劃上等號，是將女性主義、黑人民權運動、勞工運動、學生左翼運動之間
的聯結視爲失敗的，並忽略其中的複雜性。〔註 13〕1980 年代女性主義理論家
開始對女性主義進行反思。檢討婦運陣營關心的是理論而脫離現實；也批判
白人、異性戀、西方的女性主義主導。1980 年代黑人女性主義批判 1970 年代
的白人女性主義中心，也重新檢視族群、階級、性別的交錯，修訂過往將第
二波女性主義視爲中產階級、白人的女性主義觀點。

　　台灣女性主義思潮與婦女運動的脈絡中，台灣婦運論述受到西方第二波
女性主義很大的影響。呂秀蓮、李元貞等人都自陳曾受到美國婦運經驗與女
性主義的衝擊。此外，台灣婦運論述引介第二波女性主義的思想與翻譯進入
台灣。台灣在引介西方女性主義時，勢必會經過理論的引用與在地化的過程。
美國的第二波女性主義與左翼運動、黑人民權運動息息相關，論述觀點也受

自由等觀念。許多女性參加了新左派活動，對抗各種霸權與不公，卻發現在
性別議題上新左派與老左派一樣專制，新左派男性依然視女性爲附屬、邊緣
角色，而非主體。女性議題被忽視。甚至避孕丸所帶來的性革命也只是讓男
人輕易與女人上床，讓女人難以説不。許多女性基於對兩性關係的不滿而脱
離新左派，遂展開了第二波女性主義解放運動。」劉亮雅，〈第二波女性主義
與性意識〉，《聯合文學》，第 15 卷，第 4 期，頁 102。

〔註 11〕 Gloria T. Hull, Barbara Smith, "Politics of Black Women's Studies", *All the Women Are White, All the Blacks Are Men, But Some of Us Are Brave-Black women's Studies* 1982, by the Feminist Press, p.xxvii.

〔註 12〕 Benita Roth, *Separate Roads to Feminism: Black, Chicana, and White Feminist Movements in America's Second Wave*, Cambridge University, 2004, pp.1～p.23.

〔註 13〕 Sara M. Evans, Foreword, *Feminist Coalition: Historical Perspectives on Second-Wave Feminism in the United States*, edited by Stephanie Gilmore, University of Illinois Press, 2008, viii.

到左翼運動、族裔觀點的影響。台灣引介第二波女性主義理論時，會牽涉到
什麼被引進；什麼被排除，又如何進行理論的在地化與脈絡化來形成婦運的
核心論述，將在後文繼續闡述。

　　第二波的女性主義與台灣女性主義之間的關係必須思考理論與思維從一
個地方旅行到一個地方時產生什麼在地性與修正。從台灣史與婦運史的本土
脈絡來看，1949 年國民政府遷台之後，官方婦聯會、婦女會，或者女青年國
際分會、均謹守在父權社會下的女性角色，被視爲是於社交與施慈的貴婦俱
樂部〔註14〕。1971 年 11 月呂秀蓮在聯合報副刊發表〈傳統的男女角色〉，被
視爲戰後第一波女性主義思潮。1970 年代中期針對大專聯考防止女生過多的
議題進行批判、〈從鍾肇滿弒妻談起〉討論女性生命權利的問題展開戰後女性
論述的生產。呂秀蓮在美國依利諾大學求學期間，受到美國婦女解放運動推
展的影響，在書中也多次引用裘美茵・葛麗亞（Germaine Greer）在《女太監》
（Female Eunuch）的論述，認爲應該破除男性比女性體格上先天優越的迷思
（Myth）；其論述也在第二波女性主義的思潮下，將女性受壓迫的處境視爲一
種普同性的現象，認爲女性是全世界男人壓迫下的第二性、中東地區的女性
在民族主義口號下被犧牲、〔註15〕1960 年代左翼運動與黑人運動中，參與的

〔註14〕政大教授徐佳士在 1974 年時便提出這樣的說法。
〔註15〕呂秀蓮講了一個例子，可以看出她第二波女性主義的框架：「一位耶路撒冷大
　　　學教授講了一個令我印象深刻的例子。她說：中東地區是種族、宗教、政治
　　　對立與衝突最激烈的地方，過去致力和平運動者不乏其人，但是，這些不同
　　　國籍、種族、宗教的人全都是男性，當他們坐下來討論和平問題時，擺在他
　　　們面前的卻是仇恨、矛盾與對立，沒有一次談得攏。1985 年「婦女運動十年
　　　回顧」會議召開之前，事先安排了一場中東地區婦女的和平會談。結果，這
　　　群不同國籍、種族、宗教的婦女之間，並不存在這些問題，反倒是有兩點引
　　　起了共鳴：<u>站在同爲女性的立場，她們是全世界男人壓迫下的第二性</u>。她們
　　　親愛的丈夫和子女，在男人發動的戰爭下、在冠冕堂皇的民族主義口號下，
　　　一一被犧牲了，<u>緣於同樣身受迫害，她們因而同病相憐</u>。由於這二層共同利
　　　益，當她們坐在一起時，把政治、宗教、仇恨全都擺在一邊，氣氛異常和諧，
　　　而且她們都熱切的希望能爲和平做一點什麼。這個例子引起我的深思。我問
　　　她：在世界的政治舞臺上，在國際政策的制定上，如果有更多的女性參與，
　　　溶入女性特質，或能促進世界和平。這位耶路撒冷大學的教授非常謹慎的說，
　　　我不能遽下結論，但是，如果說這個世界是由男人締造的話，讓女人也積極
　　　的參與，相信，在相當的程度內，體質上將有很大的改變。」呂秀蓮，〈婦女
　　　在歷史轉捩點上〉，原載 1988 年 7 月《婦女新知》，後收錄於《兩性問題女性
　　　觀》，臺北，前衛出版社，1990 年初版一刷，頁 206。

女性也受到不平等的對待。〔註16〕婦女運動是人權運動的一環等觀點。〔註17〕婦女議題被視爲「環球性」的婦女壓迫與「環球性的女性總覺醒」〔註18〕，吻合第二波女性主義提到的「Global Sisterhood」的概念。〔註19〕從上述可以看到台灣婦女運動與全球婦女運動之間的關係。

　　1982 年，李元貞等人出版刊物《婦女新知》被視爲第二波婦女時期〔註20〕，之後兩年包含婦女展業中心、拉一把協會、台灣大學人口研究中心婦女研究室、新環境主婦聯盟、現代婦女基金會、進步婦女聯盟等紛紛成立。〔註21〕在 1970 年代引進台灣婦女運動的論述當中，可以說是繼承了西方在第一、第二波婦女運動的思維，《婦女新知》以接續西方婦女運動的軌跡，凸顯台灣婦運的環球性。〔註22〕從《婦女新知》雜誌對於西方英美女性主義引介，看

〔註16〕參考呂秀蓮，〈男性中心的社會，合理嗎？〉，《新女性主義》，高雄市，敦理出版社，1986 年 2 月 15 日，頁 119。呂秀蓮，〈各國婦女地位的演進〉，《新女性主義》，高雄市，敦理出版社，1986 年 2 月 15 日，頁 10～11。呂秀蓮，〈傳統的男女角色〉，原載 1971 年 10 月 23～30 日〈聯合副刊〉，後收錄於《兩性問題女性觀》，臺北，前衛出版社，1990 年初版一刷，頁 204 等文。

〔註17〕呂秀蓮，〈婦女在歷史轉捩點上〉，原載 1988 年 7 月《婦女新知》，後收錄於《兩性問題女性觀》，臺北，前衛出版社，1990 年初版一刷，頁 215。

〔註18〕如呂秀蓮在 1970 年代討論各國婦女的演進時，將回教中女性被視爲次等的，儒家思想，基督教，都將女性視爲次等的。「事不分東西，人無論中外」，婦女的地位都受到壓抑。呂秀蓮將女性受壓迫的處境視爲一種普同性的現象，呂秀蓮稱之爲「環球性」的婦女壓迫與「環球性的女性總覺醒」呂秀蓮語，參見〈台灣需不需要婦女運動？〉，《新女性主義》，高雄市，敦理出版社，1986 年 2 月 15 日，頁 59。呂秀蓮在談論黑人女性、左翼女性、白人女性都一樣受到父權體制的壓迫，這種壓迫是有跨越階級、族群的普世性。談到美國、日本、中國婦女發展，雖然風俗民情各有不同，如日本的女性地位受到中國儒家、武士道精神的影響。文中還提到女性才能眞正理解女性受壓迫的處境。

〔註19〕王秀雲在《「女性與知識」的幾個歷史建構及其比較：以台灣當代、七○年代台灣、清末及民初四段時空爲背景》一文，以「環球女性總覺醒」來討論台灣七○年代的新女性主義。

〔註20〕顧燕翎認爲「婦女新知」其實是台灣第二波婦運時期。婦女新知早期譯介西方女性主義的經典之作，但在 1986 年後，「內容有明顯的改變，注意女性文化的建立，新男性觀念的介紹和婦女新聞的整理。」顧燕翎主講，暢曉雁摘要整理，〈「婦女問題的探討」系列演講摘要——台灣婦女運動與女性意識的發展〉，《婦女新知》，第 62 期，1987 年 7 月 10 日，頁 4。

〔註21〕游鑑明，〈台灣地區的婦運〉，收錄於陳三井主編，《近代中國婦女運動史》，臺北市，近代中國出版社，2000 年 12 月 25 日出版，頁 504。

〔註22〕參考張輝潭，《台灣當代婦女運動和女性主義實踐初探———一個歷史的觀點》，1995 年，國立清華大學社會人類學研究所碩士論文。

到台灣婦運的論述引進很大一部分是向西方取經，然後藉由歸國學人與海外回來的知識份子進行理論的引入與脈絡化之後，運用到台灣的政治情境當中。《婦女新知》的論述引用第二波女性主義論述，強調女性意識與女性自覺，如徐慎恕、曹愛蘭皆提出「女性主義自覺團體」、「婦女成長團體」的重要性，與西方第二波的意識覺醒（consciousness-raising）的強調是一致的。〔註 23〕在西方的女性主義發展當中，一開始婦女運動是以意識覺醒團體（consciousness-raising）為主，日後則學院中的婦女研究逐漸取代了意識覺醒團體。台灣的性別提倡以「意識覺醒」作為主要的論述核心。

從《婦女新知》（Awakening）的中文與英文雜誌名稱來看，都明顯地看出新知／啟蒙／覺醒等現代性啟蒙的態度為起點。以「性別民主化」／「性別現代性」為訴求，強調從過往父權體制步入現代化的性別覺醒與啟蒙的重要。《婦女新知》中的性別／民主觀點，大致上以自由主義選舉式民主、女性自覺參政的自由主義／女性主義為主要觀點。在 1970 年代、1980 年代，全球性第三波民主／第二波女性主義思想便是以「自由主義民主」為基石。儘管台灣婦運有政治現實的特殊性，如 1976 年成立拓荒者出版社，在臺北、高雄兩地展開婦運，國民黨情治單位的介入使得出版社難以維持。〔註 24〕可以看到台灣婦運的政治特殊性，但性別觀點的發展，有其全球性的關連與呼應之處。

自由主義式的女性主義呼應了台灣民主場域中的自由主義民主論述。周嘉辰認為自由主義女性主義把男女都放到一個「人」的標準下來衡量，是向男性看齊，也拒絕談論性別差異的自由主義女性主義。此論述強調女性應成為意識覺醒、擁有理性（reason）的個人（individual），可以自由選擇她們的生活角色，完整發揮自己的潛能，與男性進行平等的競爭。〔註 25〕自由主義女性主義落入貝兒‧胡克斯（bell hooks）所提「革命性的女性主義」（revolutionary feminist）走向「改良性的女性主義」（reformist feminist）的問

〔註 23〕參考徐慎恕，〈「婦女成長團體」的意義〉，《婦女新知》，第 38 期，1985 年 7 月 15 日，第四版。
　　　　曹愛蘭，〈女性主義自覺團體〉，《婦女新知》，第 71 期，1988 年 4 月 10 日，頁 12。
〔註 24〕游鑑明，〈台灣地區的婦運〉，收錄於陳三井主編，《近代中國婦女運動史》，臺北市，近代中國出版社，2000 年 12 月 25 日出版，頁 478。
〔註 25〕周嘉辰，《女人與政治》，臺北市，揚智文化，2003 年，頁 33。

題，只要求同工同酬，卻遺忘了從體制改變以及基礎革命的重要。〔註26〕雖然少數文章提出對自由主義民主政治的超越，如毛定瑩〈民運與婦運〉一文中，認為民主政制與婦女地位無必然關係，認為婦運不能止於自由主義民主（liberal democracy）制度的建立，而必須超越它。〔註27〕但未見更多深入也跳脫選舉式民主觀點。

　　本章以 1982 年創刊到 1995 年，共發行了 163 期的《婦女新知》做一個觀察對象，看黨外運動到解嚴時期，台灣婦運論述如何討論女性與政治的關係，在「黨外女性」再現論述時，其背後的性別／民主意識型態為何。至於 1996 年之後《婦女新知》以訊息交流的通訊為主，論述文章甚少且未見黨外女性論述，因此本文不列入討論。本文的觀察發現婦運論述對自我意識覺醒的強調，促使《婦女新知》在對黨外女性論述時，批判黨外運動中「代夫出征」女性是欠缺參政意識與女性主體，是象徵意義大於實質意義的女性政治。此外，在民主／性別具有上／下位階時，參政女性又容易落入「後勤女工」的處境當中，這些情況都是民主尚未步入「性別現代化」的情況。

一、性別現代化

　　現代性理論家烏爾裏希・貝克（Ulrich Beck）認為性別反抗是一場潛在的革命，「是一場像貓一樣行進的亞革命：雖然腳掌著地悄無聲息，但帶有鋒利的爪子。無論觸及何處，它都會使工業社會的敏感的底面——私領域——發生變化。」〔註28〕。婦女運動不僅在最私密的家庭領域實踐現代性，更強調公／私領域的多層次現代性。《婦女新知》的民主論述是「性別民主化」與「政治民主化」雙軸線的觀點。

　　《婦女新知》的論述提出幾個層次的民主現代化，包含「家庭民主化」、「政治民主化」、「女性參政民主化」等多層次的民主現代性。在家庭民主化

〔註26〕Bell, hooks, *Feminism is for Everybody*, Gloria Watkins, Canada, pp.44～48, 2000.

〔註27〕毛定瑩，〈民運與婦運〉，《婦女與政治參與》，婦女新知基金會出版部，1989年11月，頁156～157。

〔註28〕烏爾裏希・貝克（Ulrich Beck），〈再造政治：自反性現代化理論初探〉，收錄於《自反性現代化：現代社會秩序中的政治、傳統與美學》，貝克（Ulrich Beck）、紀登斯（Anthony Giddens）、拉什（Scott Lash）著，趙文書譯，北京，商務印書館，2001年8月，頁34。

上，強調要打破公／私、陽剛／陰柔、男／女、上／下等二分法才是現代化社會應有的進程，且批判賢妻良母、女性以家庭爲重的觀點，〔註 29〕認爲女性走出家庭是現代文明的表現。〔註 30〕倡導意識覺醒（consciousness-raising）的重要性，提出民主體制應該把民主政治帶入每個家庭中，讓傳統威權的家庭角色產生改變，促進「家庭民主化」〔註 31〕。紀登斯（Anthony Giddens）認爲家庭和性別身份滯留在傳統之中，是尚未受到「激進化啓蒙」（radicalizing Enlightenment）的影響〔註 32〕。

「政治民主化」則在國民黨威權體制下，企圖突破威權體制的選舉不公與政治高壓，提出婦女運動應被視爲民主運動的一環，民主才能眞正發展。女性必須參政才是政治民主的現代化。「家庭民主化」與「女性參政民主化」是緊密相關的。「家庭民主化」、「政治民主化」能讓女性從「男人所認爲沒出息、不屑爲的家務瑣事」中解放，自我成長不受到侷限，才能使得政治意識提升。呂秀蓮認爲黨外婦女「代夫出征」後的問政品質不盡理想，實在由於男女出發點不公平所致，女性失去充實及進修的機會。而傳統政治思維未包括婦女參政，若干婦女在參政握權後心理逐漸失去平衡，而有演變成武則天、慈禧太后的「超女性」趨勢，誠非民主之福，都是女性參政模式未民主化的結果。〔註 33〕所以民主的現代化必須以性別的現代化爲前提。

1960 年代的第二波女性主義對女性地位的關注推動政治進展，〔註 34〕公共權力掌握在被視爲更具陽剛性（masculinity）的男性手中，男性被賦予去「展

〔註 29〕梁雙蓮批判「受社會環境及成長過程中社會化的影響，婦女人以家庭爲重，對自我期許不高。」梁雙蓮，〈婦女與政治參與〉，《婦女與政治參與》，婦女新知基金會出版部，1989 年 11 月，頁 27。

〔註 30〕呂秀蓮，〈新女性主義的內涵〉，《新女性主義》，高雄市，敦理出版社，1986年 2 月 15 日，頁 143。施寄青，〈性別政治〉，《婦女與政治參與》，婦女新知基金會出版部，1989 年 11 月，頁 167。等相關文章。

〔註 31〕「家庭民主化」一詞的出現參見郭美謹〈溫柔的父親〉一文，《婦女新知》，第 18 期，1983 年 8 月 10 日，頁 21。

〔註 32〕安東尼‧吉登斯（Anthony Giddens），〈生活在後傳統社會中〉，收錄於《自反性現代化：現代社會秩序中的政治、傳統與美學》，貝克（Ulrich Beck）、紀登斯（Anthony Giddens）、拉什（Scott Lash）著，趙文書譯，北京，商務印書館，2001 年 8 月，頁 73。

〔註 33〕呂秀蓮，〈政治廚房中的黨外女性〉，原載於 1986 年元月號《八十年代》，後收錄於《兩性問題女性觀》，臺北，前衛出版社，1990 年初版一刷，頁 189。

〔註 34〕Anne Stevens, *Women, Power and Politics*, Palgrave Macmillan, New York, 2007, p.2.

演陽剛性」（perform masculinity）使得他們的統治（dominance）具備優勢與合法性。女性則被放置到陰柔的照顧者角色裡。〔註 35〕《婦女新知》的論述中呈現性別現代性視角，論述女性應該從陰柔的私領域角色中解放出來，從私領域的民主化促成公共政治上的性別民主化。

婦運論述中提出女性與政治的關係，大致上提出幾點：批判社會要求女性參政者公／私領域的雙重角色，認為「女子無才便是德」的觀念構成對女性參政很大的限制，並「強調男女在政治上並無差異存在。」認為「女性只要擁有智慧、勇氣與才幹，一樣可以在政治上有傑出的表現。」〔註 36〕，文中呈現自由主義女性主義的意識型態，強調男／女無差異的觀念來進行女性參政的訴求，但未對「政治」與「參政」本身的父權性格進行顛覆。另外，婦運論述中強調家庭／私領域的民主化可以促進政治／公領域的民主化。因此在性別／政治雙重民主訴求下去呈現黨外女性再現論述。1986 年增額國大最高票的周清玉或首開台灣省實施地方自治的女性首長的余陳月瑛，都被視為突破女性／私領域家庭角色的侷限，認為女性參政打破政治屬於男性領域，突破女性被置放在以賢妻良母來齊家治國的從屬位置。〔註 37〕尚塔爾‧墨菲（Chantal Mouffe）的民主論述中，公共／私人的邊界非永遠不變。「私人」事務隨時都會出現對抗並且隨之政治化的可能性，因此公共／私人的區分重新得到闡述，以一種不同的方式被建構起來了，私人亦是具公共性的。〔註 38〕性別民主論述也是將公／私的邊界重新詮釋，並進行多層次的性別現代化論述。

二、性別觀點的「民主」

台灣戰後的婦運跟七〇年代後出現民主和社會運動息息相關，參與婦運的

〔註 35〕 Anne Stevens, *Women, Power and Politics*, Palgrave Macmillan, New York, 2007, p.6.

〔註 36〕 范毅芬，〈女性參政之探討〉，《婦女與政治參與》，婦女新知基金會出版部，1989 年 11 月，頁 114。

〔註 37〕 梁雙蓮〈婦女與政治參與〉一文在討論女性與政治的關係時，便指出女性參政在公／私領域的性別意義。見《婦女與政治參與》，婦女新知基金會出版部，1989 年 11 月，頁 27。

〔註 38〕 尚塔爾‧墨菲（Chantal Mouffe），王恆‧臧佩洪譯，《政治的回歸》，南京：江蘇人民出版社，2001 年 10 月，頁 66～112。

人士也大都支持民主和社會運動。〔註39〕婦運隨著 1980 年代政治民主化及社
會運動次第展開。在台灣政治不民主的脈絡下，訴求「政治民主」以及「反國
民黨威權」也是《婦女新知》論述對「政治民主化」的訴求。雜誌中提出 1980
年代後半解嚴迄今，期望政治領導者善用人民，要求改革的呼聲來宣佈終止動
員戡亂時期、回歸憲法、改革國會，則老國代、老立委就自然退職、改選，實
踐政治民主並奠定民主政治的基礎。〔註40〕呼籲憲政改革為全民共識，朝野應
戮力完成，以奠定民主政治之發展基礎，憲政改革應以符合全民利益、憲法原
則、民主精神及現實可行性為基本原則。〔註41〕必須在此時進行重要憲政改革
時機，共同關心憲政議題，參與民主政治改革。〔註42〕在政治民主化的訴求上，
婦運的政治民主論述呼應了黨外論述的民主訴求，也與全球第三波民主浪潮
下，訴求選舉民主、言論自由、破除威權政府有共同之處。

　　然而，在政治民主化的訴求上，婦運論述除了「反國民黨威權」，並訴求
的政治改革之外，亦提出政治民主有其不足，回應並修訂黨外論述中的「民
主」概念。1992 年法務部調查局以涉嫌叛亂罪拘捕王秀惠、林銀福、陳正然、
廖偉程等人，《婦女新知》則發表了〈婦女團體反政治壓迫聯合聲明〉一文：
「言論自由是憲法保障的基本人權，我等婦女團體，不分政治立場，支持王
秀惠女士有表達政治理念之自由。」〔註43〕，又如提出言論自由的重要性，
抗議權威侵入校園，批判政府／父權的結合破壞民主機制。〔註44〕鼓勵婦女
參政並參與民主改革也是婦女新知提出的重要議題。〔註45〕從上述看到雙軸

〔註39〕李元貞，〈從《憤怒之地》談台灣婦運〉，收錄於游惠貞編，《女性與影像——
　　　　女性電影的多角度閱讀》，臺北市，遠流出版社，黑白屋電影工作室策劃，1994
　　　　年，頁 188。

〔註40〕「婦女新知」社論，〈婦女團體對軍人組閣的聲明〉，《婦女新知》，1990 年 6
　　　　月 1 日，第 97 期，頁 1。

〔註41〕「婦女新知」編輯部，〈婦女團體對憲政改革之聯合聲明〉，《婦女新知》，1991
　　　　年 5 月 1 日，108 期，頁 2。

〔註42〕「婦女新知」編輯部，〈婦女團體對憲政改革之聯合聲明〉，《婦女新知》，1991
　　　　年 5 月 1 日，108 期，頁 3。

〔註43〕「婦女新知」編輯部，〈婦女團體反政治壓迫聯合聲明〉，《婦女新知》，1991
　　　　年，109 期，頁 24。

〔註44〕「婦女新知」編輯部，〈婦女團體反政治壓迫聯合聲明〉，《婦女新知》，1991
　　　　年，109 期，頁 24。

〔註45〕參見「婦女新知」雜誌社〈參政是婦女的權利〉、〈鼓勵婦女參政支持陳秀惠
　　　　參選國代〉、〈婦女新知對憲政改革的主張〉等文，《婦女新知》，1991 年 9 月
　　　　1 日，112 期，頁 2〜3。

線的政治訴求，一方面在國民黨政治高壓下訴求言論自由；另一方面「政治民主化」必須透過女性參政的「性別民主化」得以實現。

　　婦運論述經常見到策略性地將性別解放視爲民主解放的一環，也就是「性別民主化」被視爲影響「政治民主化」的手段，將台灣政治的不民主需要性別民主化以進入民主化的過程，也就是女性參政可以突破國民黨體制的威權。此外，將「性別民主」與「政治民主」結合，也是台灣政治條件產生的特殊性。因爲女性參政勢必會面臨黨國體制威權的問題，因此婦運論述的政治民主是反國民黨／反父權的雙軸線民主。陳雅惠在《運動刊物中性別論述的演變——《婦女新知》的語藝觀察》中，認爲《婦女新知》批判原有由老國代、國民黨一手掌握的政權，在台灣人民對於民主改革的呼聲中，婦女也一改過去對政治保持距離的態度，轉而積極鼓勵婦女參政，從實際參與政治中，替婦女爭取政策上的福利。《婦女新知》從民間社會團體對執政黨當局施壓的局面，使得選舉政治已逐漸取代高壓統治的政治局勢。〔註46〕這一段論述，也提到在第三波浪潮下選舉民主／性別現代性；台灣婦運／台灣政治之間交錯的關係，以及台灣婦運的特殊性。

　　第一波婦運推動性別民主化過程來看，性別／政治雙重民主化一直緊密相關。在英國 1917 年婦女就爭取選舉與參政權；法國在 1946 年也爭取參政權；中國在 1931 年爭取參政權〔註47〕，參與政治被視爲改變社會的直接方法。〔註48〕安東尼・紀登斯（Anthony Giddens）在討論民主現代性時認爲所有的人都是平等的，因爲每個人都擁有一張選票，沒有任何人的選票比任何別人的更有份量。在民主制度下，政治生活建立在對話上，而不是暴力或強迫或傳統基礎上。〔註49〕這樣的民主基本概念是選舉式的民主，而選舉式的民主也正是第三波民主的主要特點。自由主義式民主（Liberal democracy）將選舉視爲主要的，甚至是唯一的機制可以傳達需求的政治行動，然而，選舉是一個孤立的行動（isolated act），經由個人所行使。投票的行爲本身並不會展現

〔註46〕陳雅惠，《運動刊物中性別論述的演變——《婦女新知》的語藝觀察》，2001年，輔仁大學大眾傳播研究所碩士論文，2001 年，頁 120。

〔註47〕李昂主講，李瓊月整理，〈婦女的社會角色〉，《婦女新知》，第 20 期，1983年 10 月 10 日，20 期，頁 48～49。

〔註48〕陳惠珍，〈政治的可親性〉，《婦女新知》，第 20 期，1987 年 5 月 10 日，頁 10。

〔註49〕安東尼・紀登斯（Anthony Giddens），尹宏毅譯，《現代性：紀登斯訪談錄》，臺北，聯經出版社，2002 年 4 月，頁 100。

個人的特殊性。而現代民主的主導形式（dominant form）是代議士的民主
（representative democracy），但是代議士民主是無法表達出女性的需求。〔註
50〕但《婦女新知》的女性從政在第二波女性主義的影響下，也一樣從自由主
義式民主著手，訴求在政治領域上擔任領導者的角色，並給予女性新的政治
領導人物的社會角色，女性也開始建立起較無性別歧視的社會組織。〔註51〕，
女性參政也是第二波女性主義的重要概念。《婦女新知》在第二波女性主義與
第三波民主之下，也強調女性對選舉與政治參與的重要性。〔註52〕都是認為

〔註50〕 Anne Stevens, *Women, Power and Politics*, Palgrave Macmillan, New York, 2007,
pp.48～66.

〔註51〕 Gwen Gray・Marian Sawer, "Australian Women: Repertoires of Change", in
*Women and Politics around the World: A Comparative History and Survey, volume
two: country profiles*, edited by Joyce Gelb・Marian Lief Palley, 2009, ABC-CLIO,
p.251.

〔註52〕 梁雙蓮在〈婦女對選舉應有的認識〉一文，提到女性對選舉漠不關心的程度
多於男性。認為在政治權力的分配上，婦女仍是弱者，她們能掌握的社會資
源利益自然不多。梁雙蓮，〈婦女對選舉應有的認識〉，《婦女新知》，第42期，
1985年10月15日，第一版。
〈婦女的社會角色〉一文提到西方女性與政治的關係。李昂主講，李瓊月整
理，〈婦女的社會角色〉，《婦女新知》，第20期，1983年10月10日出版，頁
48～51。內容主要討論「若以婦女參政權獲得來說：英國是第一個實行民主
憲政的國家，而且女權運動一開始即有蓬勃的發展，但是英國的婦女在一九
一七年才享有參政權，這是由於第一次世界大戰，英國男性都派到前線或國
外去打戰，於是英國婦女很勇敢、堅強且成功的負起她們在社會上所應扮演
的角色，由於她們的努力在一九一七年終於獲得參政權。法國婦女則是在一
九四六年第二次世界大戰後才享有參政權。而中國婦女是在一九三一（即民
國二十年）才享有參政權。」「婦女的覺醒在十七、十八世紀即可看到，可是
真正使婦女在社會獲得基礎上認可，除了婦女自己努力爭取外，還有另一重
要因素是『產業革命』。」
〈婦女與政治參與〉一文提到當前婦女似乎仍不懂得利用參政權作為維護及
爭取她們權利的利器，一般婦女不關心政治，加上男主外、女主內的傳統角
色影響，基本上社會不鼓勵婦女參政。梁雙蓮主講，李瓊月整理，〈婦女與政
治參與〉，《婦女新知》，第21期，1983年11月10日，頁44～46。一文提到
凡透過任何途徑或採取任何行動，設法影響政府的決策，這種行為或活動都
稱之為政治參與。而台灣女性普遍不關心政治，而且女性參政機會還是受到
一些重男輕女的觀念，以及婦女扮演男主外、女主內的傳統角色影響，基本
上社會不鼓勵婦女參政。〈政治的可親性〉一文也鼓勵女性參政。陳惠珍，〈政
治的可親性〉，《婦女新知》，第60期，1988年5月10日，頁10。，「一般人
論及『政治』，總難免冠上一些負面的形容詞，譬如：骯髒的、齷齪的、恐怖
的、流血的……等等。尤其女人談政治，或參與政治，不是受到傳統人士的
抨擊，就是遭到看似尊重婦女參政權，而實則有些施捨心理的大男人保護。」

女性具備政治參與的權力與能力。呂秀蓮則提出要推廣婦女的政治教育，鼓勵女性投入選舉，促成黨內女性議員的聯盟，推廣為婦女代言的候選人，才是性別／民主的結合。

黃競涓在討論女性主義政治時，提出民主制度與女性地位提升之關係，民主體制一開始排斥女性參與，將女性劃定在私領域內。公民身份被定義為陽剛性的，選舉投票權直至二十世紀初才開始逐漸在各國普及至女性。〔註53〕過往女性一直被放置在私領域當中，政治成為一個陽剛的議題。在《婦女新知》的「家庭民主化」論述下，女性應走出私領域進行參政；此外，在第三波民主影響之下，女性參政模式很重要地就是透過選舉，因此婦女新知也推出女性候選人，希望「透過選舉政治與政黨政治的運作，《婦女新知》等婦女團體也擅用選票，來支持真正重視婦女意見的政黨。」〔註54〕。

性別視角的「民主」除了訴求女性參政之外，亦將婦運納入民主運動的一環，認為民主化運動不能忽略女性意識的重要。《婦女新知》中討論民主運動／婦女運動之間的關係時，將婦女運動視為人權運動、民主運動、社會變遷的一個環節，婦女運動興起可以印證民主運動的水準，和民主運動是相輔相成、互相成長。婦運的歷程反應民主化的腳步；性別現代性是民主現代性的進程。假使婦女運動受到壓抑，則代表民主亦未發展成熟，

「論戰爭、論暴力，或許女性相當厭棄。可是論溫和、論理性，相信只要受過文明洗禮的人，就可以勝任。這種文明的洗禮，不一定只有男人可以接受，在今天教育普及的社會裡，女人依然可以做一個文明人。只要她具有關懷社會的熱情、關懷生民的熱情，她可以運用智慧和努力，去影響一些決策。」。〈婦女與政治參與〉一文，談到婦女與政治時，統治者為維護權力，製造一些規範降低女性的政治參與。「統治者為維護權力，常會運用許多方法，譬如強調統治者血統的優越，製造一些規範（不論是法律或風俗）來使被統治者服從，並製造其依賴性。統治者只要給予被統治者一點恩惠，被統治者就感激萬分，且一切行為以討好統治者為主。當然最主要的是使其無知識，柔弱不具威脅性。在不平等的男女關係中，男性也常運用類似的方法，如強調男尊女卑，女性天生就比較差，並將女性關在家裡，甚至將其纏足，使其柔弱，在體力、智力上均無能力與男性競爭。」梁雙蓮主講，柏蘭芝整理，〈「婦女問題的探討」系列演講摘要（五）——婦女與政治參與〉，《婦女新知》，第64期，1987年9月10日，頁16～17。

〔註53〕 黃競涓，〈女性主義對審議式民主之支持與批判〉，《台灣民主季刊》，第5卷，第3期，2008年9月，頁35。

〔註54〕 陳雅惠，《運動刊物中性別論述的演變——《婦女新知》的語藝觀察》，2001年，輔仁大學大眾傳播研究所碩士論文，2001年，頁151。

因爲違反性別民主就是反民主行爲。因此當民主政治提倡人權平等，必須強調男女平等。呂秀蓮在婦女新知基金會上提出婦女運動制度化是台灣民主化的水到渠成，也呼籲在致力於性別平等時，不可怠忽社會現代化與政治民主化過程中婦女應扮演的角色。〔註55〕上述論述可以看見在婦運的推動，會將性別平權與民主浪潮並置，一方面將性別現代化放置在民主現代化的進程下，性別民主是社會現代性與民主現代化的過程，另一方面認爲性別現代化是必須有助於台灣民主化過程，強調民主政治必須要有婦女團體的參與。

　　相較於黨外雜誌以「政治民主化」作爲一種現代性；婦運論述則以「性別民主化」作爲現代性的進程。認爲性別議題與婦女解放是應順應民主化社會的需求，女性權益也是民主的一環這樣的論述內容，政治民主問題必須包含女性問題。〔註56〕相較於黨外雜誌論述中的去性別化的「民主」概念，《婦女新知》檢視在男性化的政治傳統中，女人的政治觀點與經驗不是被簡化就是被矮化的問題，以及女性參政者成爲配角的議題。〔註57〕因此提出要打破政治被視爲男性領域的迷思，女性參政才是民主現代化的進程。〔註58〕唯有女性參政可以打破陽剛男性的政治生態，婦女運動與政治結合，才能眞正邁向民主化。〔註59〕上述論述可以看到《婦女新知》中提

〔註55〕討論到婦女運動是民主進程的文章參考呂秀蓮，〈婦女在歷史轉捩點上——細數拓荒腳步·展望婦運前程〉，《婦女新知》，第 74 期，1988 年 7 月 10 日，頁 10；《婦女新知》，1991 年，104 期，頁 3；張輝潭，《台灣當代婦女運動和女性主義實踐初探——一個歷史的觀點》，1995 年，國立清華大學社會人類學研究所碩士論文：《婦女新知》，1986 年，53 期，頁 6。呂秀蓮，〈向歷史舞臺昂然邁進——賀「財團法人婦女新知基金會」成立〉，《婦女新知》，第 68 期，1988 年 1 月 10 日，頁 6。梁雙蓮主講，柏蘭芝整理，〈「婦女問題的探討」系列演講摘要（五）：婦女與政治參與〉，《婦女新知》，第 64 期，1987 年 9 月 10 日，頁 17。比如《婦女新知》討論遠東集團解雇員工彭菊英一事，彭菊英工作權受剝奪，是助長歧視婦女工作權的反民主行爲。

〔註56〕黃毓秀，〈連不上的環——婦女權益與選票〉，《婦女新知》，第 92 期，1990 年 1 月 1 日，頁 7。

〔註57〕李清如，〈期待女性意識的婦女參政——記「政壇傑出婦女之夜」〉，第 162 期，1995 年 11 月 5 日，頁 25。

〔註58〕范郁文、廖錦桂主講〈婦運的政治策略及組織〉一文，即批判政治被視爲男性的、骯髒的迷思，並討論女性參政年的重要性。參考《婦女新知》，第 117 期，1992 年 2 月 1 日，頁 10～12。

〔註59〕呂秀蓮，〈我們的明天會更好〉，《婦女新知》，第 127 期，1992 年 12 月 1 日，頁 7。

出一個性別視角的「民主」概念。在女性參政的討論上，李元貞在婦女新
知基金會成立時說「以現今民主化的世界政治潮流來說，婦女團體發展成
婦女政黨，與男性團體聯合或輪流執政，亦是可預見的政治情況。」〔註60〕。
女性參政是權利也是義務，透過參政才能改善女性的社會地位。〔註61〕女
性參政才是民主現代化，應破除民主參與的陽剛之氣，要有平等參政權〔註
62〕。在政治論述上，提出選舉權、女性平等參政權〔註63〕，性別作為一種
現代性下，呂秀蓮、施寄青認為社會應該走向具有性別視角的社會，否則
便是「違反時代潮流」。上述可以看到性別現代化／民主現代化才是世界的
潮流。政治與民主的現代化必須要有女性參政；政治民主必須具備性別民
主；民主運動必須包含婦女運動。公共領域被陽剛化、男性化時，使得女
性對於參政沒有歸屬感，因而婦運論述強調打破政治邊界的封閉性，但是
在自由主義選舉式民主的框架下，女性參政則未脫離選舉式的參政民主概
念。

〔註60〕 李元貞，〈婦女新知基金會的長短程目標〉，第 68 期，1988 年 1 月 10 日，頁
7。

〔註61〕 李清如，〈期待女性意識的婦女參政──記「政壇傑出婦女之夜」〉，《婦女新
知》，第 162 期，1995 年 11 月 5 日，頁 26。

〔註62〕 婦女新知叢書也出版性別與政治的相關討論文章，「民主政治打破政治上的壟
斷及不平等，使人民得以其人民身份參加國家統治權的行使。如果說民主政
治是政治人權的實現，則男女平等亦可謂是性別人權的承認，承認在『人』
的基礎上，男人與女人在法律地位一律平等，沒有主從之分。民主國家的憲
法皆保障男女平等，婦女和男子一樣擁有參與政治之權。」梁雙蓮，〈婦女與
政治參與〉，《婦女與政治參與》，婦女新知基金會出版部，1989 年 11 月，頁
3。

〔註63〕 如梁雙連提到「民主政治打破政治上的壟斷及不平等，使人民得以其人民身
份參加國家統治權的行使。如果說民主政治是政治人權的實現，則男女平等
亦可謂是性別人權的承認，承認在『人』的基礎上，男人與女人在法律地位
一律平等，沒有主從之分。民主國家的憲法皆保障男女平等，婦女和男子一
樣擁有參與政治之權。」其他國家的女性參與政治，「相對於其他國家，像以
色列、印度早即出現擁有實力的女性總理梅爾夫人、甘地夫人；英國有打破
歷來任職最久的女首相柴契爾夫人；菲律賓有以和平革命推翻馬可仕獨裁統
治，普受民眾擁戴的女總統艾奎諾夫人；冰島女總統最近再獲連任；挪威不
但其閣揆為女性，大半閣員亦為女性；在大男人主義盛行的日本亦有女性為
領導人的政黨，而女性部長在許多國家已不罕見。比較之下，我國婦女在高
級政務層次職位的參與方面當待努力提升。」梁雙蓮，〈婦女與政治參與〉，《婦
女與政治參與》，婦女新知基金會出版部，1989 年 11 月，頁 3～14。

三、女性參政的現代化

　　女性參政不代表女性解放與「性別現代化」，只能說有突破性別角色框架的意義。因為政治女性參政不等同具有女性意識人物的政治參與，女性參政有可能是父權政治文化下的產物。《婦女新知》在女性參政主體的訴求下，提出的女性參政除了女性投入選舉以對抗黨國威權與父權體制之外，更提出女性參政模式的現代化。「女性參政現代化」的現代化進程意指兩個面向：其一訴求參政女性必須具備性別意識；其二則呼應第二波女性主義的女性自覺與主體，認為參政女性必須是政治主體。

　　具性別視角的「民主」除了強調女性參政，而且強調女性參政必須具有性別意識。女性參政必須把婦女問題列為重要政見，以「提高婦女問題政治化的程度」〔註64〕。1992年，《婦女新知》希望兩黨主動徵召婦女人選〔註65〕，在選舉政治時代裡，《婦女新知》認為不同的政黨之間為了選票的考量，給了婦女議題發展的空間。皆強調女性意識進入陽剛政治的重要性。倘若女性參政未具有性別視角，則是女性參政尚未進入現代化的模式。呂秀蓮談到女性介入政治扮演監督與參政的角色時，認為「歷史上有不少女性執掌政權，卻沒有為女性帶來實質的權益，像中國慈禧太后、以色列的梅爾夫人、印度的甘地夫人、以及目前英國的柴契爾夫人，沒有任何跡象顯示她們對婦女問題特別關心，特別努力。」，如「菲律賓的柯拉蓉・艾奎諾剛當選不久時應邀訪美，在哈佛大學做一場演講。有人問她身為女性總統，對菲律賓提出如何的婦女政策，她回答說：現在菲律賓其他問題非常嚴重，婦女問題相形之下不算什麼。此話一出隨即引來許多批評和攻擊。以後她的言論就有所改變。」〔註66〕，女性參政如果未現代化，則僅是封建／父權／威權意識型態的遺緒。

　　在參政主體的訴求上，認為「政治民主化」必須女性參政、去除保障名額等思想，重新定義民主的內涵，性別化「民主」的概念。女性參政的現代化模式必須廢除「婦女保障名額」、「代夫出征」、「政治冷漠」的政治參與，

〔註64〕「婦女新知」雜誌社社論，〈看看美國，看看我們自己：談選舉中的婦女問題〉，《婦女新知》，1984年12月15日，第31期，第一版。

〔註65〕《婦女新知》，1992年，122期，頁3。

〔註66〕呂秀蓮主講，方宜整理，〈婦女在歷史轉捩點上──細數拓荒腳步・展望婦運前程〉，《婦女新知》，第74期，1988年7月10日，頁6〜10。

不應該以社會要求的「女性特質」如撒嬌等執行政治參與。〔註67〕而是以女性主體參政以實現全民爲依歸的民主政治。〔註68〕

「性別現代化」是被放在「民主」發展的大框架下來談，女性參政則必須展現女性主義的性別現代化思維。《婦女新知》提出女性參政要進入現代化的步伐，不應該是樣版式以及「保障名額」的參政模式；因爲婦女保障名額是一種以「強者對弱者的慷慨仁慈」所形成的假平等〔註69〕；執政黨以保障名額的方式塑造參政的「樣版女性」，只是聊備一格〔註70〕；是阻礙優秀婦女參政的機會〔註71〕；也變成替男性候選人護航阻礙婦女發揮政治才能的限制〔註72〕。此外從女性參政實力來看以已經不需要婦女保障名額〔註73〕；保障名額提名制度會成爲女人之間的戰爭，或成爲男性候選人得利的保障，是另一種歧視，只有階段性的意義但不具平等的眞正精神。〔註74〕因此應該廢除婦女保障名額以避免限制與壓低婦女參政機會。〔註75〕因爲受到憲法上女性保障名額的規定，在競選時，甚至不需有任何的活動，就可以安然坐上議席。雖不能否定從政女性的社會的貢獻與努力，但其論政的內容分析，爲女性同胞爭取權益的發言極少。〔註76〕「婦女保障名額」有幾個層次的問題，一來是父權文化下產物，將女性放置在需要保護的位置，而非具有平等政治參與

〔註67〕 婦女新知雜誌社，〈婦女新聞〉，《婦女新知》，第72期，1983年7月10日，頁7。

〔註68〕 呂秀蓮，〈新女性主義的內涵〉，《新女性主義》，高雄市，敦理出版社，1986年2月15日，頁143。

〔註69〕 呂秀蓮，〈突破婦女參政的瓶頸〉，原載於1985年11月20日《自立晚報》，後收錄於《兩性問題女性觀》，臺北，前衛出版社，1990年初版一刷，頁175。

〔註70〕 呂秀蓮，〈突破婦女參政的瓶頸〉，原載於1985年11月20日《自立晚報》，後收錄於《兩性問題女性觀》，臺北，前衛出版社，1990年初版一刷，頁171。

〔註71〕 婦女新知雜誌社，〈婦女新聞〉，《婦女新知》，第72期，1983年7月10日，頁7。

〔註72〕 李元貞，〈婦女運動的回顧與展望〉，《婦女新知》，第53期，1986年10月10日，頁6。

〔註73〕 梁雙蓮，〈淺談婦女保障名額〉，《婦女新知》，第53期，1986年11月10日，頁1。

〔註74〕 呂秀蓮主講，李金梅、崔梅蘭紀錄整理，〈以進階提升辦法取代婦女保障名額〉，《婦女新知》，第119期，1992年4月1日，頁6～9。

〔註75〕 范情，李梅蘭紀錄，〈相同情況者予相同待遇；差別情況者予差別待遇——才是眞平等〉，《婦女新知》，第119期，1992年4月1日，頁15。

〔註76〕 陳惠珍，〈婦女與選舉〉，《婦女新知》，第62期，1987年7月10日，頁12～13。

下的制度設計，既非性別平等的「政治民主現代性」；也不符合參政女性主體的「性別民主現代性」；二來婦女保障名額在實質層面上，阻礙女性參政的機會僅圖利男性候選人。讓女性限制在女性的競選人當中，侷限傑出女性參政的比例〔註77〕；三來保障名額的參政女性並未具有女性意識，對女性從政的發展無益，並非具有女性意識與女性自覺的參政模式，「可能繼續強化或複製既有的性別體制。」〔註78〕。因此女性參政本身也必須進入現代化的過程，具有性別意識的民主化才能展性性別／政治的雙重民主化。

　　《婦女新知》中提出另一種需要批判的女性參政模式即是「代夫出征」模式。「代夫出征」與「婦女保障名額」都是未民主化的女性參政模式，「代夫出征」的政治受難者「家屬」以及政治「接班者」、「代替者」意味過強，不是具有女性參政主體的模式。「代夫出征」一來是國民黨威權體制下的產物；二來將女性視為「接班者」的角色，從政治民主與性別民主雙重角度來看，都是不民主的表現。在國民黨威權政治下，反對運動的男性因為政治迫害入獄，女性以「後勤女工」之姿從後台步入前臺，看出女性在政治領域原本並無法有自己的位置與政治機會，但因威權政治力的因素步入政治。「代夫出征」女性在進入公共領域後，又被視為「接班者」、「代替者」的角色，而非民主參與的主體，是欠缺女性參政主體意識的參政模式。

　　上述可以看到「代夫出征」、「保障名額」在以第二波女性主義為主要核心論述的場域中，「欠缺性別意識的參政」與「欠缺參政主體的女性」兩者皆是女性參政未現代化的模式，僅僅只是父權文化的副產品。因此在政治女性的論述中，批判「保障名額」、「代夫出征」、「後勤女工」是未現代化的民主參政模式，具有女性主體參政才是才是真正的民主化。因此在政治女性的典範論述中，不斷引述全世界政治領袖如英國首相柴契爾〔註79〕、菲律賓總統柯拉蓉等人豎立了女性參政的典範角色。〔註80〕論述雙面刃地批判柴契爾夫人未具性別意識；柯拉蓉的「代夫出征」未具女性政治主體，呼籲除了女性參政之外，女性參政模式還必須步入現代化才是民主／性別現代化的政治。

〔註77〕有關「婦女保障名額」的討論，參考陳莎莉〈因為「婦女保障名額」而當選的高薰芳〉一文，《婦女新知》，第83期，1989年4月1日，頁8～9。

〔註78〕李清如，〈期待女性意識的婦女參政──記「政壇傑出婦女之夜」〉，第162期，1995年11月5日，頁27。

〔註79〕婦女新知雜誌社，「世界婦女動態：全世界的政府領袖有五位是女性」，《婦女新知》，第57期，1987年2月10日，頁13。

〔註80〕陳惠珍，〈婦女與選舉〉，《婦女新知》，第62期，1987年7月10日，頁12。

第二節　第二波婦運觀點下的「黨外女性」論述

　　前文提到《婦女新知》是以第二波自由主義女性主義思潮爲論述的核心，強調意識覺醒、婦女參政、性別現代化等概念，在台灣政治情境下也提出民主現代化／性別現代化雙軸線的民主論述。

　　《婦女新知》以「性別現代性」爲前提推展的民主論述。政治女性再現論述也以性別意識覺醒與參政主體性來檢視政治女性的行動。《婦女新知》的政治女性論述中，可分爲幾種典型。一種爲性別意識、政治獨立、民主行動值得推崇的政治女性典範。如中國唐群英在政治參與上，不但具有民主政治訴求，而且提倡男女平權的社會平等〔註 81〕，在參政行動上，是具備女性意識的主體參政的典範。

　　1988 年開始，《婦女新知》雜誌每期都介紹了世界的政治女性，其貢獻與意義分爲幾個層次，一爲挑戰政治屬於男性領域的政治女性；二爲具有獨立特質的女性。其中如系列介紹亞協駐台代表 Ms. Edith S. Coliver、派翠‧凱莉、桃瑟‧楊等人的政治參與〔註 82〕，彭婉如〈九○年世界婦女動態〉描述英首相柴契爾夫的政治能力、堅毅的個性；愛沙泥亞副議長勞莉斯汀女士及立陶宛首相普朗斯金女士各自扮演了舉足輕重的角色。兩德統一過程中，原東德議長伯格曼‧波爾女士亦居功厥偉。波蘭政府發言人奈查碧托斯卡女士從積極反對共產政權起家，亦積極發揮本身對國家大事的影響，是女性領袖憑靠實力出線的代表。〔註 83〕日本的土井多賀子委員長一如英國鐵娘子柴契爾夫人，去全憑己力在男性傳統的政治圈裡鶴立雞群。〔註 84〕提出的政治女性典範人物代表。

　　相較之下，對於「代夫出征」女性與欠缺女性意識的政治女性，則雙面刃地指出其貢獻與弊病。呂秀蓮認爲菲律賓的柯拉蓉‧艾奎諾與美麗島事件當局全面逮捕美麗島人士時時，開啓了黨外女性「代夫出征」的道路。但菲律賓的柯拉蓉‧艾奎諾、巴基斯坦的班那姬布托、或者高棉遊擊隊女頭目翁

〔註81〕 李貞德，〈婦女參政健將——唐群英〉，《婦女新知》，第 19 期，1983 年 9 月 10 日，頁 38～39。

〔註82〕 參考《婦女新知》第 73 期～76 期。（1988 年 6 月 10 日～1988 年 9 月 10 日。）

〔註83〕 彭婉如，〈九○年代世界婦女動態〉，《婦女新知》，第 106 期，1991 年 3 月 1 日，頁 29。

〔註84〕 呂秀蓮，〈當牝雞開始司晨〉，原載 1989 年 8 月 14 日《中國時報》，後收錄於《兩性問題女性觀》，臺北，前衛出版社，1990 年初版一刷，頁 94～197。

山蘇姬，皆因政治受難者的妻女而崛起於政壇；是依附性的政治行為。相對的，日本的土井多賀子委員長一如英國鐵娘子柴契爾夫人，全憑己力在男性傳統的政治圈裡鶴立雞群。〔註 85〕言下之意更贊同獨立從政的女性。呂秀蓮對「代夫出征」的批判，也可以從其對自己的歷史定位為觀察點，呂秀蓮在1998 年的訪談中提到自己的定位，「台灣的女性參政有兩種，一種是家族式的，一種是獨立自主型，我屬於獨立自主型」〔註 86〕，可以看到呂秀蓮將自己視為獨立自主型的政治女性，因而對家族型的政治女性進行批判。另一種政治女性的類型，則是欠缺性別意識的政治女性。呂秀蓮在訪問英倫時，認為首相柴契爾夫人根本不是新女性，因為非但不曾提拔女性，而且唯恐別的女性比她成名，此外，印度的甘地夫人、以色列的梅爾夫人、甚至菲律賓的艾奎諾夫人，她們的掌政，並未給該國婦女帶來實質的利益。〔註 87〕上述都強調政治女性的政治獨立性與女性意識為參政女性的立足點，女性參政的現代化模式應該是去依附性、具性別意識才是的女性參政現代化。黨外女性參與民主運動如何被論述，又呈現什麼性別／民主意涵將在下文一一討論。

一、台灣／女性政治

　　第二章討論過台灣政治下，女性面臨黨國威權／父權文化的雙重性，因此使得台灣婦運與政治女性都面對國家威權／父權交錯的歷史特殊性。婦女新知叢書相關的性別與政治的文章中，批判國民黨作為執政黨的父權性格，以及在此性格下並未真正肯定婦女的重要性〔註 88〕。因此黨外政治女性的再現論述中，會出現政治女性的台灣特殊性。台灣第一位女市長許世賢病逝時，《婦女新知》在 1983 年的社論便論述其民主的貢獻。強調許世賢在政治高壓情況下，要求開放黨禁、解除戒嚴、呼籲制訂省自治通則等民主化的貢獻，在政治民主化有其貢獻。肯定其對國民黨威權體制下政治民主化的貢獻。但

〔註85〕呂秀蓮，〈當牝雞開始司晨〉，原載 1989 年 8 月 14 日《中國時報》，後收錄於《兩性問題女性觀》，臺北，前衛出版社，1990 年初版一刷，頁 94～197。

〔註86〕呂秀蓮等人座談，〈權力檯面，女性拍板〉，《天下雜誌》，1998 年 3 月 1 日，頁 104。

〔註87〕呂秀蓮，〈婦女與台灣民主化〉，1987 年撰寫，收錄於呂秀蓮主持，《海外看臺灣》，高雄縣，南冠出版社，1988 年 5 月出版，頁 228。

〔註88〕黃玲娜，〈國民黨如何回應另一半人口的聲音？〉，《婦女新知》，第 75 期，1988年 8 月 10 日，頁 7。

是筆鋒一轉，認為「可惜的是，許市長身為一知識女性、政界女性，對台灣女性的權益問題，未能多加用心。」〔註89〕。論述中肯定許世賢具有政治民主的位置，具有突破國民黨威權以及政治屬於男性領域的雙重意義，但忽視女性議題，在性別民主上卻未曾用心。可見婦運論述在論述政治女性時，以性別意識與性別民主化檢視政治民主化，並批判參政女性的「民主」意義的不足。

在台灣特殊的政治情境下，有些反對運動女性則具有對抗政治／男性／國家威權的多重意義。其以女性身份跨入屬於陽剛政治領域的政治，一來進行政治越界；二來對抗國家威權，反對運動女性參政本身就具有顛覆國家威權／父權雙重體制的意義。反對運動女性陳翠玉便是被視為對抗威權的前輩之一。陳翠玉出生於1917年，在1947年228事件發生時，為保護大陸籍同事而被列為黑名單。日後在擔任台大護校校長時，因嚴禁教官以黨務干涉校務，於1953年被冠上貪汙、反黨、叛國、運用國際路線等罪名起訴。1955年遠離台灣，曹愛蘭論述到她追求台灣民主、積極參與海外台灣人的運動，赴綠島親身去探望身繫囹圄的政治犯出境時簽證因此被取消，之後發起海外台灣人返鄉運動。此外，更推動海外的婦女民主運動，以打破女性受到傳統制約的束縛。1987年返台到處演講奔忙，其政治行動是婦女／民主運動的結合。〔註90〕陳翠玉被視為結合台灣民主運動／女性運動雙重身份的政治典範，被視為「台灣婦女民主運動的前輩」。前文提到台灣女性運動面臨政治議題與性別議題雙重性，是台灣問題／女性問題結合的歷史特殊性，政治女性將性別民主與政治民主結合則成為具有台灣特殊性的政治女性。這幾篇的介紹，可以看出《婦女新知》以實際的歷史實例，強調台灣／女性結合的歷史，以及性別民主與政治民主的雙重訴求。

在《婦女新知》裡頭，討論最多的「黨外女性」便是呂秀蓮。呂秀蓮在《婦女新知》的訪問與自我闡述中，都將自己放在女性運動／民主運動的雙重身份當中。呂秀蓮在婦運論述中闡述自己的人生歷程時，會先從自己參與的新女性主義開始談起，日後因受到政治不民主下的威嚇與情治單位的騷

〔註89〕婦女新知雜誌社，「婦女新聞」，《婦女新知》，第18期，1983年8月10日，頁6～7。

〔註90〕曹愛蘭，〈安息在故鄉的土地上——悲悼台灣婦女民主運動前輩陳翠玉女士〉，《婦女新知》，第76期，1988年9月10日，頁4～5。

擾，所以意識到必須將政治運動與婦女運動結合而步入政治運動中。〔註91〕
可以看到其性別覺醒優先於政治覺醒；但是性別行動卻必須先有政治行動。
美麗島事件與呂秀蓮有牢中同窗的陳菊在〈她，獨立自主又不失婉約細膩——
陳菊眼中的呂秀蓮〉一文提到呂秀蓮「當初會從婦運界一腳踏進政治圈，
是因為她想藉由政治，更有力推展婦運。」〔註92〕，認為呂秀蓮是希望經由
政治的參與，將女性意識溶入政策和法律的制訂過程中。如此，對婦女才有
具體、實質的幫助。呂秀蓮在《婦女新知》的相關論述中被放置在「婦運優
先」、新女性主義者的角色中〔註93〕。

　　婦運論述強調政治民主與性別民主的結合，呂秀蓮在1988年在美國發起
「北美洲台灣婦女會」則是結合台灣民主運動與婦女運動的行動〔註94〕。除
了台灣民主參與，也提倡海內外的性別議題，女性政治參與是必須將婦運議
題與民主議題結合以達到政治／性別民主的雙重解放。另外，被視為「四大
女寇」之一的陳菊在解嚴後的婦運場域受訪中，出現較強的性別論述。文中
陳菊意識到政治壓迫下體會到身為被壓迫階級的歧視，因為與呂秀蓮在1979
年底美麗島事件被羅織入獄接觸了新女性主義，感受到「女性」本身就是一
個受壓迫階級，女性是遭受政治與性別雙重壓迫的階級。〔註95〕被視為「四
大女寇」之一的陳婉真，在《婦女新知》受訪時，也自陳必須在政治民主的

〔註91〕呂秀蓮主講，方宜整理，〈婦女在歷史轉捩點上——細數拓荒腳步‧展望婦運
　　　　前程〉，《婦女新知》，第74期，1988年7月10日，頁2～5。
〔註92〕黃玲娜，〈她，獨立自主又不失婉約細膩——陳菊眼中的呂秀蓮〉，《婦女新
　　　　知》，第74期，1988年7月10日，頁8～9。
〔註93〕如賀姍〈新女性主義的拓荒者呂秀蓮〉一文也是如此，《婦女新知》，第23期，
　　　　1984年1月10日，頁45。
〔註94〕「該會宗旨有四：一、喚醒女性意識，確保女性尊嚴；二、反對性別歧視，
　　　　促進兩性平等；三、發揮女性才能，參與公共政策；四、弘揚人權民主，開
　　　　創台灣新局。該會的會務活動將包括以下七方面：一、自我成長與兩性溝
　　　　通；二、維護婦女人權，支援國內婦女工作；三、獎掖婦女領導人才；四、
　　　　加強與其他婦女團體聯繫；五、參與當地各項政治、社會活動；六、舉辦有
　　　　助於開創台灣前途的活動；七、建設與發揚台灣文化。」「一方面要積極喚醒
　　　　女性意識，爭取兩性平等；一方面鼓勵女性參與公共政策，『經第二性邁向第
　　　　一性。』」「在一九八〇年代的國內外台灣婦女團體中，『北美洲台灣婦女會』
　　　　是繼『婦女新知』之後，第二個揭櫫女性意識的團體，也是第一個正式宣稱
　　　　要參與政治與社會活動的女性團體。」參考顧燕翎，〈北美洲台灣婦女會正
　　　　式成立〉，《婦女新知》，第72期，1988年5月10日，頁18。
〔註95〕黃玲娜，〈她，獨立自主又不失婉約細膩——陳菊眼中的呂秀蓮〉，《婦女新
　　　　知》，第74期，1988年7月10日，頁8～9。

國家下，人民的權益才能伸張，但更延伸性別的思維與關懷，認爲「會拿出像對抗政治不民主、黑名單限制等問題時的衝勁，結合婦女同志，向不合理的體制挑戰到底。」〔註96〕。陳婉眞與陳菊在《婦女新知》的言論，出現強調性別意識的政治思維，認爲性別問題擺脫不了政治威權，但是單有政治民主是不足以解決性別問題，都出現台灣政治／女性的特殊性。陳婉眞與陳菊的論述一向以「反國民黨威權」爲重心，出現性別論述一來或因爲解嚴的關係，政治威權／父權威權重新被思考的空間；二來因爲《婦女新知》場域的性別民主位置，使得黨外女性產生具有性別視角的論述。

在第三章黨外雜誌的論述中，呂秀蓮、陳菊、陳婉眞等人視爲「反國民黨威權」的民主人士，再現論述將政治女性的民主身份置放在性別身份之上，忽略政治女性在民主／性別的雙重身份。此外，這些政治女性談論「民主」時，不太談論性別議題，「民主」不包含性別民主的意涵。但在 1980 年中末期到 1990 年之間的《婦女新知》的論述中，這些政治女性的性別身份與性別覺醒被強調，其性別覺醒含有台灣政治的特殊性。台灣特殊性即是政治女性承受政治高壓以及性別體制的雙重壓迫，是一種「遭受雙重壓迫的階級」，面對了政治／性別雙重不民主的歷史情境。在呂秀蓮與西德社民黨國會副主席史密斯對話紀錄裡，婦女問題／台灣人命運、女人／台灣人有共通性，一來皆非少數人卻長期、普遍受壓制和歧視，所以女人／台灣人必須覺醒並投入政治活動中。〔註97〕在此論述下，台灣政治高壓情況下，婦女運動與台灣民主運動是交錯的一條線，女性意識的強調也吻合《婦女新知》中第二波女性主義的核心思維，政治女性的再現論述也強調台灣／女性的雙重性。

二、未現代化的女性參政：「代夫出征」與「寡婦政策」

第二波女性主義中強調女性意識覺醒的思維，《婦女新知》在強調參政主體／女性覺醒的婦運論述中，女性參政必須進入民主化與現代化的進程中。女性參政的民主化與現代化便是具有女性參政主體，必須將政治覺醒與性別覺醒、女性解放與民主解放的雙重結合。在此思考與前提下，台灣女性參政

〔註96〕陳婉眞，楊茹憶整理，〈婦女新領袖，邁向立法院大進擊——選前暖身座談會〉，《婦女新知》，第 127 期，1992 年 12 月 1 日，頁 8。
〔註97〕鄭瑩整理紀錄，〈新女性對新女性——呂秀蓮與西德社民黨國會副主席史密斯對話錄〉，《婦女新知》，第 66 期，1987 年 11 月 10 日，頁 16。

模式中不符合性別民主化過程的，便是需要批判的、未現代化的參政模式，其中「代夫出征」、「寡婦政策」、「保障名額」是女性參政未民主化、未現代化的模式。

《婦女新知》的眾多論述皆批判「代夫出征」及「婦女保障名額」這兩種政治現象應該慢慢淘汰。因為「代夫出征」與「婦女保障名額」不僅是父權文化的產物，也無法真正培養出「婦女代言人」，也無法鍛鍊婦女政治競爭及問政的實力。「代夫出征」與「保障名額」模式的公職女性，是象徵作用大於實質作用。「代夫出征」及「婦女保障名額」被視為台灣政治體質的特殊性。1985 年的《婦女新知》論述到「代夫出征」都是受難家屬，目的在為丈夫申冤不在關心婦女權益，未脫離家屬的身份，但是政治體質下不得不如此的參政策略。梁雙蓮在談到黨外的女性政治參與時，批判了台灣女性參政的附屬性，「黨外方面的婦女公職候選人雖較具競爭力，基本上亦多非憑其個人因素競選，每依賴其家族勢力、承繼其父兄政治地位、或作為其夫婿的代替人。或許她們個人亦具能力，但總是從屬角色。而黨內提名的婦女公職候選人亦多出身政治世家，承繼其親長政治勢力，成為職業性民意代表。『依賴心態』及『從屬角色』，是台灣地區婦女參政的一個特色，因此也限制她們在政治參與方面有快速而正常的發展。」〔註98〕，批判了女性在政治場域中，以關係性身份進入政治，是女性參政模式的未民主化。

上述論述皆從婦運觀點批判「代夫出征」女性欠缺參政主體性，依然是「代替」丈夫出征，視政治為男性的事業，而女性只是接替、接班的角色。相較於第三章處理黨外雜誌時，「代夫出征」被視為是「民主的接班者」，是「走一條未走完的民主道路」，其「代替者」與「接班者」形象是台灣民主受創與重振的隱喻。黨外雜誌中「代夫出征」女性論述是以「政治民主」作為大敘述、大前提下，肯定女性「替代者」的身份，儘管是失去女性主體地代替男性出征，在民主大議題下女性政治主體無關緊要。相對的，在《婦女新知》的論述中，批判女性因關係性角色進入政治，從婦運觀點詮釋代夫出征的女性，重視女性參政主體。〔註99〕批判「代夫出征」是未民主化的女性參

〔註98〕梁雙蓮主講，柏蘭芝整理，〈「婦女問題的探討」系列演講摘要（五）——婦女與政治參與〉，《婦女新知》，第 64 期，1987 年 9 月 10 日，頁 18。

〔註99〕「自民國六十一年舉行增額選舉至今，所有當選之女立法委員均係依賴己身之實力，與男性候選人立於平等之基礎上，以較多之票數，擊敗眾多男性候選人，且當選之人數更超越保障名額之人數。例如六十一年計有張淑貞、許

政模式，以否認、修訂、重新論述的方式呼應了黨外運動時的民主論述，批判「代夫出征」的象徵意義以及民主發展的過渡階段。台灣政治環境下，對民主現代性的追求在不同的時間、不同的地理空間和不同的社會條件下，會出現不同的面貌，現代性是一個「複數的現代性」（modernities）。關鍵在於是在現代世界體系的甚麼位置上同現代性發生關係的。非西方國家在面對不斷變化的自身歷史與西方，現代化會呈現更複雜的面孔。〔註100〕台灣在政治現代化與性別現代化上，就因為威權體制與政治高壓的環境，出現「代夫出征」的特殊歷史，「代夫出征」的論述也因為不同現代化追求而出現了差異的視角。

　　另一種未民主化的女性參政模式則是「婦女保障」名額。論述中以大量女性不須保障名額參政為例，認為省議員苗素芳、黃玉嬌、蘇洪月嬌；臺北市議員第三選區潘維剛及藍美津皆不需保障而可高票當選。此外，余陳月瑛當上縣長、張博雅繼當上嘉義市長，因此提出「婦女保障名額」是必須取消的。〔註101〕《婦女新知》強調性別／政治中政治女性的參政主體性的重要，認為婦女保障名額是落伍的，是對女性的一種侮辱〔註102〕，不僅形同虛設，也具備父權文化特性而反對婦女保障名額的女性參政模式。另外，女性候選人若「依恃其家族勢力，繼承親長的政治資源，而甚少憑藉其個人條件。」

世賢、張瑞妍、周文璣四人，不僅較保障名額多一人，且其中許世賢及張瑞妍兩位更係各自選區第一高票。上述四人復於民國六十四年之選舉中獲得充分之選民支持，繼續蟬聯。民國六十九年恢復之增額選舉中，婦女保障名額增至五人，實則卻有溫錦蘭、古胡玉美、許張愛簾、許榮淑、黃余秀鸞、紀政、於樹潔等七人當選。不僅紀政及於樹潔二人分居北市及高市之首位與次席，且溫錦蘭、古胡玉美及張愛簾、許榮淑均係於同一選區內雙雙當選。充分證明女性候選人之競選能力，足可與男性媲美，婦女保障名額已形同虛設。」劉鐵錚，〈婦女團體及法定當選名額之選舉制度〉，《婦女與政治參與》，婦女新知基金會出版部，1989 年 11 月，頁 101。

〔註100〕關於「複數的現代性」一概念，參考張法，〈現代性與全球文化四方面〉，收錄於張頤武主編，《現代性中國》，中國開封，河南大學出版社，2005 年 3 月，頁 28。陳燕穀，〈現代性：未完成的和不確定的〉，收錄於張頤武主編，《現代性中國》，中國開封，河南大學出版社，2005 年 3 月，頁 11。

〔註101〕婦女新知雜誌社，〈很多婦女去聽政見會了〉，《婦女新知》第 43 期，1985 年 11 月 15 日，第一版。

〔註102〕呂秀蓮自陳保障名額是提倡新女性主義最為反對的事，因為婦女保障名額是落伍的，是對女性的一種侮辱，所以我非常高興能回到桃園參加競選，各位也不要認為我回到桃園是爭取婦女保障名額而將要投給我的票省起來。」呂秀蓮，〈風雨故人歸〉，《我愛台灣——呂秀蓮海內外演說選》，高雄縣，南冠出版社，1988 年 5 月初版，頁 25～26。

也是沒有參政主體的表現。〔註103〕綜上所述，都可以看到幾種必須被革新的女性參政模式。如從國民黨以保障名額的方式，塑造參政的「樣版女性」；1979年高雄事件爆發，反對運動領導者鋃鐺入獄時，妻子挺身而出且高票當選「代夫出征」女性，是從此開啓黨外女性參政的新路與歧路；家族政治的女性皆非正途。呂秀蓮批判這些類型的政治女性，都因執政黨與在野黨對於婦女參政的態度，產生「非正途」的政治模式。〔註104〕都看見婦運論述中的「性別民主」主要是針對性別舊觀念、性別參政未現代化的革新。

（一）「代夫出征」的階段性貢獻

　　第三章在黨外雜誌的「代夫出征」論述中，將「代夫出征」視爲是「未走完的民主之路」的「接班人」，是民主受挫之後的接續。在「民主」意指「反國民黨威權」的「政治民主」概念下，「代夫出征」是政治受創傷之後，男性入獄、女性遞補的民主接力，是高壓政治下不得不的女性參政。相對的，在強調女性參政主體的婦運論述中，「代夫出征」是父權文化／高壓政治下的產物，具有政治民主發展上階段性的貢獻，但並非女性自覺的參政方式。

　　在相關的「代夫出征」論述中，《婦女新知》在1986年柯拉蓉・艾奎諾就職時，肯定柯拉蓉雖然以「代夫出征」的姿態投身政治競爭，卻以個人的堅忍、誠懇、勇氣和對和平的堅定信念，贏得愛戴並領導全國渡過危機，化險爲夷。「她雖然缺乏男性政客的歷練和心機，卻也因此更能秉持理想和操守，樹立新的政治家典範，是值得從政者學習的榜樣。」〔註105〕。在柯拉蓉・艾奎諾剛就職時，《婦女新知》的論述是站在其政治民主意義上肯定其柯拉蓉民主身份的位置，認爲「雖然」是代夫出征，但豎立了「新的政治家典範」。「代夫出征」並非女性政治典範，但因其具有理想與操守，能成爲政治典範。台灣的「代夫出征」現象，被視爲婦女躍登民主運動舞臺的一種方式。在台灣的美麗島事件後許榮淑與周清玉在大逮捕後「代夫出征」，以「政治受難家

〔註103〕黃玲娜，〈國民黨如何回應另一半人口的聲音？〉，《婦女新知》，第75期，1988年8月10日，頁7。
〔註104〕呂秀蓮，〈突破婦女參政的瓶頸〉，原載於1985年11月20日《自立晚報》，後收錄於《兩性問題女性觀》，臺北，前衛出版社，1990年初版一刷，頁171。
〔註105〕李瓊月、顧燕翎，〈一九八六國內外重要婦女新聞回顧〉，第58期，1987年3月10日，頁10。

屬」身份高票當選中央民代，突破政治恐怖，促進民主運動的復甦，有其對抗國民黨威權的時代政治迫害的意義。〔註106〕

　　呂秀蓮在論述黨外政治受難者女性時，提到政治犯的妻子在「夫婿銀鐺入獄後，忍辱含悲，毅然扛起公義的十字架，勇敢地從廚房走向政壇，成為歷史舞臺上鮮活的見證人。她們柔弱的身軀所承受的苦難，往往從廣大的台灣同胞「溫柔的慈悲」中獲得紓解和慰藉」，熱情的選民用他們威武不屈，錢財不夠的神聖選票來重審冤獄、洗刷罪名。她們的苦難，畢竟贏回了相當的代價。〔註107〕許榮淑與周清玉以政治受難家屬身份高票當選中央民代，她們在「大逮捕後代夫出征，突破政治恐怖，促進民主運動的復甦」。〔註108〕，或論黨外女性雖遭身家之痛，卻毅然挺身而出，前僕後繼的感人事蹟，從政後有擲地有聲的言論，以及不讓鬚眉的作為等論述。〔註109〕「代夫出征」被視為一種民主創傷之後具有階段性貢獻的參政意義，讓民主不中斷並促進民主運動的復甦。然而，「代夫出征」的論述也隨著民主轉型與歷史的步伐產生意義的轉變。

　　「代夫出征」論述在婦運場域中，不斷出現正／負的雙面評價。一方面肯定「代夫出征」在民主上突破高壓，有階段性的貢獻；另一方面則認為其象徵意義大於實質意義，不是女性自覺的政治典範。正／負的雙面論述的生產，也在於台灣女性面臨國民黨威權／父權的雙重權力的特殊性。婦運論述在追求民主的意識型態上，夾雜著自由主義民主政治與女性自覺主體的雙重追求，因此「代夫出征」女性在自由民主的道路上有其意義，值得肯定；但在女性自覺上缺乏參政主體，是需要批判。

（二）過渡民主／象徵意義的「代夫出征」

　　時空走到1990年代時，婦運論述者重新檢視柯拉蓉與「代夫出征」女性

〔註106〕呂秀蓮，〈婦女與台灣民主化〉，1987年撰寫，收錄於呂秀蓮主持，《海外看臺灣》，高雄縣，南冠出版社，1988年5月出版，頁226～227。

〔註107〕呂秀蓮，〈向黨外姊妹致敬〉，原為1986年在臺北市元穠茶藝館的致詞內容，後收錄於《兩性問題女性觀》，臺北，前衛出版社，1990年初版一刷，頁180～181。

〔註108〕呂秀蓮，〈婦女與台灣民主化〉，1987年撰寫，收錄於呂秀蓮主持，《海外看臺灣》，高雄縣，南冠出版社，1988年5月出版，頁226～227。

〔註109〕呂秀蓮，〈向黨外姊妹致敬〉，原為1986年在臺北市元穠茶藝館的致詞內容，後收錄於《兩性問題女性觀》，臺北，前衛出版社，1990年初版一刷，頁182。

的政治意義，並對「代夫出征」進行批判。施寄青認為早期參政的美國婦女多是「代夫出征」，被戲稱為「寡婦策略」，想從政的婦女嫁給參議員或眾議員，一旦丈夫積勞成疾去世，可因其餘蔭而獲選入國會或地方議會。〔註110〕雖然「代夫出征」的女議員表現多數政績卓著，但是施寄青批判「寡婦政治」與「代夫出征」的關係性、依附性角色中參政的非主動性。彭婉如提到菲律賓總統阿奎諾・柯拉蓉、前任巴基斯坦首相布托女士及尼加拉瓜總統查莫洛夫人，三人都蒙背後男性強人庇蔭而崛起。男性強人或是丈夫，或是父親，參政女性並非憑靠實力出線，批判因男性強人而崛起的政治女性，上臺之後各種問題紛至遝來，無法跟上同樣出身的已故印度總理甘地夫人威風。可說是「象徵」意義大於一切。〔註111〕

呂秀蓮亦以正／負雙重視角批判「代夫出征」。在 1985 年的縣市長選舉後，討論了女性參政的幾種典型。第一種類型是藉著父親或丈夫本身屬於政壇人物，而走上政治之路「世家派系型」。當選後壯大其原有的家族基業。此類型的參選婦女以國民黨籍為主，黨外的大多系出政治名門，像余陳月瑛與張博雅等人。第二種是「代夫出征」型。被視為原屬「賢妻良母」的婦女，由於丈夫因政治案件繫獄，為將其夫的政治受難訴諸民意公決，「不得已由廚房挺身而入政壇，這類型的參選婦女自不可能出身執政黨的廟堂，而是政治受難者的妻子。首開其例的是蘇洪月嬌，蔚為奇觀的是美麗島事件之後的六九年大選，受難家屬傾巢而出，從此為台灣的婦女參政掀起新頁。本次選舉〔註112〕的李定中、藍美津、莊姬美、翁金珠與林黎爭，屬於代夫出征型。」〔註113〕。

呂秀蓮的「代夫出征」論述中，認為原本屬於「賢妻良母」的她們是「不得已」而走上政治。將政治女性放在從「賢妻良母」到「代夫出征」的單一的、線性的道路上。呂秀蓮作為「獨立從政」的女性，對「代夫出征」有矛盾的政治論述。一方面肯定「代夫出征」在政治民主的貢獻；一方面卻認為

〔註110〕施寄青，〈性別政治〉，《婦女與政治參與》，婦女新知基金會出版部，1989年11月，頁161。

〔註111〕彭婉如，〈九○年代世界婦女動態〉，《婦女新知》，第106期，1991年3月1日，頁29。

〔註112〕本此選舉指的是1985年的縣市長、省議員、市議員選舉。

〔註113〕呂秀蓮，〈突破婦女參政的瓶頸〉，原載於1985年11月20日《自立晚報》，後收錄於《兩性問題女性觀》，臺北，前衛出版社，1990年初版一刷，頁174。

「代夫出征」女性應該屬於私領域的「賢妻良母」，是不得已走上政治，其意識型態承襲了黨外論述「代夫出征」是政治不民主下，女性接續民主之路的無奈。將「代夫出征」女性放置在「賢妻良母」對立面的角色，是將公／私領域明確地切割，將「賢妻良母」的性別不民主固著在私領域中。「賢妻良母」被置放在「獨立參政女性」的對立面，是製造了絕對二分的公／私領域，賢妻良母／參政女性成為有無政治能力的分類。相較於黨外論述的女性可以安心擔任「賢妻良母」是政治民主的展現，婦運論述則認為女性擔任「賢妻良母」是性別不民主的狀況。此外，呂秀蓮的論述也從性別視角批判「代夫出征」女性是因民主苦難走上政治，非獨立參政的典型。啟蒙主義論述中，將個人覺醒與自由意識結合，強調個人自由的原則以及個體充份的思想自由。〔註114〕「代夫出征」批判論述將「賢妻良母」視為對立面，以此張顯其性別現代化與性別民主的獨立意識。

　　婦運論述中「代夫出征」是有其對抗國民黨威權的階段性意義，但是發展到日後卻形成黨外女性問政的刻板模式。大量論述以性別視角批判「代夫出征」現象。莊姬美、藍美津、翁金珠、呂洪淑女與吳淑珍，皆被視為此一模式的水到渠成。呂秀蓮以新女性主義為起點，認為凡非出於個人志趣或才能的代理性行為，只具有時代的意義但不應鼓勵。因為黨外陣營中「無夫可代出征」的傑出女性，會因此被擋住參選的機會，成為令人遺憾的事實。〔註115〕呂秀蓮的「代夫出征」論述指出「代夫出征」的時代意義，但卻不是政治參政主體的表現。「代夫出征」在婦運論述中被視為欠缺女性參政主體的參政模式，可以看到《婦女新知》作為婦運與女性主義思潮的主要場域，在受到第二波女性主義影響下的《婦女新知》討論女性與政治的關係，認為女性應該在政治領域表現自己的才能與獨立性，要求女性參政必須具備自主性。

　　1980 年代末期到 1990 年代，黨外女性參與民主運動重新被檢視。婦運觀點詮釋「代夫出征」女性，批判其失去女性參政主體的意義，不是女性參政的正途。呂秀蓮反對在政治議題之下，性別議題成為一種次要議題。「代夫出征」是一個政治意識大於性別意識的政治類型：

〔註114〕余虹，〈五四新文學理論的雙重現代性的追求〉，收錄於張頤武主編，《現代性中國》，中國開封，河南大學出版社，2005 年 3 月，頁 295。

〔註115〕呂秀蓮，〈婦女與台灣民主化〉，1987 年撰寫，收錄於呂秀蓮主持，《海外看臺灣》，高雄縣，南冠出版社，1988 年 5 月出版，頁 226～227。

在台灣特有的政治氣象下，反對陣容裡的女性也扮演獨特的角色。美麗島事件之後，我的好朋友進了鐵窗，他們的太太紛紛代夫出征，結果，選民以選票平反了軍法對他們的審判。她們以代夫出征入主議堂，之後是否擺脫受難者形象，以自我來擔任這份職務呢？有目共睹，我不便置評。從這些例子我們可以深思，如果以女性身份參選，而沒有思索女性問題，為女性的受壓迫而有所主張的話，並不能算是新女性從政者。因此，在今後的婦運中，我們特別強調女性意識和政治意識的結合。

呂秀蓮強調女性意識與政治意識的結合，意味著「代夫出征」女性女性意識薄弱，並非性別民主化的代表。在第三章提到「代夫出征」女性被視為是民主的接班人，在婦運場域重新思索「代夫出征」的意義，給「代夫出征」模式許多性別意義上的批判。被讚許的政治女性則是「獨立自主型」，「非出身政治世家，也非由於政治迫害」，如嘉義市許世賢與議員黃玉嬌即是此類。被視為非政治典範的則由廚房走向政壇；或系出政門；或「代夫出征」等類型。此類型被視為藉由性別上的關係性角色成為政治上依附的類型。認為「代夫出征」必須超越某人之女或某人之妻的身分，以獨立自主的人格去思想去任公職服務社會，「以知性及理性的政績表現為依歸；眼淚或撒嬌誠然有其楚楚可憐處，真正稱職傑出的從政者毋寧是兼具大腦與良心，急公緩私，先義後利的人——無論男人或女人！」〔註116〕，呂秀蓮在自由主義女性主義的框架下，認為理性、知性、獨立的政治參與才是典型，而「代夫出征」女性在追求性別／政治結合的民主道路，必須從依附性角色成為獨立自主才是跳脫性別關係／政治依附的困境。

其他論述中，國民黨的裙帶關係或黨外以至民進黨盛行「寡婦政治」（widow politics）與「代夫出征」——丈夫入獄或是受難了，太太才出而代之都是需要革新的現象〔註117〕。陳惠珍在談到台灣「黨外」興起的「代夫出征」的女性參政者，在競選上「承繼了丈夫們的論點，在群眾訴求的方式也大同小異。她們所以暫時放下家庭，放下傳統女性的角色規範，是為了實踐與丈

〔註116〕呂秀蓮，〈突破婦女參政的瓶頸〉，原載於1985年11月20日《自立晚報》，後收錄於《兩性問題女性觀》，臺北，前衛出版社，1990年初版一刷，頁178。
〔註117〕呂秀蓮主講，崔梅蘭紀錄，〈婦女參政與民主化運動如何結合？〉，《婦女新知》，第119期，1992年4月1日，頁3。

夫們一樣的理念，常常並無自己的政治主張。」〔註118〕；梁雙蓮則批判女性
在政治上的從屬性，以及從夫、從父的現象。陳秀惠〈代「婦」出征〉一文
指出，「在以往，許多著名家族或利益集團，有必要時，會推出和他有很深淵
源的女性代打，以延續家族利益，是『代夫出征』型態。另一種是因受統治
者迫害的政治受難者家屬出面參政，是屬於『代夫出征』的模式，這在中外
皆有前例。」〔註119〕，陳秀惠認為應該以「代『婦』出征」取代「代夫出征」，
以「婦女主體」為「政治主體」取代沒有「女性主體」的「代夫出征」。

　　在黨外雜誌的論述當中，「代夫出征」女性是以「民主繼承者」的身份「走
一條未走完的路」，具有民主接班者的光環；但是在陳惠珍筆下「繼承者」是
繼承丈夫理念而無自己政治主張的依附。美麗島事件之後出現的「代夫出
征」，幾乎成為女性參政的一大誘因。但女性參政如果沒有為女性同胞發聲，
則是性別意識的缺乏。上述論述皆重新思索「代夫出征」的意義，從女性主
義立場審視台灣政治場域中的參政女性。呂秀蓮認為婦女新知的成立，「使得
婦女運動能夠成為解嚴前後一直持續的、非執政黨操縱的社會運動。」〔註
120〕，認為婦運應該重新思考民主文化以及政治的內涵是什麼。〔註121〕提出
要從「代夫出征」到「代婦出征」，從男性接替者的角色到為女性主體發聲的
角色。〔註122〕

　　解嚴後 1989 年中央與地方民意代表和各縣市首長改選時，《婦女新知》
檢視女性的政治態度，認為婦女應該要有「自主的政治態度」，「代夫出征」、
「代父出征」都不是憑藉個人聲名及政績而當選的傑出婦女，也非婦女的代
言人。〔註123〕在 1990 年代檢視過往台灣婦女參政的歷史，政治家族、黨部動
員支持的候選人、知名度高的受難者家屬，當選的背後都是仰仗男性的動員
力量，「代夫出征」模式更是父權意識型態的產物，未能以婦女權益為本位做

〔註118〕陳惠珍，〈婦女與選舉〉，《婦女新知》，第 62 期，1987 年 7 月 10 日，頁 12
　　　　～13。
〔註119〕陳秀惠，〈代「婦」出征〉，《婦女新知》，第 115 期，1991 年 12 月 1 日，頁 4。
〔註120〕呂秀蓮，〈婦女在歷史轉捩點上〉，原載 1988 年 7 月《婦女新知》，後收錄於
　　　　《兩性問題女性觀》，臺北，前衛出版社，1990 年初版一刷，頁 211。
〔註121〕呂秀蓮，〈婦女在歷史轉捩點上〉，原載 1988 年 7 月《婦女新知》，後收錄於
　　　　《兩性問題女性觀》，臺北，前衛出版社，1990 年初版一刷，頁 216。
〔註122〕陳秀惠，〈代「婦」出征〉，《婦女新知》，第 115 期，1991 年 12 月 1 日，頁 4。
〔註123〕婦女新知雜誌社社論，〈迎接一九八九年台灣大選〉，《婦女新知》，第 80 期，
　　　　1989 年 1 月 10 日，頁 1。

思考。〔註124〕女性參政者「國民黨大老的乖女兒」、「政治受難者的可憐妻子」、「大財團或軍系拱出來的花瓶代表」都是政治女性樣版。〔註125〕到解嚴後的歷史時空當中，「代夫出征」的女性參政現象在婦運論述已經廣被批判與檢視。「代夫出征」所代表的是台灣政治意義，是一種民主畸形的競選模式，只能視爲是民主社會轉型期的過渡現象，不能視爲女性參政的典範，所以政治女性必須爲「自己出征」，而非「代夫出征」。〔註126〕

（三）反「代夫出征」標籤：葉菊蘭

　　1989 年鄭南榕抗議國民黨箝制言論自由自焚之後，葉菊蘭開始走到政治前臺。葉菊蘭在大眾媒體中也被呈現爲「代夫出征」的政治女性之一。《婦女新知》編輯部則著重描述葉菊蘭參政前的公領域的事業表現。強調她從農家女到頂尖的廣告人，是憑著努力與堅持開創了一片自己的天空。但因「夫婿鄭南榕的自焚卻使她放棄原本的夢想，決心繼承他的遺志，高舉台獨理念，投入詭譎不安的政治圈。她不願以『受難者家屬』爲訴求，強調自己獨立的形象，與過去代夫出征的女性候選人大不相同。誠如葉菊蘭所說：『我一向有獨立的人格與思考，況且哭泣並不意味著有能力擔任立委。』她清新、自信的形象也爲她贏來不少喝采。」〔註127〕

　　在訪談中，葉菊蘭則提到一般人認爲她是因爲鄭南榕事件的緣故進入政界，因此爲自己辯護，自陳過去對政治原本就站在關心、觀察的角色，但因爲家裡已經有一個人爲政治全力付出，必須要讓他無後顧之憂，所以從旁協助讓鄭南榕能專心從事，自己在廣告的專業領域有自我的成就和滿足，不需要透過政治來肯定。但以反對黨身份參選，是希望以公職作爲著力點，帶動根本的改革，建立全新的體制。〔註128〕葉菊蘭呈現一個專業的女性廣告人形象，但原本就關心政治，但在政治場域中，是全力支持鄭南榕，成爲他的左

〔註124〕賈佩蘭，〈爲什麼要保留婦女保障名額〉，《婦女新知》，第 113 期，1991 年 10月 1 日，頁 13。

〔註125〕許小敗，〈恨我不能投給阿丹──選戰中的女性特寫〉，《婦女新知》，第 129期，1993 年 2 月 1 日，頁 24～25。

〔註126〕吳碧秋，〈婦女新聞〉，《婦女新知》，第 42 期，1985 年 11 月 15 日，第一版。

〔註127〕婦女新知編輯部，〈做個很棒的自己──葉菊蘭要以公職帶動體制改革〉，《婦女新知》，第 89 期，1989 年 10 月 1 日，頁 3。

〔註128〕婦女新知編輯部，〈做個很棒的自己──葉菊蘭要以公職帶動體制改革〉，《婦女新知》，第 89 期，1989 年 10 月 1 日，頁 3。

右手，但一旦走到政治領域，又拒絕以政治受難者的形象出現，強調的是自己專業獨立的形象。葉菊蘭的訪談中，則呼應了婦女新知中所批判的「代夫出征」觀點，強調自己政治獨立的形象。

葉菊蘭自陳從政的動機很單純是要為反對運動注入新血，提升反對運動的品質，並對弱勢團體的問題重新思考。當被訪問到不願以「受難者家屬」的角色為訴求，而是表示是「繼承鄭南榕的遺志」，兩者有何不同時，葉菊蘭回答「這是主動和被動的差別。事實上，我是受難者家屬，但我不願意用這樣的角色，不願用哭泣來搏取同情和選票，雖然這可能是有效的。我認同他的理想，延續他的志業，但光是『哭』和『家屬』並無法完成他的志業。我一向有獨立的人格和思考方式，我會珍惜別人的關心，但我更希望關心我的朋友能夠同情轉化為支持我的理念。」提到家事時，「因為我本身對作家事不感興趣，因此，家裡的雜務請專人來幫忙。另外，我們家裡也不開伙，通常都是在外用餐。」〔註129〕。葉菊蘭強調自己是「主動地」繼承民主理念；但並非「被動地」成為「受難家屬」。「家屬」的附屬性身份／受難者的悲情都是葉菊蘭在參政立場上排拒的。在不同的時空、不同的論述下，政治語言產生轉變。「代夫出征」在 1980 年代末期成為一個失去女性主體、沒有政治主見、依附性強的政治模式，也讓女性參政者不再以此作為標籤。

在性別意識上，葉菊蘭把自己視為「性別中立化」的參政者。強調要扮演一個像樣的立委，要照顧的層面很多，不只侷限在女權。身為女性，對婦女問題自然會責無旁貸。在這裡，葉菊蘭的「性別中立說」不願意強調自己的性別的特殊性，拒絕以「受難者家屬」身份競選，因為「受難者家屬」是一個過渡被性別化的角色，「性別中立化」有想要劃分自己與「受難者家屬」邊界的意涵；另外，葉菊蘭強調不「侷限在女權」，而是許多方面都會照顧到，潛在地凸顯了身為女性的性別身份對從政是一件不利的事，也暗示關注性別與女權是「侷限」的事情。可以看到葉菊蘭將政治／陽剛／理性／去性別化進行勾聯的立場，是一方面吻合自由主義女性主義強調的理性中立，一方面又認同「男性」、「陽剛」政治文化思維下不「侷限」女權的「去性別化」的性別思維。

葉菊蘭在《婦女新知》出現的政治論述，吻合婦運論述第二波自由主義

〔註129〕婦女新知編輯部，〈做個很棒的自己——葉菊蘭要以公職帶動體制改革〉，《婦女新知》，第89期，1989年10月1日，頁4。

女性主義的觀點，但是鄭南榕爲爭取言論自由而自焚，葉菊蘭以「打一場母親的聖戰」作爲政治文宣。在選舉場域中葉菊蘭以「母親」身份作爲政治話語，在凸顯其政治獨立性時，其實其政治語言具有凸顯母性／拒絕女性的性別矛盾，如李元貞爲文批判其競選文宣強調「賢妻良母」的家庭角色〔註130〕，可以看見政治女性在身份與政治話語不斷出現的曖昧與矛盾性。《婦女新知》在具有選擇／排除的論述生產中，以女性參政主體爲主，去強調穩合女性自覺的論述，亦批判其參政性別／民主政治話語的曖昧性。

三、後勤女工──政治上的第二性

　　《婦女新知》討論女性參政時，非常關注公／私、政治／家庭領域產生衝突的女性參政兩難。如「代夫出征」女性，在台灣民主發展的歷程中，一方面受到政治迫害走上政治一途；一方面又必須在自己的女性角色上做出妥協。葉菊蘭雖然強調自己的參政的理性與獨立，李元貞則批判其競選文宣強調「賢妻良母」的家庭角色。〔註131〕可以看到從政女性在傳統角色與政治獨立之間有種種的衝突與矛盾。既要展現女性政治的獨立性，又要展現社會對女性角色的期待；要符合政治／陽剛的特性，又要迎合陰柔／女性的傳統期待。政治女性在公／私領域中女性傳統角色與公共領域的衝突，也呈現在「後勤女工」般的政治女性處境中。

（一）後勤女工：女性是次要勞動力

　　「後勤女工」的現象原是指二次世界大戰期間，美國參戰後動員不少男性投身軍旅，因此召喚女性投入生產行列，使得原本在四十年代以前多爲家庭主婦的女性因而有了從事公領域的工作機會。戰後，男性回到社會，各種宣傳與政策開始強調女性應該在家中養育子女，又必須離開工作職場回到家庭擔任賢妻良母。導演康妮菲將這件事拍成電影《後勤女工》（The Life and Times of Rosie the Riveter）。〔註132〕「後勤女工」是堅強站出來「代替」男人

〔註130〕李元貞，〈在聖女與蕩婦之間──大選中的女性角色與形象〉，《婦女新知》，第 92 期，1990 年 1 月 1 日，頁 2。

〔註131〕李元貞，〈在聖女與蕩婦之間──大選中的女性角色與形象〉，《婦女新知》，第 92 期，1990 年 1 月 1 日，頁 2。

〔註132〕韓良露，〈女性電影的意義與方向〉，《婦女新知》，第 9 期，1982 年 10 月 10 日，頁 46。

工作的角色，成為扮演活在男人背後的「後勤人」的角色。〔註133〕「後勤女工」現像是女性在勞動場合被視為次要勞動力；在政治場合被視為次要的政治人物，即使在台灣民主運動的發展上，女性也一樣被視為次要的、遞補者、接替者的角色。

「後勤女工」論述主要是要批判黨外運動的陽剛／父權民主。黨外運動的父權性格可以從幾個層次上看出。當黨外政治運動發展而成為全島性的聯結時，1978 年呂秀蓮返國參加國大代表競選。當時黨外以群眾路線，並於 1978 年 8 月以政黨型態組成「美麗島雜誌社」，由呂秀蓮出任副社長。顧燕翎在闡述呂秀蓮在黨外地位時，認為她雖然受到尊重但處境微妙，男性同志雖與之合作從事政治活動，但卻「不准妻子與之交往，因此女性參與社會再投入、再賣力，仍不能為男性全盤的接納。黨外衝突升高，釀成高雄事件，呂秀蓮被捕，判刑十二年。」〔註134〕，從這一段論述可以看見黨外女性在民主參與中，受到來自內部與外部的父權壓力。呂秀蓮因美麗島事件入獄，又因而呂秀蓮女性身份加上提倡婦運，所以無法被民主同伴全盤接受。這一段可以看出黨外的父權性格以及政治女性的兩難局面。

另一層次則是女性擔任後勤人員的現象。黨外運動在黨工的職務分派方面有性別分工與歧視的現象。許榮淑自陳當年黨外眾男士極力排擠她躍身黨外政團的內幕，也談到她競選台中市長被人懷疑女性擔任行政首長能力的遺憾。黨工方面，賁馨儀認為女性黨工常被編派打電話、貼郵票、搬桌椅等工作，似乎女性參加黨外只能這樣的貢獻而已。陳文茜指出，目前黨外婦女參選，只以政治受難者的妻子為限，女性黨工的政治才能始終未受到黨外男士的正眼重視。〔註135〕黨外男士——她們的丈夫或同志——熱愛鄉土、獻身民主運動身以為榮。但就近觀察他們，黨外男士在行為上的表現「沒有嘴巴上來得偉大和理想。」〔註136〕翁金珠表示，她先生劉峰松完全與她分擔家事外，

〔註133〕楊淑雯，〈從「後勤女工」到「後勤人」〉，《婦女新知》，第 11 期，1982 年 12 月 10 日，頁 6～8。

〔註134〕顧燕翎主講，暢曉雁摘要整理，〈「婦女問題的探討」系列演講摘要——台灣婦女運動與女性意識的發展〉，《婦女新知》，第 62 期，1987 年 7 月 10 日，頁 3。

〔註135〕呂秀蓮，〈政治廚房中的黨外女性〉，原載於 1986 年元月號《八十年代》，後收錄於《兩性問題女性觀》，臺北，前衛出版社，1990 年初版一刷，頁 187。

〔註136〕呂秀蓮，〈政治廚房中的黨外女性〉，原載於 1986 年元月號《八十年代》，後收錄於《兩性問題女性觀》，臺北，前衛出版社，1990 年初版一刷，頁 188。

幾乎其他太太都得一手操持家務帶小孩。許榮淑在丈夫入獄前，忙於招待他家川流不息的黨外朋友，代夫出征後，又要馳騁政壇，又要做飯照顧子女，尤其左臂折傷那陣子，獨臂攬魚掌的辛苦。江美玲這位留美碩士，把丈夫獻給黨外後，只好獨自持家育子，而且在本身工作上力爭上游，說來格外啼噓感慨。莊秀美甫畢業就結婚，婚後不久連續懷了兩次胎，而丈夫卻經常揹著吉他走天涯，留她獨守住鄉下的家和一推錄音帶。田秋堇頻看手錶，深怕錯過班車，誤了自己接小孩的時間，有人脫口，要參加黨外，最好別結婚算了。〔註137〕，上述論述都在呈現女性在分工上，被分配在後勤／私領域的位置；或後勤／私領域位置遭到公共／男性位置漠視；或公／私領域越界必須雙重承擔的女性角色。

曾心儀在創作中也批判自詡進步的政治團體中的父權性格。書寫中呈現一對獻身政治改革的情侶，女主角發現：「在一個號稱改革的政治團體中，男同志不能平等善待女同志，那樣的團體還有什麼前途！」，選擇黯然離去政治團體。呂秀蓮以曾心儀的小說隱喻危機四伏的黨外政治環境裡，當男的被捕入獄，並受長期監禁，究竟他的太太或女友，應該在獄外苦等到何時的問題，在場的呂洪淑女，是政治受難者的呂國民之妻，她足足等了他十年刑滿出獄才結婚，堪稱現代王寶釧！〔註138〕政治受難女性在民主之路上，遇到更多國家／父權的問題，卻依然遭到忽視與不當對待。

石之瑜、黃競涓在討論各種建構國家、種族、族群的過程時，認為國族／民主建構都具有高度的性別意涵。或利用女性性別的象徵意義；或是實際將女性納入服務群體的功能，都可以看到不同的性別影像意義。「一方面繼續彰顯女性犧牲奉獻、照養生息的社會分工角色，他方面重述女性仍是政治領域的邊緣人，不能參與規劃資源的分配與國家建設的內容。雖然有些民族解放運動，讓部分婦女走出家庭，參與組織動員，揚棄傳統社會派給女性之被動角色，但往往在建國成功之後，又將女性送回傳統之分工角色，嚴重挫敗女性對新國家之憧憬。」〔註139〕，政治便被劃分成為政治領域的邊緣人，即

〔註137〕呂秀蓮，〈政治廚房中的黨外女性〉，原載於 1986 年元月號《八十年代》，後收錄於《兩性問題女性觀》，臺北，前衛出版社，1990 年初版一刷，頁 188。

〔註138〕呂秀蓮，〈政治廚房中的黨外女性〉，原載於 1986 年元月號《八十年代》，後收錄於《兩性問題女性觀》，臺北，前衛出版社，1990 年初版一刷，頁 188～189。

〔註139〕石之瑜、黃競涓，《當代政治學的新範疇——文化、性別、民族》，臺北市，翰蘆圖書，2001 年元月，頁 55。

使進行政治參與，又被視爲替補角色的「後勤女工」，在國族打造與民主運動中，「後勤女工」成爲女性在民主優位議題性別次要議題下的政治現象。

（二）性別／民主的衝突：楊祖珺

在《婦女新知》針對台灣政治女性的訪談中，楊祖珺的訪談呈現了性別身份與民主身份的衝突。在黨外民主運動的發展過程中，楊祖珺參與民歌運動、《夏潮》雜誌的工作，與林正杰〔註140〕結婚後，共同創辦的《前進》雜誌。在 1989 年的《婦女新知》雜誌，則針對林正杰與楊祖珺進行訪談。本文從兩人的訪談比較，看出民主運動中，性別關係與性別意識如何重新被敘述。

1989 年《婦女新知》針對楊祖珺與林正杰進行訪談。林正杰在受訪中呈現性別／民主的雙重性，但又矛盾地將自己放在公領域男性位置上。他認爲從呂秀蓮的新女性主義到《婦女新知》，性別議題從草創期到深層討論期，進入制訂公共政策的時期。婦女在各行各業展露頭角，婦女的地位比起呂秀蓮時代已經提高很多。在開放的社會下，「被壓迫者的命運都有改變的可能，也都能同時得到解放。」假使台灣政治只關心「統獨問題，當然得不到婦女的認同」，林正杰認爲民進黨在民主政治上有其進步性，但在婦女方面則顯現不出，因爲大家都是台灣老舊意識的受害者，至今沒有解放。林正杰論述背後的意涵，認爲政治民主有其進步性。將在政治開放視爲政治民主，在此條件下，所有的受壓迫者才有解放的可能。民進黨有民主政治的進步性，只是是老舊意識的受害者，將民主運動的父權性格視爲文化的繼承，而非欠缺「性別民主」的進步觀念。林正杰的論述中，「政治民主」呈現了重要性與優先性。

談到與楊祖珺的關係時，林正杰提到在公共參與上，跟楊祖珺兩人一起上街頭，但「回到家都是她在燒飯，因爲我不會。如果要我練習的話，她勢必就得忍受一段時間，我想這是教育的問題。但我也自覺到這樣的不平等，所以會盡量花時間陪小孩。」兩人在家庭分工上，女性的家庭工作是必須的，且是反覆繁瑣爲主要工作內容；男性的家庭工作卻是輔助性，且是以陪伴小

〔註140〕〈小邱與民進黨〉一文中提到「林正杰是眷村長大的外省人，很早就投入黨外運動，1981 年，當選台北市議員，在台北市議會與陳水扁、謝長廷得到『黨外三劍客』的封號。1985 年，林正杰連任台北市議員，競選總部設在基隆路、和平東路口，總部前的大字報，由黃志堅帶領有 5、6 位會美編的同學與學弟，輪流幫他做民主牆。」參考陳世宏、許芳庭、薛月順訪問，薛月順紀錄整稿，「1980 年代台灣民主化運動口述訪談計畫」，2005 年 11 月 2 日訪問。(http://www.wretch.cc/blog/feidy/4630319　2011 年 12 月 15 日搜尋)

孩的娛樂教育性質高的爲主，林正杰未意識到即使家庭分工中，也依然有分工上的性別差異，認爲自己是有自覺的男性而「盡量」花時間陪小孩了。此外，林正杰將性別議題視爲教育問題，即意非個人亦非父權文化社會結構的問題，將之視爲個人無力面對的問題。林正杰談到「我的感覺是即使是個別的家庭自覺了，但社會壓力卻壓迫而來。例如，我在服刑期間，祖珺成了後勤女工，等我出獄後，朋友叫她可以回去了，這樣的事情常使我覺得個別的小家庭很難與社會對抗。」〔註141〕，文中雖然意識到民主運動中的父權性格，但淡化成小家庭無法與大社會對抗的無奈，政治女性成爲「後勤女工」是無奈且必然的。在林正杰的接受以婦運與女性自覺爲主體的《婦女新知》訪談時，有意識到性別問題，但是是以妥協的、消極的方式看待它。瞿海源在談到 1970 年代和 1980 年代自由主義時，認爲當時的自由主義把焦點放在權利的爭取和保障上，而忽略「公民責任」的問題。〔註142〕台灣性別／民主的發展脈絡上，「私」領域被視爲無法對抗大環境的小家庭時，是將「私」領域去政治性，也忽略「性別民主」領域中的公民責任。

　　《婦女新知》將楊祖珺專訪與林正杰專訪並置，有意去凸顯政治男性與政治女性兩人的差異觀點。楊祖珺在〈政治的第二性——專訪楊祖珺〉一文，從政治民主的立場上談，認爲與林正杰政治立場大致相似，但長期以來被當作「後勤女工」。不只是林正杰入獄期間，而是結婚之後，「凡是在做比較辛苦的幕僚、行政工作時，我可以很有主見的發揮自己的能力，但每當要作決策或站在台前時，就會被人以『林正杰的太太』看待」〔註143〕。楊祖珺自陳自己的政治參與時，即使公領域也被分爲前臺／後台，前臺是決策的、男性的、主體的；後台是幕僚的、女性的、關係性的，楊祖珺強烈地反對自己被以林正杰太太的身份進行政治參與，後文在提到政治自傳，也會看到楊祖珺在《玫瑰盛開——楊祖珺十五年來時路》中不斷呼應在《婦女新知》中所提及的性別身份與性別意識。

　　在性別角色的陳述上，楊祖珺認爲身爲政治女性承擔雙重的角色壓力，

〔註141〕林正杰受訪，鄭美里採訪，〈我其實比較像老子——從街頭走向國會的林正杰〉，《婦女新知》，第 87 期，1989 年 8 月 1 日，頁 4～6。

〔註142〕瞿海源，〈跨世紀公民教育的問題〉，收錄於石元康等作，《市民社會與民主的反思》，臺北，桂冠出版，1998 年，頁 102。

〔註143〕楊祖珺訪談，鄭美里訪問，〈政治的第二性——專訪楊祖珺〉，《婦女新知》，第 87 期，1989 年 8 月 1 日，頁 5～6。

一方面「要求自己在家裡跟女人比，在外頭跟男人比，在雙重的壓力下幾乎對男人主導的社會投降」，參與政治的女性，一方面要以更突出的身份才能在陽剛的政治領域有立足點；一方面又得時時檢視自己的女性角色扮演是否稱職，形成雙重苛刻的包袱。楊祖珺認為林正杰參選因各方面資源不夠，必須幫助他，等選舉過後就撤出免除做「後勤女工」的困擾，要去開創一片自己的天空，因為「在不牽涉政治時，婦女地位較有保障，但一涉及政治，婦女就變成第二性。」，在林正杰服刑期間，楊祖珺很切實地要求自己去克服作為「太太」、「家屬」的角色所受的束縛，但從中央黨部到地方黨部都是男性沙文文化，不太容易逃脫傳統的束縛。政治屬於陽剛的、男性領域的特性，其「民主」為去性別意識的民主，使得女性在政治領域更容易成為第二性的角色。

楊祖珺直言自己長期以來被視為「林正杰的太太」與「後勤女工」的角色，認為自己在政治上，是有因為性別受到壓抑的，不願以家屬的身份競選，要求自己克服妻子與家屬的角色。雖意識到政治領域的性別問題，卻沒有積極投入婦運。楊祖珺自辯婦女問題沒有被列為第一優先，但在從事政治、社會運動時都會碰到婦女問題，因此，當初競選立委，就提出許多婦女方面的政見。至於沒有加入婦運的行列，跟被貼上政治標籤有關。〔註144〕

1995 年楊祖珺參選臺北市議員時，提到政治文化不分黨派都充滿父權的影響，認為自己參政必須藉由自己的女性經驗，站在女性的立場，關懷女性權益，認為自己在政治經驗比許多男性更前衛，但是大家「只想到我與前夫離婚關係的層次」〔註145〕，自己參選就是要與這樣的父權文化進行抗爭，「像我這樣的女性，在以前的群眾運動、街頭運動裡，至少兩三萬個男人跟著我一起在街上，一旦放到社會架構裡的位置，即便如我楊祖珺者，也只不過被矮化到這種層級。」楊祖珺認為自己以社會運動的態度參與到政治運動當中，要挑戰選舉文化中女性主體的消失，批判整體文化當中社會的女性意識沒有覺醒，認為婦女團體也必須有主體性，不能在政黨合作中被吸納。〔註146〕楊

〔註144〕楊祖珺訪談，鄭美里，〈政治的第二性——專訪楊祖珺〉，《婦女新知》，第87期，1989 年 8 月 1 日，頁 5～6。

〔註145〕楊祖珺受訪，胡淑雯採防，李清如撰文，〈一場社會實驗的選舉——專訪楊祖珺〉，《婦女新知》，第 152 期，1995 年 1 月 5 日，頁 10。

〔註146〕楊祖珺受訪，胡淑雯採防，李清如撰文，〈一場社會實驗的選舉——專訪楊祖珺〉，《婦女新知》，第 152 期，1995 年 1 月 5 日，頁 8～11。

祖珺的論述中，批判民主運動中的父權文化，以及女性被放置在「家屬」、「太太」或「離婚者」的位置上，女性身份參政時在傳統位置與身份高度地被檢視。而比較第三章黨外論述與第四章婦運論述，看見黨外論述中「妻子」、「太太」、「關性性角色」是具政治資本、參政辨識度的政治話語，婦運論述則是批判其失去女性主體的附屬角色。

四、「女性化」話語的策略與協商

（一）「女性特質」的強調

　　任何論述場域都有其不一致性，這些不一致性呈現了某一時代多重的、紛雜的意識型態間相互對話與斷裂。本文則認為在強調理性、自由、意識覺醒的《婦女新知》中，出現了政治話語與傳統女性特質相呼應、協商的模式。在性別特質的歸類上，生理男性／陽剛、生理女性／陰柔的兩種粗糙的分類法依然是台灣文化中的性別框架。台灣文化中陽剛意指強悍的、理性的、男性的；陰柔意指柔弱的、感性的、女性的。第三章提到陰柔特質時，看到政治論述將陰柔特質與民主創傷進行結合。本章則論述陰柔特質如何形成父權文化下的一種政治策略或保守協商。

　　陰柔特質與女性政治行動上多重的意義，一來政治女性容易在再現論述中被強化其陰柔特質；二來陰柔特質的強調也成為女性參政的政治策略。呂秀蓮在論述女性的民主參與時，認為女性投入黨外運動，是「為黨外運動注下不少女性特有的血液，這血液是纖細柔情的，而且溫熱可掬。」，是「經歷種種苦難所煥發出來的纖細柔情和熱血溫馨融匯到黨外運動的剛烈激越和驚濤駭浪中，使它履險如夷，使它在山窮水盡中，重現柳暗花明的生機。」〔註147〕，「現在的單性政治文化，充滿了陽剛之氣，我希望能透過婦女參政，帶入陰柔的作風使之平衡，所以，論到參選，就只有與政黨結合一途！」。呂秀蓮的論述出現雙面的性別矛盾，一方面女性被本質化為「纖細柔情」、「溫熱可掬」，是將女性本質化的論述；另一方面則企圖將一向被貶低的「陰柔」特質賦予較高的位階。在本質化的論述當中，女性被等同於陰柔，但其論述企圖形成一種政治語言的策略，認為女性參政可以以陰柔特質柔化陽剛的政治

〔註147〕呂秀蓮，〈向黨外姊妹致敬〉，原為 1986 年在臺北市元穠茶藝館的致詞內容，後收錄於《兩性問題女性觀》，臺北，前衛出版社，1990 年初版一刷，頁 182。

領域，女性介入政治可以改變當下的政治風氣，陽剛／男性／政治的框架需要陰柔特質的突破。陽剛／陰柔的上／下位階關係可以在政治語言中得到調整。

　　以性別語言成為政治策略的，還包含許榮淑的政治論述。許榮淑認為自己從「代夫出征」到成為「政壇鐵娘子」，最大的改變是自己盡量在各方面不突顯「女性」角色，而代以「母性」的愛與包容；用「女性」身份與男性爭權，一定輸給他們；但用「母性」的態度就可無往不利。〔註148〕。言下之意，「女性」是「代夫出征」時期的展現，是不屬於公領域的；但許榮淑未意識到無往不利的「母性」，與所強調「愛」與「包容」其實是父權文化的產物。否定「女性」特質強調「母性」特質，是一種「女人弱者，為母者強」的論調，以包容性強的「母性」特質作為政治策略，較柔弱的「女性」特質更為有利。許榮淑以「母性」的愛與包容在政治領域上展開行動。看到在1988年婦運思潮以隨著解嚴日漸興盛時，許榮淑的思考裡頭，一方面認為女性擁有一樣的能力；一方面必須在展現能力的同時不失去陰柔特質、不要正面對抗。可以看見當時從「代夫出征」到「鐵娘子」的許榮淑性別意識上的雙面性。

　　許榮淑為證明自己的政治能力，則強調「從政八年，我曾被推選過當立法院的院長、副院長」「前總統蔣經國去世時，民進黨召開中常會，在緊急狀況下，就當上代主席。」，身為女性參政，認為「女性從政往往可以比男性還做的好；因為女性更勤快、堅忍、忠貞、清廉、細心，包容力也更強。當然，要能與男性妥協，取得他們的支持，使自己有機會出來參與政治，這一點也相當重要。」〔註149〕，許榮淑為了讓自己的政治參與更正當化，在性別身份上必須不斷進行辯護。認為女性特質中「更勤快、堅忍、忠貞、清廉、細心，包容力也更強」視為比男性更適合參政的原因。許榮淑無意識地接收社會強加在女性身上的特質，無意識陰柔特質的建構性與權力位階，將之視為「女性」本質。另一面，與呂秀蓮一樣去重新詮釋「女性特質」，使其原本位階低的評價賦予較高位置，是適合且有利於參政的，以性別話語進行政治策略，來為自己的女性身份參政進行辯護。此外，女性在政治場域的妥協性格，則

〔註148〕許榮淑口述，李燕芳採訪，〈政壇鐵娘子許榮淑〉，《婦女新知》，第81期，1989年2月1日，頁2。

〔註149〕許榮淑口述，李燕芳採訪，〈政壇鐵娘子許榮淑〉，《婦女新知》，第81期，1989年2月1日，頁3。

是身為反對黨民意代表與政治女性雙重身份上必須面臨的兩難。在政治行動
上，許榮淑在《婦女新知》的受訪會強調自己的婦女工作。提到在接到女性
面臨先生外遇又無工作能力的申訴案件，甚至被打被賣，所以想成立不幸婦
女的救援團體，強調自己對女性的貢獻；但大多時候自己放在政治民主化的
角色上，認為自己走上政治這一條不歸路，以會爭取到「政治完全民主化」
為目標。

　　另一位多次以傳統性別話語生產政治論述則是余陳月瑛。余陳月瑛闡述
「女性比較細膩，考慮比較週到，也比較會體貼部屬，還有，女主管應酬比
較少。」〔註150〕，女性的「細膩」、「周到」、「應酬少」都是有利於參政的條
件。余陳月瑛更以許世賢為例，認為許世賢身為台灣省嘉義市女性市長，「由
於此為女性市長為人公正無私，絕不接受任何賄賂，故而備受人民愛戴」，認
為「目前我國社會風氣敗壞似與女性從政者過少有關。另一位女性議員又以
高速收費站從原來的男性收費員改換成女性為例，說明女性較不會牽涉在貪
汙受賄的事端裡。至於女性生活圈單純不易使生活趨於糜爛而至道德敗壞一
點，多數女性議員表示此乃女性雖從事繁劇的立法工作，然於公務之外，都
仍以家庭為重，公務處理完畢後大都立即回到家中主持家務。反觀男性；男
性議員則多忙於交際應酬，生活圈亦甚為複雜，是以甚易使生活糜爛而致道
德敗壞。」〔註151〕。女性「不受賄賂」、「以家庭為重」是女性參政更好的特
質。在 1989 年的歷史時空之下，余陳月瑛依然將女性放在本質性的溫柔細心
來本質化女性，甚至以女性必須以家庭、以私領域為重，來強調女性適於參
政的特質。認為女性較不會有貪汙受賄之情形，且女性生活圈單純，不會產
生道德腐敗；女性大都無養家的重擔，所以有更多心力放在政治參與；女性
性格的特質是溫柔、冷靜與細心，可以緩和議會過於激烈的政治氣氛。余陳
月瑛的政治論述中，企圖在陽剛的政治場域中，賦予陰柔特質與參政女性合
理的理由。

　　上述強化陰柔／女性的政治話語中，台灣女性從政者為辯護女性合適
參政，以傳統女性特質來為女性參政進行辯駁與辯護。在 1980 年代到 1990

〔註150〕余陳月瑛口述，楊昭瑾採訪，楊瑛瑛整理，〈余家班舵手——余陳月瑛縣長〉，
　　　　《婦女新知》，第 85 期，1989 年 6 月 1 日，頁 2。
〔註151〕范毅芬，〈女性參政之探討〉，《婦女與政治參與》，婦女新知基金會出版部，
　　　　1989 年 11 月，頁 110。

年代的時空，政治女性不斷被強化柔性與家庭取向的特徵，政治女性論述被放置在陰柔角色中，其意識型態是服膺傳統的性別框架，然後又在此性別框架下談女性參政的有利條件。弔詭地將女性角色本質化去進行政治突破話語的生產，以女質的傳統話語反陽剛政治傳統。可以說是在父權體制下，企圖生產顛覆體制的話語。是無意識地以「傳統」性別框架，有意識地反傳統民主政治的話語策略，但在讚揚「陰柔」特質有利於政治參與時，卻忽略「陰柔」特質的建構性，也忽略「陰柔」特質如「細膩」、「愛心」、「照顧取向」、「家庭為重」是父權文化權力關係下的產物，「陰柔」特質是權力不均等下的性別實踐。

（二）女性角色的協商

　　黨外女性的論述中，經常出現公／私領域；陽剛／陰柔的矛盾與協商。呂秀蓮在論述政治受難女性時，認為「黨外人士的太太」在遭身家之痛，依然毅然挺身而出，儘管「面臨的驚惶和無力感」，但「許多擲地有聲的言論，以及不讓鬚眉的作為。」〔註152〕黨外女性被再現為「不讓鬚眉」的形象，較符合社會對公共領域女性應有「男性特質」的期待。

　　在政治參與的行動上，女性角色因為公／私的雙重身份，使得政治行動出現兩難。女性政治人物除了必須承擔私領域的責任與公領域的工作之外，更必須以「家庭幸福和婚姻美滿來證明自己能夠在家庭和政治之間取得平衡點。」〔註153〕。女性面臨性別角色與政治角色的雙重要求，且私領域的角色經常不利於公領域的角色發展。許榮淑在1987年的職業婦女工作權座談中，認為女性因為被家庭牽絆住，所以失去表達自我的機會，可以透過政治選舉改變女性的處境。〔註154〕高雄縣的余陳月瑛認為家庭主婦最大的困擾還是在托兒問題沒有解決，因此提出應普設托兒所的「婦女」政策，養育照顧工作被視為是女性工作，因此解決托育問題是解決婦女問題，俞彥娟認為參政女性會出現「母性主義」論述，把在「私領域」母親角色和責任，延伸到公領

〔註152〕呂秀蓮，〈向黨外姊妹致敬〉，原為1986年在臺北市元穠茶藝館的致詞內容，後收錄於《兩性問題女性觀》，臺北，前衛出版社，1990年初版一刷，頁182。

〔註153〕李清如，〈期待女性意識的婦女參政——記「政壇傑出婦女之夜」〉，《婦女新知》，第162期，1995年11月5日，頁27。

〔註154〕劉秀芳整理，〈「職業婦女」工作權座談紀錄（一）：職業婦女的障礙賽跑〉，《婦女新知》，第59期，1987年4月10日，頁12。

域。在社會改革與政治參與上，用母性主義合理化參與政治與公領域的權利和責任，並將女性特殊需要和兒童福利等議題帶入政府政策考量，以贏得政治影響力。〔註155〕「母性主義」的論述策略都是政治女性在公／私行動自己遇到的矛盾與策略。

　　在政治論述策略上，政治女性必須不斷去合理化自己的政治位置。如許榮淑論述「女性在此社會，壓力有雙重；在外面要嘛工作能力不被肯定，要嘛必須卯足全力與男性競爭；回到家又要負擔全部的家事，工作等於多一倍；我目前的境況就是如此。」〔註156〕，雖然面臨女性參政的困難，但是「政治是家務的延伸」，政治是家務的延伸，家事則是另一種型態的政治。做家事是關心家人，從政則是關懷社會，這兩者並不互相衝突。許榮淑為自己的性別身份辯護，為合理化自己的政治參與，去符合社會對女性的期待，而不是正面去抨擊家務被私領域化、被女性化的問題。許榮淑一方面未挑戰傳統女性身份與特質，一方面又強調自己的政治獨立性。當談到自己從「代夫出征」到成為「政壇鐵娘子」最大的改變是什麼時，許榮淑回答到：

> 還有，老實講，我並沒什麼改變，當初與先生生活時，就共同為民
> 主理想在奮鬥，只是他在幕前，而我在幕後；現在我只不過從幕後
> 走到幕前，最大的不同，就是從一個無名英雄成為被人喝采、肯定
> 的枱面上人物；其實很多女性都與我一樣有能力，只不過常常先生
> 擋在前面，使她喪失了機會而已。〔註157〕

在1989年的歷史時空當中，許榮淑定義自己是從「代夫出征」到「政壇鐵娘子」；是從幕後到幕前；是從無名英雄到展現自己能力的轉變。第三章與黨外雜誌在論述中，「代夫出征」是「民主接班者」；「政壇鐵娘子」是黨外的「精神堡壘」，女性是政治民主的象徵與隱喻。在《婦女新知》的受訪中，「政壇鐵娘子」相較於被黨外論述視為民主力量的展現有不同意義。在強調性別意識的場域中，許榮淑以女性身份來陳述自己從「代夫出征」到「政壇鐵娘子」轉變是從「後台」走向「前臺」。是因為失去機會、被先生擋在前面，只能在

〔註155〕俞彥娟，〈美國婦女史研究中的「母親角色」〉，《近代中國婦女史研究》，2003年12月，頁199。

〔註156〕許榮淑口述，李燕芳採訪，〈政壇鐵娘子許榮淑〉，《婦女新知》，第81期，1989年2月1日，頁2。

〔註157〕許榮淑口述，李燕芳採訪，〈政壇鐵娘子許榮淑〉，《婦女新知》，第81期，1989年2月1日，頁2。

後台或以「代夫出征」之姿參政，而成爲「政壇鐵娘子」則是走向前臺展現
自己的能力。「政壇鐵娘子」是彰顯自己從後台走向前臺的政治獨立意義，展
現先前被先生擋在前面喪失機會的政治能力。相較於許榮淑 1989 年在《婦女
新知》的訪問，楊青矗 2009 年出版《美麗島進行曲：第三部政治審判》描述
許榮淑迎接張俊宏出獄則符合黨外論述形象：

> 許榮淑牽著張俊宏的手泣不成聲，兒女們捧著鮮花送給爸爸，張俊
> 宏露出團圓滿足的笑容一一回答記者的問題。（中略）
>
> 「您對許榮淑委員，每次競選都高票當選有什麼感想？」記者問。
>
> 「她原來是一個平凡的家庭主婦，兩次選舉越來越受到民眾熱烈的
> 支持，這是大家對我們做民主運動的肯定與鼓舞。」〔註158〕

在男作家 2009 年紀錄張俊宏的回答，張俊宏／楊青矗認爲許榮淑是從「平凡
的家庭主婦」走上政壇，其當選是台灣人民對「民主運動的肯定與鼓舞」，黨
外女性參政徒具「政治民主」的意義與象徵；然而許榮淑則認爲自己本來就
在幕後爲民主理想在奮鬥，只是因爲先生擋在前面，現在從無名英雄走向前
台，從幕後走到幕前，企圖闡述自己的參政主體。此外，在 2008 年許榮淑的
訪問紀錄中，許榮淑自己定位爲與張俊宏是同時參加黨外，而非「原來是一
個平凡的家庭主婦」：

> 其實我是和先生同時參加黨外運動，因爲我們都嚮往民主自由的生
> 活，所以就一起投入民主改革運動。在這個過程中生活其實相當艱
> 辛，每天都害怕會不會被抓，就是因爲一直生活在恐懼緊張中，所
> 以我那時候的身體也產生甲狀腺機能抗進的問題。當時我白天在當
> 老師上課教書，下課後就當義工幫忙他們聯絡。他們都笑稱我是電
> 腦，電話都記在腦中，不用在去翻通訊錄。所以那時候大家都叫我
> 負責聯絡，慢慢聯絡到後來就是所有的事都有參與。〔註159〕

許榮淑在 2008 年的受訪紀錄中，自我詮釋與自我定位與婦運論述中的成現一
樣，將自己定位在具有政治能力，只是從義工／幕後走上參政／幕前的差異，
而楊青矗與張俊宏的論述則是將許榮淑置放在「原來是一個平凡的家庭主

〔註158〕楊青矗，《美麗島進行曲：第三部政治審判》，台北市，敦理出版社，2009 年
　　　　7 月 31 日，頁 1069～1070。

〔註159〕張炎憲等人訪談，許芳庭記錄整理，〈許榮淑女士訪談錄〉，《民主崛起：1980's
　　　　台灣民主化運動訪談錄 2》，台北，國史館，2008 年 4 月，頁 3～4。

婦」，卻因為政治不民主走上參政。可以看到黨外論述場域、婦運論述場域、自我敘述場域中三者的差異、角力與歷史轉移。

許榮淑的「政治是家務的延伸」論述相似於余陳月瑛的「母性主義」論述。Molly A. Mayhead 和 Brenda Devore Marshall 在討論女性的政治話語時，提到女性進入政治領域當中，挑戰了男性主導的政治領域（male-dominated power structure），〔註160〕女性的經驗會重新書寫民主的意涵。政治論述則會出現「仲介論述」（in-between discourse）的複雜性。政治女性參政某一程度上已打破陽剛與陰柔的分界，並讓私領域的事務進入到公共領域當中。政治女性的政治論述上，為了讓公共體制有更多第三空間（the Third Space）的聲音，會形成介於公共領域與私人領域的政治策略。上述呂秀蓮、許榮淑、余陳月瑛都看見某一程度的性別保守，為了要辯護女性參政的正當性，將傳統文化生產出來的女性特質視為有利於女性參政的特質，也可以看到是在第一空間的主導文化下，生產出來的話語策略。

Molly A. Mayhead 和 Brenda Devore Marshall 認為第三空間的論述會與第一空間與第二空間的語言有具差異，與主導文化（dominant culture）會形成疏離與陌生的效果，去創造出新的政治語言與修辭。女人政治論述的修辭分析，可以看見女人創造出介於公／私中間（in-between；public／private）空間會有更多雌雄同體的形式（androgynous style），是公／私領域合而為一（both／and）的空間。在政治女性論述當中，女性為了證明她們與男人一樣具有可以進入公共領域的特質，會去展現在傳統上是屬於男性的陽剛性（masculinity），如呂秀蓮強調政治女性「不讓鬚眉」許榮淑走向前臺的「政壇鐵娘子」性格，企圖強調與男性一樣的陽剛性質，如此的政治語言使用已打破傳統的性別特質區分。另一層面，女性擔任妻子／母親／女兒的角色經驗會讓女性的身份經驗更具體化，瞭解女人的多重負擔（multiple bind），關於公領域與私領域之間的典型的界線（typical line）會被重新畫出（redrawn）〔註161〕，如托育照顧與政治後台問題，則被提出是為女性參政的性別／政治。

〔註160〕Molly A. Mayhead and Brenda Devore Marshall, ”Echoes From the Pioneers”, *Women's Political Discourse: A 21ˢᵗ-Century Perspective*, USA, Rowman& Littlefield Publishers, 2005, pp.71～72.

〔註161〕Molly A. Mayhead and Brenda Devore Marshall, ”A Space for Discourse”, *Women's Political Discourse: A 21ˢᵗ-Century Perspective*, USA, Rowman& Littlefield Publishers, 2005, pp.14～17.

　　從政治女性的政治話語具有的保守性格，如女性被本質化為「纖細柔情」、「溫熱可掬」；「政治是家務的延伸」；女性的「細膩」、「周到」、「應酬少」都是有利於參政等話語論述，一方面是父權文化的產物，一方面藉由父權文化的肯認辯護政治參與，其介於公／私中間（in-between；public／private）的第三空間論述，具有顛覆／保守的矛盾性。在以女性主體的《婦女新知》場域中，出現矛盾、弔詭不符合第二波女性主義批判父權框架的政治女性論述，也凸顯了台灣政治女性的性別兩難與性別意識的多重聲音。

第三節　小結：性別意識下的「民主」

　　1982 年至 1995 年的《婦女新知》雜誌引進第二波女性主義思潮，讓台灣與全球性婦運緊密關連。《婦女新知》在第二波女性主義的視野下，以意識覺醒（consciousness-raising）作為主要的論述核心。相較於黨外雜誌以「政治民主化」作為一種現代性；婦運論述則以「性別民主化」作為現代性的進程。「民主」一詞牽涉到廣泛的意識型態爭議，「沒有任何理論上可行的方式，可以使你宣稱你所選擇的某一民主形式優於其他人提出的民主觀點。」〔註 162〕，婦運論述即對優位的「政治民主」提出批判。在台灣政治環境下，婦運面臨政治解放／性別解放的雙重問題，所以《婦女新知》交錯「性別現代化」與「民主現代化」雙軸線，去呈現具性別意識的民主現代化意涵。本章相較於第三章，可以看見黨外論述與婦運論述對「民主」的內涵與定義產生意義的差異。政治哲學家賈克‧洪席耶（Jacques Ranciere）討論「民主歧義」時，認為「歧義」是對話過程中，其中一方同時理解（entend）與不理解另一方所說的話。「歧義」並不是指一方說白色而另一方說黑色的衝突，歧義不是錯誤認識而是差異的認識。是雙方都說「白色」，但是彼此所理解的「白色」卻完全不是同一件事；或是完全不理解另一方以「白色」之名所說的同一件事為何。〔註 163〕在第三章、第四章就是在不同的民主場域中，「民主」一詞有不同的指涉與意義，在不同的民主概念下，黨外女性再現論述因此有不同的呈現以及不同的民主意涵。

〔註 162〕Albert Weale 著，謝政達譯，《民主政治》，臺北，韋伯文化出版社，2001 年 9 月，頁 44。

〔註 163〕賈克‧洪席耶（Jacques Ranciere）著，劉紀蕙、林淑芬、陳克倫、薛熙平譯《歧義》，臺北，麥田出版，2011 年 5 月 12 日，頁 11。

　　婦運論述強調「性別民主化」，因此對黨外女性的論述出現了性別覺醒為核心的論述觀點。在政治與女性的討論上，婦運論述一再批判台灣女性政治參與度太低，也批判女性在政治中因為「從夫」、「從父」而成為政治附屬的角色。在黨外女性的論述中，可以看到特別去檢視黨外女性的性別角色與性別意識。在「政治民主化」觀點上，強調女性參政、去除保障名額等思想，重新定義「民主」的內涵，性別化「民主」的概念。此外，女性參政模式也必須現代化，需廢除「婦女保障名額」、「代夫出征」、「政治冷漠」、「寡婦政治」、「政治世家」的政治參與，不應該以社會要求的「女性特質」如撒嬌等執行政治參與。前文提到《婦女新知》是以第二波女性主義思潮為論述的核心，強調意識覺醒、婦女參政、性別現代化等概念，在台灣政治情境下也提出民主現代化／性別現代化雙軸線的民主論述。

　　相較於第三章黨外雜誌的論述，將呂秀蓮、陳菊、陳婉真等人視為反國民黨威權的民主人士，將民主身份置放在性別身份之上，忽略政治女性在民主／性別的雙重身份；在 1980 年代中末期到 1990 年代之間的《婦女新知》的論述中，政治女性的性別身份與性別覺醒被強調，且其性別覺醒含有台灣政治的特殊性，因為台灣政治女性承受政治高壓以及性別體制的雙重壓迫，是一種「遭受雙重壓迫的階級」便是政治女性面對政治／性別雙重不民主所面臨的歷史情境。「民主」的意義與概念從性別的角度切入則重新被去挑戰。〔註164〕

　　在強調參政主體／女性覺醒的婦運論述中，女性參政必須進入具參政主體與性別覺醒的民主化與現代化的進程中。女性參政的民主化與現代化是女性解放與民主解放的雙重性。在此思考與前提下，台灣女性參政模式中不符合「性別民主化」過程的，便是需要批判的參政模式，其中「代夫出征」、「寡婦政策」、「保障名額」是女性參政未民主化的模式，葉菊蘭也在 1990 年的歷史時空中以反「代夫出征」標籤去劃分自己與「代夫出征」女性的差異。在《婦女新知》中，批判「代夫出征」女性的象徵意義大於實質意義之外，也提出「後勤女工」般的女性處境。

〔註164〕民主概念可經由女性經驗重新被挑戰，在 Molly A. Mayhead and Brenda Devore Marshall, ˮEchoes From the Pioneersˮ 一文中針對這一點進行許多討論。參考 *Women's Political Discourse: A 21ˢᵗ-Century Perspective*, USA, Rowman & Littlefield Publishers, 2005, pp.23。

　　黨外雜誌中的政治女性的民主言論不太談性別議題；在《婦女新知》部份論述則批判非參政主體的政治女性。另外，在第二波女性主義爲主軸的核心觀念下，亦在縫隙間出現了矛盾的女性政治觀點，如無意識地接收「傳統」性別框架；又有意識地反傳統民主政治的話語策略。以讚揚「陰柔」特質有利於政治參與來辯護女性參政，卻忽略「陰柔」特質的建構性，也忽略「陰柔」特質如「細膩」、「愛心」、「照顧取向」、「家庭爲重」是父權文化權力關係下的產物，政治女性的論述策略忽略「陰柔」特質是權力不均等下的性別實踐，其論述可視爲是介於公共領域與私人領域的參政女性的論述策略。女性政治的「仲介論述」（in-between discourse）具有的公／私領域的複雜性。此外，《婦女新知》在第二波女性主義的框架下，提倡自由主義選舉式的政治民主觀與黨外論述是一致的，在強調女性參政的獨立性的時候，批判「後勤女工」與「代夫出征」時，卻未對選舉式民主提出批判。「代夫出征」論述則以徒具象徵意義、不民主政治的產物而單一化「代夫出征」參政的歷史現象，未從台灣作爲非西方國家在追求現代性民主下，反對運動的女性面臨更多矛盾與衝突，「代夫出征」、「後勤女工」因爲威權體制而更強烈的矛盾性。